utb 2942

Eine Arbeitsgemeinschaft der Verlage

Böhlau Verlag · Wien · Köln · Weimar
Verlag Barbara Budrich · Opladen · Toronto
facultas · Wien
Wilhelm Fink · Paderborn
Narr Francke Attempto Verlag / expert Verlag · Tübingen
Haupt Verlag · Bern
Verlag Julius Klinkhardt · Bad Heilbrunn
Mohr Siebeck · Tübingen
Ernst Reinhardt Verlag · München
Ferdinand Schöningh · Paderborn
transcript Verlag · Bielefeld
Eugen Ulmer Verlag · Stuttgart
UVK Verlag · München
Vandenhoeck & Ruprecht · Göttingen
Waxmann · Münster · New York
wbv Publikation · Bielefeld

Orientierung Geschichte

herausgegeben von Achim Landwehr

Christoph Nonn

Das 19. und 20. Jahrhundert

4., durchgesehene Auflage

Ferdinand Schöningh

Der Autor:
Christoph Nonn, Jahrgang 1964, studierte Geschichte, Politik und Anglistik in Trier und Warwick/Großbritannien, dann Assistent an der Universität Köln, Mitarbeiter der Jewish Claims Conference, Heisenberg-Stipendiat der Deutschen Forschungsgemeinschaft, seit 2002 Professor für Neueste Geschichte an der Heinrich-Heine-Universität Düsseldorf.

Der Herausgeber:
Achim Landwehr, Jahrgang 1968, Studium der Geschichte, Germanistik und Rechtswissenschaft in Freiburg, Augsburg, Basel und Dublin, Promotion 1999, Habilitation 2005. 1996-1998 Mitarbeiter am Max-Planck-Institut für Europäische Rechtsgeschichte (Frankfurt a.M.), 1999-2000 Postdoktorand am Graduiertenkolleg „Wissensfelder der Neuzeit" (Universität Augsburg), 2000-2003 Assistent am Lehrstuhl für Europäische Kulturgeschichte (Universität Augsburg), seit 2003 Juniorprofessor für Kulturhistorische Europastudien an der Heinrich-Heine-Universität Düsseldorf.

Titelbild: Der Pariser Eiffelturm im Bau. Fotografie von Pierre Petit, 1888.

Bibliografische Information der Deutschen Nationalbibliothek

Die Deutsche Nationalbibliothek verzeichnet diese Publikation in der Deutschen Nationalbibliografie; detaillierte bibliografische Daten sind im Internet über http://dnb.d-nb.de abrufbar.

Gedruckt auf umweltfreundlichem, chlorfrei gebleichtem
und alterungsbeständigem Papier ∞ ISO 9706

4., durchgesehene Auflage 2020

Internet: www.schoeningh.de

Printed in Germany.
Herstellung: Brill Deutschland GmbH, Paderborn
Einbandgestaltung: Atelier Reichert, Stuttgart

UTB-Band-Nr: 2942
ISBN 978-3-8252-5379-0

Inhaltsverzeichnis

Einführung zur Reihe

Möchte man wissen, wo es langgeht, konsultiert man üblicherweise geeignete Hilfsmittel. Versucht man in einem bestimmten Raum seinen Weg zu finden, greift man beispielsweise zu einer Karte. Landkarten waren, anders als heute, im Mittelalter häufig nicht nach Norden, sondern nach Osten ausgerichtet. Schließlich geht dort nicht nur die Sonne auf, sondern dort liegen – von Europa aus gesehen – auch die heiligen Stätten des Christentums. Dieser Ausrichtung gen Osten, zum Orient hin verdanken wir das Wort ‚Orientierung'. Es hat sich inzwischen von seiner ursprünglichen Bedeutung gelöst und bezeichnet ganz allgemein eine bestimmte Ausrichtung oder den Umstand des sich Zurechtfindens.

Auch die Reihe ***Orientierung Geschichte*** will helfen, sich zurechtzufinden. Sie stellt gewissermaßen eine Landkarte dar, die einen Überblick über das große Feld der Geschichtswissenschaften gewährt. Nun gibt es fraglos eine große Zahl an Einführungen in diverse Teilbereiche und Spezialgebiete des Geschichtsstudiums. Doch Orientierungshilfen, die sich explizit auf die neue Situation der Bachelor-Studiengänge einlassen, sind Mangelware. Dabei sind insbesondere hier angemessene Einführungen vonnöten, denn Ziele und Voraussetzungen des Geschichtsstudiums an deutschen Universitäten haben sich grundlegend verändert. Im 20. Jahrhundert war es – auf den Traditionen des 19. Jahrhunderts ruhend – noch vor allem darauf angelegt, Geschichtsstudierende entweder als zukünftige Lehrer oder als angehende Wissenschaftler auszubilden. In den kürzeren und inhaltlich allgemeiner angelegten Bachelor- und Master-Studiengängen hingegen sollen Studierende nicht nur möglichst früh einen ersten berufsqualifizierenden Abschluss erlangen, sondern auch ein umfangreiches Wissen sowie vielfältige Kompetenzen zur Lösung unterschiedlicher Problemstellungen erwerben. Die neuen gestuften Studiengänge stellen daher andere Anforderungen an Studierende und Lehrende – aber auch an die Einführungsliteratur.

Orientierung Geschichte geht in der Konzeption auf die Bedürfnisse von Bachelor-Studierenden ein und will auf überschaubarem Raum Grundlagen historischen Wissens vermitteln. Sie stellt also mit ihrer Ausrichtung an der – zumeist epochal gegliederten – Modulstruktur von Bachelor-Studiengängen eine Basisbibliothek für das Geschichtsstudium dar. Neben die Alte Geschichte, die

Geschichte des Mittelalters, die Geschichte der Frühen Neuzeit sowie die Geschichte des 19. und 20. Jahrhunderts tritt zusätzlich ein Band zu Theorien und Methoden der Geschichtswissenschaft.

Wie im Fall von Landkarten ist der Anspruch des Überblicks auch bei einer solchen Buchreihe ambivalent. Natürlich kann eine Landkarte nicht alle Einzelheiten eines Raums erschließen – und ebenso wenig kann diese Einführungsreihe sämtliche historischen Aspekte berücksichtigen. Etwas zu überblicken bedeutet daher zugleich, etwas zu übersehen, ja etwas übersehen zu müssen. Um sich in einem großen Themenfeld orientieren zu können, müssen zunächst einige Details außer Betracht bleiben. ***Orientierung Geschichte*** zeichnet sich durch ihren Mut zur Lücke aus – und gleichzeitig durch den Mut zur Konzentration. Die Bände der Reihe erfassen die jeweiligen Themenfelder sowohl durch systematische und problemorientierte Zugriffe wie auch durch chronologisch ausgerichtete Zugangsweisen. Abbildungen, Begriffserklärungen, Quellenbeispiele oder Hinweise auf Forschungsdiskussionen vertiefen die Darstellung zudem punktuell. Schließlich weiß sich die Reihe einer europäischen Perspektive verpflichtet. Auch dieser geographische Zuschnitt bedeutet sowohl Überblick als auch Konzentration. Denn fraglos ist die Kenntnis der europäischen Geschichte anspruchsvoll genug, allerdings wäre in bestimmten Zusammenhängen eine globale Perspektive notwendig, die nicht immer in umfassendem Maß berücksichtigt werden kann.

Daher verstehe man ***Orientierung Geschichte*** als eine Einladung zu einer Erkundungsfahrt in diverse historische Gebiete, die mehr oder weniger bekannt sein mögen. Auf dem einzuschlagenden Weg sollte man sich auf überraschende Entdeckungen gefasst machen und sich auch zu Umwegen hinreißen lassen, die bekanntermaßen immer die Ortskenntnis erweitern. Die Orientierung ist daher nur der erste Schritt in der Beschäftigung mit einem wissenschaftlichen Thema. Ihr folgt die genauere Betrachtung, die kritisch fragende Analyse sowie die vertiefte Auseinandersetzung mit spezielleren Problemen, welche die eigentliche Faszination der Wissenschaft ausmachen. In diesem Sinne: Gute Reise!

Vorbemerkung

Historiker sind seltsame Leute. Denn während aus der Sicht anderer Menschen ein Jahrhundert dann beginnt, wenn sich zwei Nullen zeigen, sehen Historiker das meistens nicht so. Für sie fängt etwa das 19. Jahrhundert nicht 1800, sondern 1789 an. Denn 1789, das Jahr der „Großen" Französischen Revolution, markiert einen tiefen historischen Einschnitt, eine Zäsur. Diese Zäsur steht für eine ganze Reihe von politischen, wirtschaftlichen, gesellschaftlichen und kulturellen Entwicklungen und Ereignissen, mit denen eine neue Epoche der europäischen Geschichte begann.

„Langes" 19. und „kurzes" 20. Jahrhundert

Wie das 19. Jahrhundert für Historiker deshalb 1789 anfängt, so endet es aus historischer Perspektive auch nicht 1900, sondern mit einem weiteren Ereignis von einschneidender Bedeutung: nämlich dem Ersten Weltkrieg 1914/18. Man spricht daher von einem „langen 19. Jahrhundert", das durch Französische Revolution und Ersten Weltkrieg begrenzt wird. Mit dem Krieg von 1914/18 begann hingegen das „kurze 20. Jahrhundert", das sein Ende schon 1990/91 fand, als in Osteuropa die kommunistischen Regierungen stürzten, die Sowjetunion auseinander brach und der Ost-West-Konflikt beendet wurde. Offensichtlich stellen auch diese Ereignisse in vielfacher Hinsicht eine epochale Zäsur dar.

Rahmen und Fokus der Darstellung

In diesem Buch sollen also zentrale Aspekte der europäischen Geschichte zwischen 1789 und 1991 behandelt werden. Europa wird dabei verstanden als der Raum zwischen Atlantik und Ural. Der Schwerpunkt der Darstellung muss schon aus Platzgründen auf europäischen Gemeinsamkeiten liegen. Verschiedene Ausgangslagen und unterschiedliche Entwicklungen werden nach Möglichkeit berücksichtigt; differenziert und verglichen wird in der Regel allerdings nur zwischen Großregionen oder den größeren Staaten des Kontinents.

Themen

Im Mittelpunkt der sieben Kapitel des Buches stehen Phänomene und Entwicklungen, die in meinen Augen den spezifischen Charakter der Epoche des 19. und 20. Jahrhunderts in Europa ausmachen. Dazu gehört die europäische Expansion, deren beispielloses Ausmaß den Kontinent wesentlich mehr mit dem Rest der Welt verknüpft hat als jemals zuvor. Dazu gehören die Industrialisierung und die mit ihr zusammenhängenden oder parallelen Wandlungsprozesse in Verkehr und Kommunikation, bei Geburt und Tod, in Familie, Geschlechterbeziehungen und gesellschaftlicher Ordnung. Dazu gehört auch die fundamentale

Veränderung der politischen Organisation des Kontinents durch die modernen Revolutionen, mit denen ein nicht weniger fundamentaler Wandel des Verständnisses von Geschichte einherging. Und dazu gehören nicht zuletzt die säkularen Weltanschauungen, die sich parallel zum Rückzug der Religion aus dem öffentlichen Leben dort und in den Köpfen der Europäer eingenistet haben.

Angesichts der bevorzugten Behandlung, die die Geschichte des 19. und besonders des 20. Jahrhunderts in Schulen und Medien genießt, kann in diesem Bereich bei Studienanfängern von etwas besseren Vorkenntnissen ausgegangen werden als für andere Epochen. Nicht nur, aber auch deswegen habe ich bei der Gliederung des Buches im großen wie im kleinen der Systematik den Vorzug vor der Chronologie gegeben. Dass es in diesem Buch weniger von Daten und „Fakten“ wimmelt als von Ursachen und Wirkungen, hat freilich in erster Linie mit der Überzeugung zu tun, dass es vor allem diese Zusammenhänge sind, die der Beschäftigung mit Geschichte Farbe und Faszination verleihen.

Die Europäisierung der Welt 1

Von Europa aus gesehen liegt am anderen Ende der Welt Neuseeland. Gegen Ende des 18. Jahrhunderts begannen auf der Inselgruppe die ersten Europäer zu siedeln. 1840 wurde Neuseeland englische Kolonie. Die weißen Siedler brachten auf den Schiffen aus ihrer Heimat Schafe mit, aber auch Ratten. Innerhalb weniger Jahrzehnte verdrängten die absichtlich und unabsichtlich importierten europäischen Tierarten einen Großteil der einheimischen Tierwelt in kleine ökologische Nischen und Reservate. Die einheimischen Menschen, die Maori, erlitten ein ähnliches Schicksal. Die Hälfte von ihnen starb in kriegerischen Auseinandersetzungen oder an Krankheiten, die von den Europäern eingeschleppt worden waren. Der Rest arrangierte sich mit den Invasoren, passte sich an und überlebte.

Um 1880 wurde von einem Maorihäuptling ein Porträt angefertigt. Das Bild hängt heute, zusammen mit einer Reihe ähnlicher Gemälde, in der neuseeländischen Nationalgalerie in Auckland. Es zeigt den Häuptling mit Federschmuck im Haar und einem Paar langer, spitz zulaufender Ohrringe. Sein Gesicht ist vollständig von traditionellen Tätowierungen bedeckt. Ob auch der Rest des Körpers tätowiert ist, kann man freilich nicht sehen. Denn der Häuptling trägt ein weißes Hemd mit gestärktem Kragen und einen dunklen Anzug europäischen Schnitts.

Die Verbreitung europäischer Kleidung über die ganze Welt im 19. und 20. Jahrhundert ist das nach außen deutlichste Zeichen der Europäisierung. Sie erfasste selbst diejenigen, die sich eigentlich gegen Herrschaftsansprüche von Europäern und ihrer Nachkommen wehrten. Etwa um dieselbe Zeit, als der Maori Tomika Te Mutu sich in Neuseeland im Anzug porträtieren ließ, kämpfte im Südwesten der USA die letzte Gruppe freier Indianer unter Führung des Geronimo genannten Apatschen gegen ihre Abschiebung in ein Reservat. Klassische Wes-

Abb. 1.1: Tomika Te Mutu, Häuptling des Stammes der Ngaiterangi, Neuseeland (Gemälde von Gottfried Lindauer um 1880)

Abb. 1.2: Geronimo, letzter der Apatschen (1887)

ternfilme bedienten bei der Darstellung Geronimos und seiner Krieger meist das Klischee des „edlen Wilden" im Lendenschurz. Zeitgenössische Fotografien zeigen den Apatschen dagegen im Hemd. Statt mit Pfeil und Bogen kämpften Geronimo und seine Indianer mit Gewehren, die Weiße hergestellt hatten.

Auch als zwei Jahrzehnte später in Deutsch-Südwestafrika, dem heutigen Namibia, sich Eingeborene gegen die deutschen Kolonialherren auflehnten, trug ihr Anführer Hendrik Witbooi europäische Kleidung. Er und seine Krieger benutzten ebenfalls Waffen aus europäischer Produktion. Zudem ritten sie wie Geronimo und seine Apatschen bei ihren Kriegszügen gegen die Eindringlinge aus Europa auf Pferden. Die aber hatte es vor dem Auftauchen der Weißen in ihren Ländern gar nicht gegeben.

Die Beispiele ließen sich schier endlos vermehren. In Afrika, Asien, Amerika und Ozeanien nahm der kulturelle Einfluss Europas während des „langen 19. Jahrhunderts", zwischen Französischer Revolution und Erstem Weltkrieg, in dramatischem Tempo zu. Europäische Staaten dehnten ihre politische Herrschaft über immer größere Teile des Globus aus. Europäische Siedler dezimierten einheimische Bevölkerungsgruppen auf anderen Kontinenten und drängten die Überlebenden in Reservate ab. 1914 waren fast alle Regionen der Erde an ein weltwirtschaftliches System angeschlossen, das sein Zentrum eindeutig in Europa hatte.

Abb. 1.3: Namahäuptling Hendrik Witbooi um 1895

Europäisierung: Zunehmende weltweite Vernetzung (Globalisierung), die durch europäische Dominanz in Kultur und Politik sowie ein europazentrisches Wirtschaftssystem geprägt ist.

Aspekte der Europäisierung im langen 19. Jahrhundert 1.1

Die Europäisierung der Welt hat nicht erst im 19. Jahrhundert begonnen. Ihr Anfang lässt sich vielmehr auf das späte 15. und 16. Jahrhundert datieren, als europäische Schiffe alle Weltmeere zu besegeln begannen. Das eröffnete Europäern bisher nicht vorhandene Möglichkeiten zum direkten Handel mit anderen Kontinenten, zu deren Besiedlung oder zur Etablierung politischer Herrschaft in Form von Kolonien. Zumindest das Ausmaß der europäischen Kolonialisierung und Besiedlung blieb allerdings in der Frühen Neuzeit noch vergleichsweise begrenzt. Ein Blick auf die Karte der Welt im späten 18. Jahrhundert verdeutlicht das eindrucksvoll – vor allem im Vergleich mit der Lage gut hundert Jahre später (siehe Seite 14-15).

Grenzen politischer Europäisierung vor 1763

Von allen außereuropäischen Kontinenten war bis 1763 Südamerika der einzige, der zum größeren Teil von Europäern beherrscht wurde. Selbst hier gab es noch gewaltige Landstriche, die europäischer Kontrolle entzogen blieben, wie Patagonien im Süden und der Löwenanteil des riesigen Amazonasgebiets. In Nordamerika nördlich des Rio Grande beherrschten Europäer genau genommen nur einen dünnen Streifen Land an der Ostküste. Theoretisch erhoben sie zwar auch Anspruch auf beträchtliche Gebiete westlich davon. Dort waren sie aber nur durch eine Handvoll militärischer Forts und Missions- oder Handelsstationen vertreten, ohne diese Territorien tatsächlich zu kontrollieren.

In Afrika und Asien war die europäische Präsenz 1763 noch geringer. Hier beschränkte sie sich auf den Besitz einzelner Stützpunkte an den Küsten oder den ihr vorgelagerten Inseln. Diese Stützpunkte dienten vor allem dem Warenaustausch mit den Einheimischen und der Versorgung der europäischen Handelsschiffe. Nur in Einzelfällen hatte sich aus solchen Stützpunkten bereits territoriale Herrschaft über kleinere Küstenstriche oder ganze Inselgruppen ergeben. Im Norden Asiens beanspruchte Russland wie England in Nordamerika zwar große Gebiete, kontrollierte davon wirklich aber auch nur einen kleinen Streifen. Aus europäischer Sicht war Sibirien im 18. Jahrhundert kaum mehr als eine Art völkerkundliches Museum, in das sich gelegentlich ein paar Expeditionen von Gelehrten verirrten [Osterhammel 2005, S. 395]. In Australien gab es noch nicht einmal Stützpunkte europäischer Mächte.

Bis 1914: Höhepunkt politischer Europäisierung

Bis zum Ersten Weltkrieg änderte sich das grundlegend: Europäische Staaten und Abkömmlinge von Europäern breiteten ihre Herrschaft über den größten Teil der Welt aus. Australien und

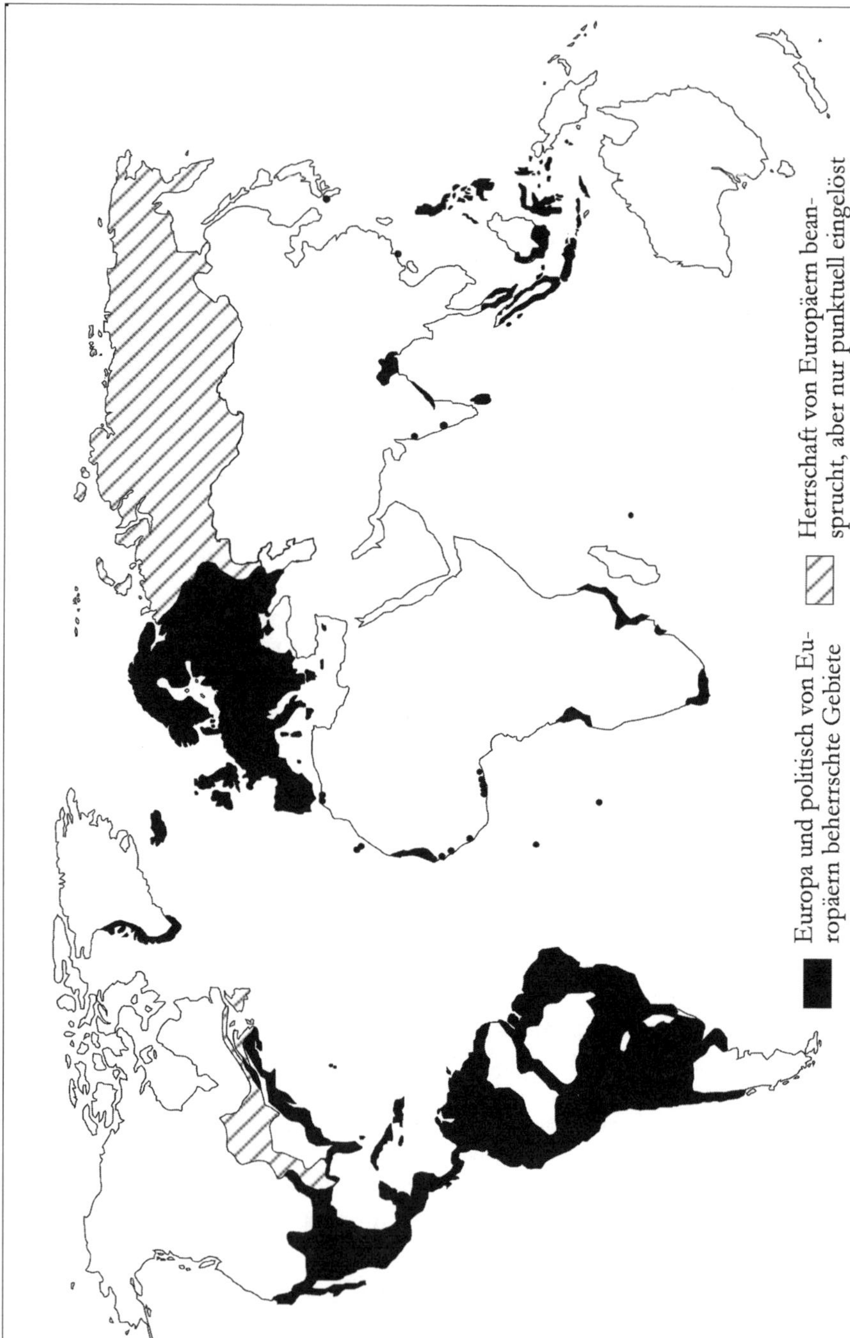

Karte 1.1: Koloniale Ausbreitung europäischer Staaten bis 1763

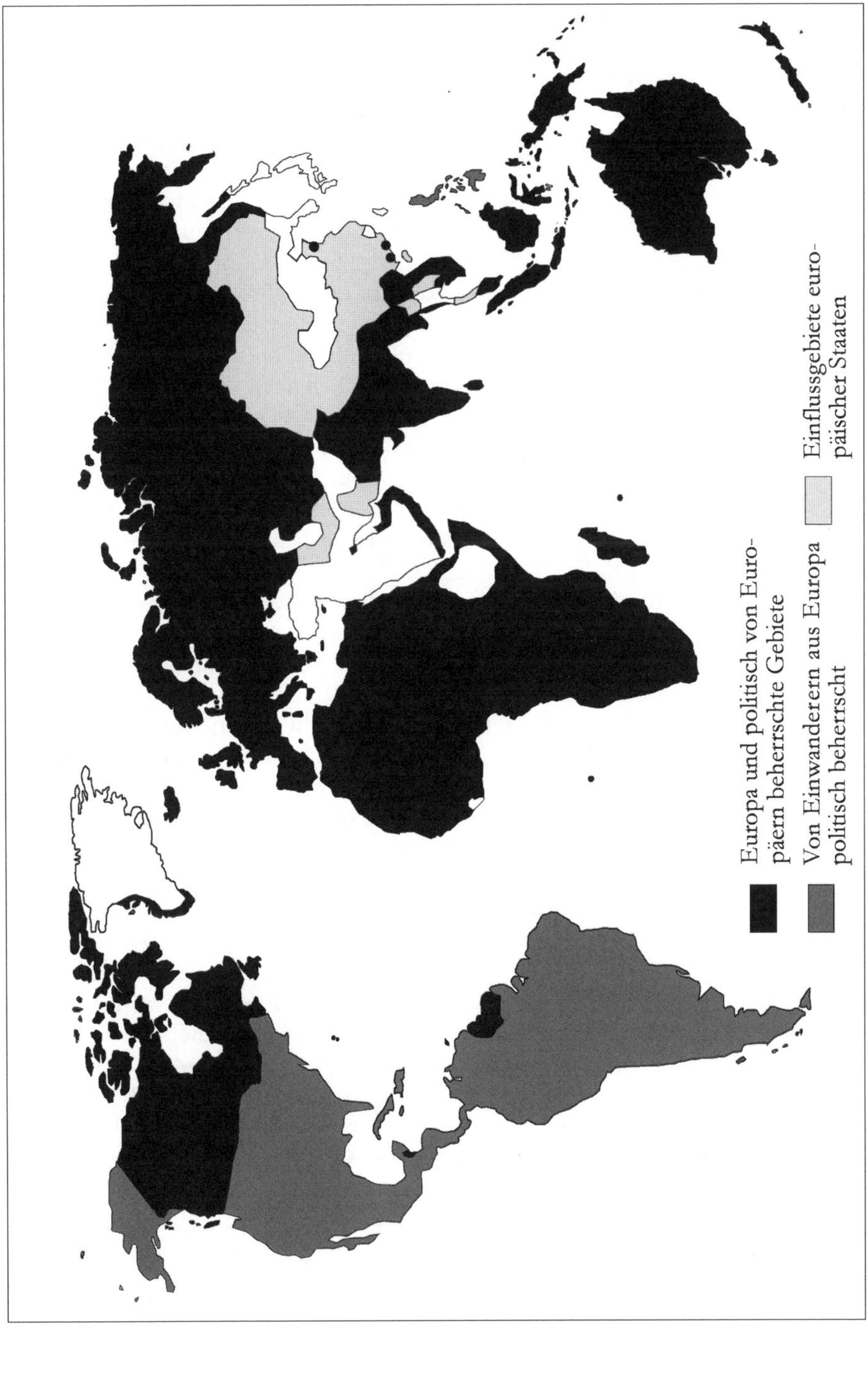

Karte 1.2: Koloniale Ausbreitung europäischer Staaten bis 1914

Neuseeland wurden seit 1840 von einer Welle europäischer Siedler überschwemmt. Innerhalb weniger Jahrzehnte waren die Ureinwohner dort hoffnungslos in der Minderheit. Russland löste seinen Herrschaftsanspruch auf Sibirien nun tatsächlich ein. Auch hier ergoss sich eine Flut europäischer Siedler über das Land. Gleichzeitig eroberte Russland in Zentralasien und auf dem Kaukasus ein riesiges Kolonialimperium, das sich von anderen europäischen Kolonialreichen nur dadurch unterschied, das es direkt an das Mutterland angrenzte. Großbritannien unterwarf den ganzen indischen Subkontinent, während die Franzosen sich als Kolonialmacht in Indochina etablierten und die Niederländer ihre Herrschaft von Java auf ganz Indonesien ausdehnten. Seit den 1880er Jahren wurde schließlich auch Afrika fast vollständig unter europäischen Staaten aufgeteilt, woran sich außer Großbritannien und Frankreich auch Deutschland, Belgien, Italien, Portugal und Spanien beteiligten. Hatten Europäer zu Beginn des 19. Jahrhunderts nur etwas mehr Fläche in Übersee als in Europa besessen, beherrschten sie am Ende dieses Jahrhunderts mehr als das Achtfache.

Formelle und informelle europäische Herrschaft

Nur einige vor allem asiatische Gebiete kamen nicht unter direkte europäische Herrschaft. Das geschah häufig, weil sie von Rivalitäten zwischen europäischen Kolonialmächten profitierten, die sich nicht über eine formelle Aufteilung einigen konnten. Selbst dann errichteten die europäischen Staaten in diesen Gebieten jedoch meist informelle Einflusszonen, in denen Europäer besondere wirtschaftliche und rechtliche Privilegien genossen. Große Teile von China, Persien (heute Iran) und Siam (das heutige Thailand) wurden bis 1914 solche Einflusszonen. China, Siam und das Osmanische Reich mussten zudem Teile ihres Territoriums an europäische Staaten abtreten und europäische Einmischung in ihre inneren Angelegenheiten akzeptieren.

Amerika: nur scheinbar gegen den Trend

Auf den ersten Blick gegen den Trend der Ausdehnung europäischer Herrschaft ging die Entwicklung dagegen in Amerika. Der Großteil der europäischen Kolonien dort rebellierte im späten 18. und frühen 19. Jahrhundert gegen ihre Mutterländer. 1776 erklärten sich mit Ausnahme Kanadas die britischen Kolonien an der Ostküste Nordamerikas für unabhängig. Sie bildeten die Keimzelle der USA. In Süd- und Mittelamerika folgten die spanischen und portugiesischen Kolonien bis 1825 diesem Beispiel. Doch handelt es sich dabei nur scheinbar um eine gegenläufige Entwicklung. Die Unabhängigkeitserklärungen waren keine Reaktion von amerikanischen Ureinwohnern gegen europäische Dominanz, sondern im Gegenteil gerade das Werk von weißen

Siedlern aus Europa. Diese waren sich ihrer Überlegenheit über die Ureinwohner mittlerweile so sicher, dass sie auf die Unterstützung der Mutterländer verzichten konnten. Auch in Amerika war das 19. Jahrhundert von einer beschleunigten Europäisierung geprägt. In den USA und Kanada breiteten europäische Siedler sich von der Ostküste über den ganzen Kontinent aus, dezimierten die Indianer und pferchten die Überlebenden in kleine Reservate, wo ihnen die Annahme europäischen Lebensstils nahe gelegt wurde. In Südamerika „erschlossen" weiße Argentinier und Brasilianer auf ähnliche Weise die bis dahin noch nicht von ihnen berührten Gebiete.

Europazentrisches Weltwirtschaftssystem

Die Ausbreitung europäischer Siedler und ihrer Nachkommen über viele Gebiete der Welt und die Ausdehnung politischer Herrschaft europäischer Staaten blieben jedoch nicht die einzigen Aspekte der Europäisierung der Welt im 19. Jahrhundert. Parallel dazu entfaltete sich eine europazentrische Weltwirtschaft. Weltweite Handelsverflechtungen hatten sich schon im 16. und 17. Jahrhundert entwickelt: Europäer importierten unter anderem Edelmetalle aus Amerika, um damit in Asien vor allem Gewürze und Fertigwaren zu kaufen. Schon in diesem frühneuzeitlichen globalen Handel spielte Europa also die Rolle einer Drehscheibe. Die europäischen Staaten konnten aber zumindest gegenüber Asien damals die Bedingungen des Warenaustausches noch nicht einseitig diktieren, und sein Umfang war noch relativ gering.

Zwischen der Mitte des 18. Jahrhunderts und 1914 stieg der Umfang des Welthandels nach Schätzungen um etwa das Fünfzigfache[1] – und das, obwohl europäische Kolonialmächte häufig bestehende Handelsbeziehungen zwischen ihren Kolonien und benachbarten Regionen unterbanden. Die Europäer etablierten stattdessen ein Weltwirtschaftssystem, das alle Handelsströme einseitig auf Europa als dessen Zentrum konzentrierte. Diese Handelsbeziehungen waren zudem asymmetrisch: Europa lieferte Fertigwaren in den Rest der Welt, die anderen Kontinente lieferten dafür Rohstoffe und Agrarprodukte nach Europa. Während die europäischen Staaten untereinander – und mit den weißen Siedlern vor allem in Nordamerika – regen Handel trieben, gab es nur relativ wenig Wirtschaftsbeziehungen auf und zwischen den anderen Kontinenten. In der zweiten Hälfte des 19. Jahrhunderts lag der Anteil Europas am Welthandel deshalb bei mehr als 60 Prozent.[2]

Kulturelle Europäisierung

Weniger einfach als die Etablierung der europazentrischen Weltwirtschaft und der politischen Herrschaft von Europäern über den größten Teil der Welt sind Ausmaß und Formen kultureller Europäisierung zu bestimmen. Das liegt zunächst einmal daran, dass der Einfluss europäischer Kultur ganz verschieden stark war. Am stärksten war er zweifellos in europäischen Siedlungskolonien. Wo Europäer sich massenhaft niederließen, brachten sie ihre Lebensgewohnheiten gleichsam im Gepäck mit. Wenn weiße Siedler die Ureinwohner weitgehend verdrängten, wie es in Amerika und Australien geschah, entstanden Kulturen, die denen ihrer europäischen Mutterländer sehr ähnlich wurden. Dagegen blieb die kulturelle Europäisierung vergleichsweise schwach dort, wo europäische Mächte nur informellen Einfluss ausübten. Länder wie China konnten sich mit ihrer politischen Autonomie auch ein relativ hohes Ausmaß an kultureller Eigenständigkeit bewahren.

Allerdings erscheint es kaum möglich, das Ausmaß der kulturellen Europäisierung bestimmter Länder auf einer polaren Skala genau zu bestimmen. Denn die Menschen auf anderen Kontinenten waren keineswegs passive Empfänger europäischer Einflüsse. Sie waren europäischer Kultur nicht nur ausgesetzt: Sie gingen vielmehr kreativ damit um, inkorporierten sie in ihre Welt und schufen damit auch etwas Neues, Eigenes. Das am Anfang des Kapitels beschriebene Erscheinungsbild des Maorihäuptlings auf Neuseeland ist dafür ein gutes Beispiel. Er übernahm die Kleidung der neuen weißen „Herren“, kombinierte sie aber mit den klassischen Attributen der Macht in seiner alten Kultur – Ohrringe, Federn, rituelle Tätowierungen –, um gegenüber seinem Stamm den Anspruch auf eine herausgehobene Stellung nun doppelt zu unterstreichen. Das Resultat der Begegnung von europäischen und außereuropäischen Kulturen war in der Regel kein einseitiger Kulturtransfer, sondern eine solche Mischung oder wie die Experten sagen, Hybridisierung. Auch Europäer blieben dadurch nicht unbeeinflusst und nahmen fremde Kulturelemente auf. Das englische Ritual des Fünfuhrtees etwa würde es ohne die britische Kolonialherrschaft in Indien nicht geben.

Kein einseitiger Kulturtransfer

Freilich waren die globalen Gemeinsamkeiten, die sich im Laufe dieses Mischungsprozesses herausbildeten, unter dem Strich stärker an europäischen als an den Kulturmustern anderer Kontinente orientiert. Das gilt für grundlegende Formen von Kultur wie Kleidungsstile. Das gilt aber etwa auch für die Vorstellung der Notwendigkeit von Kleidung überhaupt, und für die damit verbundenen Schamvorstellungen. Zu Beginn des 19. Jahrhunderts erschien es in vielen wärmeren Regionen Asiens und Afrikas als vollkommen normal, dass Männer wie Frauen den Oberkörper unbekleidet ließen. Am Ende des Jahrhunderts war es unter dem

Einfluss europäischer Moralvorstellungen dazu gekommen, dass dies zumindest bei Frauen als ungehörig galt.

Oft waren es christliche Missionare, die wie in diesem Fall europäische Ideen vermittelten – sogar wenn sie ihr eigentliches Ziel, die Bekehrung der „Heiden", gar nicht erreichten. Aber auch säkulare Weltanschauungen aus Europa hatten große Wirkung in der außereuropäischen Welt, ohne dort eins zu eins und mit allen Aspekten übernommen zu werden. Dazu gehörten Ideologien wie Liberalismus, Sozialismus und Kommunismus. Dazu gehörten wohl ebenfalls europäische Konzepte von staatlicher Organisation. Selbst eine um größtmögliche Autonomie von Europa bemühte Kultur wie die chinesische durchlief schließlich zwei Revolutionen, deren Anstifter sich von europäischen Modellen hatten inspirieren lassen: die republikanische Revolution von 1911/12 und die kommunistische Revolution von 1949.

Selbst-Europäisierung

In einigen Ländern außerhalb Europas entschieden gesellschaftliche Eliten sich schon wesentlich früher bewusst für eine Orientierung an europäischer Kultur, um die Herrschaftsansprüche von Europäern besser abwehren zu können. Man kann in solchen Fällen von Selbst-Europäisierung sprechen. Japan ist das bekannteste Beispiel dafür. Als Mitte des 19. Jahrhunderts Europäer und US-Amerikaner gewaltsam die selbstgewählte Isolation des ostasiatischen Inselreiches beendeten und Japan in die europazentrische Weltwirtschaft hineinzwangen, reagierten die einheimischen Eliten mit einem umfassenden Reformprogramm. Das japanische Militär wurde mit Hilfe europäischer Berater vollkommen reorganisiert und mit modernsten europäischen Waffen ausgerüstet. Parallel dazu wurden Staatsverwaltung, Erziehungssystem und die meisten anderen Bereiche des öffentlichen Lebens europäisiert. Innerhalb weniger Jahrzehnte konnte Japan so europäischen Mächten die Stirn bieten. Im späten 19. Jahrhundert wurde es selbst die erste Kolonialmacht außerhalb Europas.

Nicht ganz so auffällige, aber nicht weniger aufschlussreiche Beispiele für Selbst-Europäisierung sind das Osmanische Reich (die heutige Türkei) oder Siam (Thailand). Beide Län-

Abb. 1.4: König Chulalongkorn von Siam in Uniform

Abb. 1.5: König Chulalongkorn von Siam „privat"

der mussten im Gegensatz zu Japan zwar Gebiete an europäische Mächte abtreten, konnten aber auch ihre Unabhängigkeit bewahren. In Siam war das vor allem das Werk von König Chulalongkorn, der das Land seit 1873 für fast vier Jahrzehnte regierte. Ein Gemälde zeigt ihn in militärischer Paradeuniform, ganz nach europäischem Muster geschneidert, in einem von europäischen Architekten nach europäischer Bauart errichteten Palast, umgeben von Möbeln europäischen Stils. Das war allerdings nur das öffentliche Gesicht des Königs. Ein anderes Gemälde zeigt Chulalongkorn in klassischer siamesischer Kleidung, in einem traditionellen offenen, auf Stelzen im Wasser gebauten Haus, wie er sich in einem Wok eine offenbar traditionelle Mahlzeit brät. Keines dieser beiden Bilder dürfte den „wahren" Chulalongkorn zeigen. Die Gemälde lassen sich vielmehr sehen als Teil der Selbstdarstellung eines Monarchen, der sein Volk für die von ihm eingeleiteten Reformen mit dem Versprechen gewinnen will, dass es privat am Althergebrachten festhalten kann, wenn es den Weg der Europäisierung im öffentlichen Leben mitgeht.

Der europäische Kurzhaarschnitt des „öffentlichen" Chulalongkorn ließ sich allerdings im privaten Bereich nicht mehr durch eine traditionelle siamesische Langhaarfrisur austauschen. Dass die Europäisierung letzten Endes selbst vor Bereichen intimster Privatheit wie der Körperpflege nicht Halt machte, illustriert schließlich der 1880 entstandene japanische Theatervorhang mit

Abb. 1.6: Japanischer Theatervorhang von Hashimoto Chikanobu 1880

Reklame für „Kinder-Puwder“. Offenbar galt der Hinweis auf den europäischen Ursprung des Pflegemittels – durch die Abbildung des eindeutig europäische Gesichtszüge tragenden Kindes und die kreativ verwendeten lateinischen Schriftzeichen – als besonders werbewirksam. Die Kombination mit den Kostümen des klassischen japanischen Theaters verweist andererseits noch einmal darauf, dass die Übernahme europäischer Kultur nie ungebrochen erfolgte, sondern jeweils in Verbindung mit Elementen eigener Tradition.

Ursachen und Motive der Ausdehnung europäischer Herrschaft 1.2

Die Ausbreitung der Herrschaft von Europäern auf anderen Kontinenten hatte vielschichtige Gründe. Sie lassen sich am besten an einem Beispiel verdeutlichen.

In Südwestafrika, dem heutigen Namibia, waren seit den 1840er Jahren christliche Geistliche der Rheinischen Missionsgesellschaft tätig. Die Missionare hatten bei ihrer Arbeit keinen leichten Stand. Immer wieder wurden sie hineingezogen in Kämpfe zwischen Herero und Nama, den größten einheimischen Bevölkerungsgruppen. Auf der Suche nach einer Schutzmacht baten die Missionare deshalb 1879/80 den deutschen Reichskanzler Bismarck um Unterstützung. Unter tatkräftiger Mitwirkung eines Missionsinspektors begann im Deutschen Reich eine Pressekampagne für den Erwerb von überseeischen Kolonien. Diese Kampagne erhielt zusätzliche Nahrung, als wenige Jahre später der deutsche Kaufmann Lüderitz in Südwestafrika nach Edelmetallen zu suchen begann. Auch Lüderitz wandte sich mit der Bitte um Hilfe und Schutz vor den einheimischen Stämmen an die deutsche Regierung. Seit 1884/85 erklärte das Deutsche Reich schließlich Südwestafrika zu einem „Schutzgebiet".

Materielle und nichtmaterielle Interessen von Europäern

Offensichtlich spielten bei der Etablierung deutscher Herrschaft in Südwestafrika handfeste Interessen eine Rolle. Leute wie Lüderitz verfolgten mit dem Drängen nach Eingreifen des Deutschen Reichs das Ziel, ihre Investitionen zu sichern. Zudem versprachen sie sich von staatlichem Engagement auch eine Senkung ihrer Kosten für die wirtschaftliche Erschließung des Gebiets. Wirtschaftliche Interessen waren aber nicht der einzige Grund. Die Missionare, die wesentlich früher vor Ort waren als Lüderitz, verbanden mit ihrem Aufenthalt in Südwestafrika keine Absicht sich zu bereichern. Ihre nichtmateriellen Interessen trugen aber ebenso zu der Kampagne zum Erwerb von Kolonien bei, die schließlich in die Errichtung des deutschen „Schutzgebietes" mündete.

Interessen einheimischer Kollaborateure

In diesem wie in vielen anderen Fällen waren zudem nicht nur die Interessen von Europäern, sondern auch die von Einheimischen beteiligt. Lüderitz kaufte das Land, auf dem er nach Erzen suchte, einem Stamm der einheimischen Nama ab. Das führte zu Ärger mit dem anderen einheimischen Volk, den Herero. Denn zum einen war im Nachhinein gar nicht so klar, ob den Nama das von ihnen verkaufte Land überhaupt gehörte. Zum anderen setzten die Nama den von Lüderitz gezahlten Kaufpreis, darunter 260 Gewehre, nun im Kampf gegen die Herero ein. Später, als die deutsche Regierung Südwestafrika zu ihrem „Schutzgebiet" erklärt hatte, waren mal Nama, mal Herero zur Zusammenarbeit mit den Europäern bereit, um deren Unterstützung gegen andere Stämme gewinnen zu können. Die Kooperation von Einheimischen aus ganz eigenen Motiven wurde so zum wichtigen Faktor dafür, dass die Europäer ihre Herrschaftsansprüche Stück für Stück auch durchsetzen konnten.

Rolle europäischer Militärs und Beamter „vor Ort"

Wenn Einheimische sich dieser Durchsetzung europäischer Herrschaft dagegen konsequent verweigerten, und aus Europa deshalb Militär entsandt wurde, um den Widerstand zu brechen, gewann das Verhalten der Kommandeure dieser Truppen große Bedeutung. Als die deutschen Kolonialbeamten in Südwestafrika 1889/90 in Bedrängnis gerieten, entsandte die Regierung in Berlin eine kleine Abteilung Soldaten unter dem Hauptmann Curt von François. Aus Prestigegründen wollte der Hauptmann ein größeres Kommando. Daher interpretierte er seine Anweisungen, die ihn ausdrücklich zu friedlichem Verhalten gegenüber den Einheimischen mahnten, sehr eigenwillig und provozierte Feindseligkeiten. Als die Probleme im „Schutzgebiet" deshalb weiter eskalierten, sah sich die Berliner Regierung gegen ihren eigentlichen Willen, aber zur Freude des Hauptmanns gezwungen, immer mehr Soldaten zu schicken. Je mehr die Regierung des Deutschen Reiches sich jedoch in Südwestafrika engagierte, desto weniger konnte sie das immer kostspieligere Kolonialabenteuer abbrechen, ohne im eigenen Land das Gesicht zu verlieren. Das eigenwillige Vorgehen von geltungsbedürftigen Offizieren oder Beamten vor Ort trieb so häufig eine Entwicklung voran, die zur Festigung oder endgültigen Etablierung europäischer Herrschaft beitrug.

„Sozialimperialismus"

Schließlich verfolgten nicht nur die Vertreter der europäischen Regierungen „vor Ort", sondern auch die Regierenden in Europa selbst ihre eigenen Interessen. So ist nicht auszuschließen, dass Reichskanzler Otto von Bismarck bei der Ausrufung Südwestafrikas und anderer Gebiete in Afrika 1884/85 zu „Schutzgebieten" des Deutschen Reiches Ziele verfolgte, die wenig mit Kolonialpolitik zu tun hatten. Möglicherweise wollte Bismarck damit unter anderem von inneren Problemen in Deutschland selbst ablenken. Eine solche „sozialimperialistische" Politik bot sich für Regierende in Europa immer dann an, wenn die Gesellschaft ihres Landes innerlich gespalten war. Die Einrichtung von Kolonien oder „Schutzgebieten" außerhalb Europas konnte dann als sozialer Kitt dienen. Zumindest aber ließen sich damit einzelne Gruppen, die eine solche Kolonialpolitik forderten, zur Unterstützung der Regierung gewinnen.

Kulturelles Sendungsbewusstsein

Kampagnen für den Erwerb von überseeischen Besitzungen, wie sie zum Beispiel im Deutschen Kaiserreich seit den 1880er Jahren immer wieder laut wurden, lassen sich jedoch nicht allein auf Interessen zurückführen. Auch kulturelles Sendungsbewusstsein spielte eine Rolle. Die große Mehrheit der Europäer war im 19. Jahrhundert überzeugt davon, „an der Spitze einer umfassenden weltgeschichtlichen Fortschrittsbewegung zu stehen" [Osterhammel 2005, S. 363]. Aus dieser – heute keineswegs überwundenen – Perspektive galten andere Kontinente als „unterentwickelt", ihre Bewohner als „Barbaren". Ihnen europäische Kultur und „Zivilisation" zu bringen, erschien als „Bürde des weißen Mannes". Solches Sendungsbewusstsein und die Wahrnehmung eigener, gerade auch materieller Interessen schlossen sich zwar nicht

Abb. 1.7: Das europäische Selbstbild als Missionar der „Zivilisation“ (1876)

aus. Es wäre aber eine einseitige Verzerrung, in der europäischen „Zivilisierungsmission“ nur eine durchsichtige Verbrämung von wirtschaftlichem Gewinnstreben zu sehen.

Der aus Interessen oder kulturellem Sendungsbewusstsein geborene Wille der Europäer zur Herrschaft über andere Kontinente war eine notwendige, aber keine hinreichende Bedingung zur Europäisierung der Welt im 19. Jahrhundert. Neben dem Willen mussten die Europäer auch die Fähigkeit dazu haben, Gebiete zu erobern, die ein Vielfaches der Größe Europas umfassten. Europäische Staaten mussten die Macht besitzen, nötigenfalls Völkern ihren Willen aufzuzwingen, deren Kopfzahl wesentlich höher war als die der eigenen Bevölkerung. Am Willen dazu hatte es auch vor dem 19. Jahrhundert nicht gefehlt. In der Frühen Neuzeit waren europäische Eroberungsversuche jedoch vor allem in Asien gescheitert, weil Organisation und technischer Ausrüstungsstand des Militärs der asiatischen Reiche damals noch dem der europäischen Heere weitgehend ebenbürtig waren. Seit dem späten 18. Jahrhundert gewannen die Europäer dann aber einen deutlichen Entwicklungsvorsprung. Dieser war zunächst eine Folge der Militärorganisation. Seit den 1860er Jahren kam hohe technische Überlegenheit hinzu, die den Europäern innerhalb einiger Jahrzehnte die Eroberung von fast ganz Afrika und des südlichen Asiens ermöglichte. Ausgerüstet mit mobiler Artillerie, Repetier- und Maschinengewehren gewannen europäische Militäreinheiten dabei selbst Gefechte gegen außereuropäische Truppen, die ihnen an Zahl fünfzigfach überlegen waren.

Militärische Überlegenheit Europas

Nicht selten war auch die Rivalität zwischen den europäischen Mächten ein Faktor, der die Eroberung von Gebieten auf anderen

Rivalität zwischen europäischen Mächten

Kontinenten mitprovozierte. Obwohl oft informeller Einfluss billiger war als direkte Herrschaft und ein Stützpunkt dafür ausgereicht hätte, beeilten europäische Staaten sich dennoch bei der Etablierung formeller Kontrolle aus Furcht, dass ihnen sonst andere zuvorkommen würden. Die Kolonisierung Afrikas, das als letzter Kontinent nach 1884 innerhalb von nur knapp zwanzig Jahren fast völlig unter Europäern aufgeteilt wurde, war zum großen Teil eine Folge solcher Rivalitäten. Dass die deutsche Regierung 1884/85 unter anderem Südwestafrika zu einem „Schutzgebiet" erklärte, war so auch durch Konkurrenzdenken gegenüber Großbritannien motiviert. Denn die Briten besaßen an der südwestafrikanischen Küste bereits einen Stützpunkt und hatten zeitweilig ihre schützende Hand über die christlichen Missionsstationen im Landesinnern gehalten. Am grünen Tisch wurden auf diese Art vorsorglich Ansprüche auf Gebiete erhoben, deren Bewohner davon erst Jahre später erfahren sollten.

1.3 Beginnende Zersetzung europäischer Dominanz 1914-1945

Fortbestehen und Intensivierung europäischer Herrschaft

Oberflächlich gesehen befand Europa sich zwischen den beiden Weltkriegen nach wie vor auf dem Höhepunkt seiner globalen Machtstellung. Nach dem Ersten Weltkrieg wurden die Kolonien des besiegten Deutschen Reiches nominell zwar Mandate des neugegründeten Völkerbunds. Faktisch wurden sie aber hauptsächlich zwischen den Siegern Großbritannien und Frankreich aufgeteilt. In mancher Hinsicht intensivierte sich die Europäisierung der Welt in der Zwischenkriegszeit sogar noch. Politische Herrschaftsansprüche wurden von den europäischen Staaten nun eher noch entschiedener vertreten und auch eingelöst, die wirtschaftlichen Beziehungen zwischen Europas Kolonialmächten und ihren Kolonien enger. Dadurch verstärkten sich auch die Prozesse kultureller Europäisierung.

Unterminierung des europäischen Herrschaftsanspruchs durch Logik der „Zivilisierungsmission"

Andererseits trug gerade die europäische Dominanz bereits die Keime ihres Zerfalls in sich. Gerade das kulturelle Sendungsbewusstsein unterminierte je länger desto mehr den europäischen Herrschaftsanspruch. Es war eine logische Konsequenz des Gedankens der europäischen „Zivilisierungsmission", dass sie sich zunehmend selbst überflüssig machte. Gerade der Fortschritt der Europäisierung Außereuropas, die von den Europäern als „Zivilisierung" verstanden wurde, stellte die Rechtfertigung europäischer Herrschaft über andere Kontinente in Frage. Es lag in der Logik des Konzeptes, dass die so „Zivilisierten" zunehmend das

Ende dieser Herrschaft fordern konnten. Die Europäer antworteten auf solche Forderungen aber meist ausweichend.

Unabhängigkeitsbewegungen in den Kolonien

In ihren asiatischen und afrikanischen Kolonien reagierten die einheimischen Eliten deshalb in der Zwischenkriegszeit mit der Gründung von Unabhängigkeitsbewegungen. Die Forderung nach Unabhängigkeit von Europa wurde häufig gerade mit europäischen Ideen von Selbstbestimmung und Demokratie begründet. Oft hatten die Angehörigen der asiatischen und afrikanischen Eliten eine Erziehung an von Europäern eingerichteten Schulen erhalten oder sogar europäische Universitäten besucht. Der prominenteste Führer der indischen Unabhängigkeitsbewegung, Mohandas „Mahatma" Gandhi, ist ein typisches Beispiel dafür. Gandhi stammte aus einer vornehmen Hindufamilie und studierte als junger Mann in England Jura. Seit 1920 setzte er sich für die Befreiung Indiens von englischer Herrschaft ein. Die dabei von ihm favorisierte Methode des gewaltlosen Widerstands war gleichermaßen beeinflusst von indischen Traditionen wie von der christlichen Bergpredigt und den Lehren des russischen Autors Leo Tolstoi.

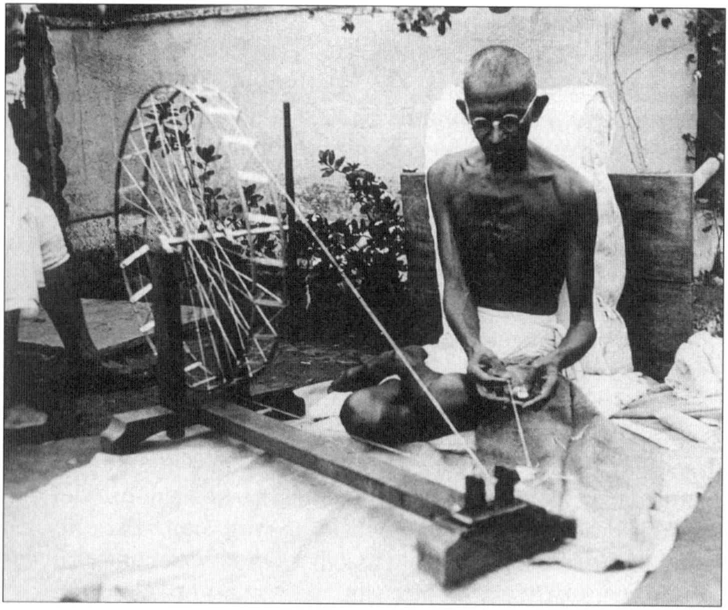

Abb. 1.8: Gandhi am Spinnrad (um 1930), im Kampf gegen britische Herrschaft und europazentrische Weltwirtschaft: Inder sollen ihre Kleidung selbst herstellen, statt indische Baumwolle in englischen Fabriken verarbeiten zu lassen.

Europäer verlieren militärischen Entwicklungsvorsprung

Andere Unabhängigkeitskämpfer, die sich für gewaltsamen Widerstand entschieden, orientierten sich ebenfalls an europäischen Vorbildern. Seit etwa 1900 wurden Repetier- und Maschinengewehre auch von Nichteuropäern benutzt. Der militärtechnische Entwicklungsvorsprung, den die Europäer im späten 19. Jahrhundert besessen hatten, fiel damit weitgehend weg. Hatten sie damals mit kleinen Militäreinheiten zahlenmäßig weit größere asiatische oder afrikanische Heere besiegt, so kehrte sich der Spieß jetzt um: Um kleine Gruppen gut ausgerüsteter Guerillakämpfer in Asien oder Afrika zu besiegen, benötigten europäische Kolonialtruppen jetzt ein Vielfaches an Soldaten. Die Aufrechterhaltung von kolonialer Herrschaft wurde dadurch kostspieliger und zunehmend unattraktiver.

Folgen der Weltkriege

Auch die Kämpfe der europäischen Mächte untereinander im Ersten und Zweiten Weltkrieg stärkten die Unabhängigkeitsbewegungen in ihren Kolonien, während Europa dadurch geschwächt wurde. Schon im Ersten Weltkrieg riefen Großbritannien und Frankreich einerseits, Deutschland andererseits die Kolonialvölker der jeweils anderen Seite zum Aufstand auf. Während des Zweiten Weltkrieges agierten deutsche Agenten besonders in Arabien und Indien, wo sie die Unabhängigkeitsbewegungen gegen Briten und Franzosen unterstützten. Weil Deutschland selbst keine Kolonien mehr besaß, waren Hitler und der Nationalsozialismus als Verbündete gegen die verhassten Kolonialherren dort ausgesprochen populär (und sind es zum Teil noch bis heute). In Ostasien besiegten japanische Armeen zudem während des Zweiten Weltkriegs französische, englische und niederländische Kolonialtruppen. Obwohl die Europäer ihre Herrschaft dort am Ende des Zweiten Weltkriegs 1945 kurzfristig noch einmal wieder herstellen konnten, war der Nimbus ihrer militärischen Überlegenheit unrettbar verloren. Am Ende des selbstzerstörerischen Zweiten Weltkriegs lag Europa in Trümmern, und mit ihm sein Ansehen in der Welt. Die politische Führungsposition auf dem Globus übernahmen nun zwei Supermächte: die USA vor allem, und daneben das seit der Oktoberrevolution 1917 zur kommunistischen Sowjetunion verwandelte Russland. Der Aufstieg der Supermächte hatte, ebenso wie der Japans, bereits seit dem frühen 20. Jahrhundert die Dominanz der alten europäischen Mächte herausgefordert. Nun löste ihre Hegemonie die des alten Europa ab.

1.4. Das späte 20. Jahrhundert: Ende der Europäisierung?

Dekolonisation: Politische Enteuropäisierung

Von weißen Siedlungskolonien wie Kanada, Australien, Neuseeland und Südafrika abgesehen, hatte die Zeit zwischen den beiden Weltkriegen kaum Erfolge für koloniale Unabhängigkeitsbewegungen gebracht. Nur Ägypten und der Irak wurden in dieser Zeit zu mehr oder weniger souveränen Staaten, in denen die alte britische Kolonialmacht sich aber bestimmte Rechte vorbehielt. Der Zweite Weltkrieg bedeutete dagegen einen gewaltigen Aufschwung für die Unabhängigkeitsbewegungen in den europäischen Kolonien. Eine wahre Welle der Dekolonisation war die Folge.

Asien

Noch während des Krieges erreichten Syrien und der Libanon die Unabhängigkeit; Jordanien folgte unmittelbar nach seinem Ende. Auch im südlichen Asien konnten die europäischen Mächte in der unmittelbaren Nachkriegszeit ihre Macht nicht mehr reetablieren. 1947 zog Großbritannien sich überstürzt aus Indien zurück. Die indische Unabhängigkeit hatte Signalwirkung für Befreiungsbewegungen in der gesamten Region. Bis Mitte der 1950er Jahre hatten die europäischen Kolonialmächte in nahezu ganz Asien ihre Herrschaft aufgegeben. Zum Teil mussten sie dazu allerdings erst in blutigen und für beide Seiten verlustreichen Unabhängigkeitskriegen gezwungen werden, wie etwa Frankreich in Vietnam. China hatte die informelle Kontrolle von Europäern größtenteils bereits während des Zweiten Weltkriegs abgeschüttelt, mit der kommunistischen Revolution von 1949 wurde es endgültig wieder voll souverän.

Afrika

In Afrika dauerte es bis zur vollständigen Dekolonisation noch etwas länger. Nur aus der Mehrheit der arabischen Staaten im Norden zogen die europäischen Kolonialherren sich bereits bis Mitte der 1950er Jahre zurück. Etwa die Hälfte des Kontinents erreichte seine Unabhängigkeit im „afrikanischen Jahr" 1960. Die meisten anderen Staaten folgten bald darauf. Von den europäischen Mächten hielten bald lediglich noch Portugal und Spanien zäh an ihren kolonialen Besitzungen in Afrika fest. Endlich gaben auch sie 1975 ihre Herrschaft dort auf. In vielen Fällen verlief die Dekolonisation Afrikas relativ friedlich – zumindest verglichen mit seiner Kolonisierung durch die Europäer im späten 19. Jahrhundert. Zu längeren Konflikten zwischen afrikanischen Unabhängigkeitsbewegungen und Kolonialtruppen europäischer Mächte kam es in der Regel nur, wo es viele weiße Siedler gab wie in Algerien oder im Süden des Kontinents.

Während die größte Kolonialmacht, Großbritannien, am Ende des 19. Jahrhunderts über fast ein Viertel der Erde herrschte, war vom britischen Weltreich in den 1980er Jahren kaum noch etwas übriggeblieben – außer einer Handvoll von Affen bewohnter Felsen wie Gibraltar und einigen überwiegend von Schafen bevölkerten Inseln wie den Falklands. Das schloss nicht aus, dass Großbritannien um die Falklands 1982 mit Argentinien einen aberwitzigen Krieg führte, der auf beiden Seiten vor allem durch innenpolitischen Prestigebedarf der Regierungen motiviert war. Die Dekolonisation ging dennoch weiter. In den 1970er und 1980er Jahren wurden eine Reihe von in den Weltmeeren verstreuter Inselgruppen und arabischer Wüstengebiete aus englischer oder französischer Herrschaft in die Unabhängigkeit entlassen. Vor allem aber gab es bis 1991 noch ein europäisches Kolonialreich, an dem die Entwicklung scheinbar spurlos vorbeigegangen war: das russische. Unter der Maske einer „sozialistischen Völkerfamilie" überdauerte die im 19. Jahrhundert begründete russische Herrschaft über Zentralasien und den Kaukasus bis zum Zusammenbruch der Sowjetunion. Erst mit ihrer Auflösung 1991 war die Dekolonisation wirklich abgeschlossen, die politische Europäisierung der Welt revidiert.

Abschluss der Dekolonisation: Ende der Sowjetunion 1991

Allerdings umfasste der Prozess der Europäisierung ja mehr als Politik allein. Entsprach der politischen Enteuropäisierung durch Dekolonisation im späten 20. Jahrhundert auch ein Verlust der globalen europäischen Dominanz in Wirtschaft und Kultur? Und wieweit gerieten die formell unabhängig gewordenen Nationen Afrikas und Asiens in neue Abhängigkeiten, die der informellen Herrschaft der europäischen Mächte im Kolonialzeitalter ähnelten? Insbesondere afrikanische Staaten unterhielten weiterhin enge Beziehungen verschiedenster Art zu den ehemaligen Kolonialmächten.

Von europazentrischer zu polyzentrischer Weltwirtschaft

Zumindest im wirtschaftlichen Bereich lief die Entwicklung zu der im politischen weitgehend parallel. Auch hier kam es zu einer Enteuropäisierung. Die im 19. Jahrhundert entstandene europazentrische Weltwirtschaft machte im 20. Jahrhundert mehr und mehr einer polyzentrisch strukturierten Weltwirtschaft Platz. Seine frühe Industrialisierung hatte Europa im 19. Jahrhundert eine privilegierte Stellung als „Werkstatt der Welt" ermöglicht. Nur Europa konnte den Rest der Welt damals mit industriellen Fertigwaren versorgen. Dafür lieferten die übrigen Kontinente Rohstoffe und Agrarprodukte. Doch schon im frühen 20. Jahrhundert kam dieses asymmetrische weltwirtschaftliche System durch den Aufstieg von Industriestaaten außerhalb Europas ins Wanken. Bereits vor dem Ersten Weltkrieg übertraf die industrielle Produktion der USA die Großbritanniens und Deutschlands, damals

Europas produktivste Industrienationen. Einige Jahrzehnte später zog auch Japan an den führenden europäischen Industriestaaten vorbei. Seit den 1970er Jahren können eine Reihe kleinerer ostasiatischer Länder ebenso zu den industriellen Gesellschaften der Welt gezählt werden. Am Ende des 20. Jahrhunderts wurde auch China Mitglied dieses gar nicht mehr so exklusiven Klubs, während andere asiatische und südamerikanische Staaten ernsthafte Anwärter waren. Wenn sich andere ehemalige Kolonien nach der Dekolonisation in neuen informellen Abhängigkeiten verfingen, so konnten diese nun wenigstens nicht mehr allein von Europa diktiert werden.

Auch rein quantitativ verlor Europa im 20. Jahrhundert zunehmend seine Position als alleiniges Zentrum der Weltwirtschaft. Vor dem Ersten Weltkrieg machte sein Anteil am gesamten Welthandel knapp zwei Drittel aus. In den 1920er und 1930er Jahren fiel dieser Wert auf etwa die Hälfte, um infolge des Zweiten Weltkriegs noch weiter abzusinken. In den 1960er Jahren hatte Europa zwar wieder einen Anteil am Welthandel von 50 Prozent erreicht. Bis zum Jahr 2000 ging dieser aber erneut auf 38 Prozent zurück. Dagegen stieg vor allem der Anteil Asiens kontinuierlich auf schließlich 30 Prozent.[3]

Obwohl Europa wirtschaftlich und auch politisch nach wie vor eine wichtige Rolle in der Welt spielte, hatte es seine dominierende Rolle in diesen Bereichen am Ende des 20. Jahrhunderts offensichtlich verloren. Doch gilt das auch in kultureller Hinsicht? Auf den ersten Blick scheint im späten 20. Jahrhundert ein Prozess kultureller Globalisierung den der Europäisierung abgelöst zu haben. Dieser Eindruck drängt sich jedenfalls beim Studium von Speisekarten in der Fußgängerzone jeder beliebigen europäischen Stadt auf. Neben einheimischer Hausmannskost und US-amerikanischer oder türkischer Schnellgastronomie hat der hungrige Flaneur hier die Qual der Wahl zwischen chinesisch-vietnamesischer, italienischer, indischer, mexikanischer, griechischer und oft auch noch japanischer oder arabischer Küche. Und nicht selten sind es Zuwanderer aus ehemaligen Kolonien, die mit ihren Rezepten die Küche in den alten Kolonialmächten maßgeblich mitgeprägt haben. So bereiten niederländische Hausfrauen heute regelmäßig Essen mit indonesischer Satésauce zu. Kuskus aus Nordafrika gibt es in jedem französischen Supermarkt zu kaufen. Indisch-pakistanische Currygerichte peppen die als fade geltende britische Küche auf.

Kultur: Globalisierung statt Europäisierung?

Tatsächlich ist diese Globalisierung des Speisezettels jedoch kein neues Phänomen. Ein heute als „typisch deutsch" geltendes

Grundnahrungsmittel wie die Kartoffel fand schon in der Frühen Neuzeit den Weg aus Amerika nach Europa. Das gleiche gilt für so alltägliche, aber aus der Küche der meisten europäischen Länder nicht mehr wegzudenkende Früchte wie die Tomate. Tee, Kaffee, Kakao, Rohrzucker und viele andere Nahrungs- wie Genussmittel wurden ebenfalls bereits lange vor dem 20. Jahrhundert aus anderen Kontinenten nach Europa eingeführt.

Der Hinweis auf den zweifellos sehr wichtigen Kulturbereich des Essens taugt deshalb für die These einer Ablösung kultureller Europäisierung durch Globalisierungsprozesse im späten 20. Jahrhundert wenig. Gleiches gilt für einen kaum weniger wichtigen Bereich der Massenkultur: die Musik. Sicher lassen sich heute asiatische und afrikanische Einflüsse auf europäische Musik feststellen. Unabhängig von der Frage, ob das wirklich ein neues Phänomen ist, können Musiker aus Afrika oder Asien freilich in der Regel nur dann langfristig internationalen Erfolg verbuchen, wenn sie Englisch singen. Die höchsten Verkaufszahlen erzielt weltweit Popmusik aus den USA oder Großbritannien.

Kulturelle Westernisierung

Wenn die globale Kultur des späten 20. und frühen 21. Jahrhunderts sich überhaupt noch durch ein Schlagwort erfassen lässt, dann dürfte dieses Schlagwort weniger Globalisierung als Westernisierung sein. Die kulturelle Dominanz Europas ist durch die des „Westens“, also Europas und Nordamerikas unter Führung der USA, abgelöst worden. Wahrscheinlich haben die modernen Massenmedien seit der Dekolonisation mehr zur Verbreitung dieser westlichen Kultur beigetragen als die bis zu anderthalb Jahrhunderte europäischer Kolonialherrschaft davor. Das gilt für Musik, das gilt besonders auch für Filme. Die amerikanische Filmindustrie beherrscht seit langem den Weltmarkt. Zwar gibt es auch in anderen Ländern eine sehr produktive und erfolgreiche Filmbranche; Indien ist dafür das eindrucksvollste Beispiel. Selbst die indische Filmindustrie wird freilich nach dem großen amerikanischen Vorbild „Bollywood“ benannt, und ihre Produktionen orientieren sich inhaltlich am Erfolgsrezept US-amerikanischer Musicals.

Die Dominanz des Westens zeigt sich auch bei der Kleidung. Wann immer sich heute gesellschaftliche Eliten aus verschiedenen Kontinenten treffen, seien es Politiker, Wissenschaftler oder Wirtschaftsbosse, sei es in New York, Peking oder Dakar: Fast alle werden einen Anzug (oder dessen weibliche Variante, das Kostüm) tragen, also ursprünglich in Europa erfundene Kleidung. Ausnahmen wie vereinzelte Inderinnen im Sari oder ein Afrikaner im bunten Wickelgewand, die das monotone Grau-

Schwarz des obligatorischen Gruppenbilds aufbrechen, bestätigen die Regel. Und während der Anzug nach europäischem Schnittmuster global die Uniform der Eliten bildet, sind unter den Massen der Bevölkerung weltweit keine anderen Kleidungsstücke so weit verbreitet wie die US-amerikanischen Erfindungen Jeans und T-Shirt.

Indizien für einen Trend zur Westernisierung lassen sich ebenfalls im Bereich der Esskultur finden. Während nationale und regionale Besonderheiten hier zusehends von globaler Angleichung überlagert werden, weist diese Globalisierung doch deutliche Tendenzen auf. Nicht überall auf der Welt bekommt man chinesische Glasnudeln, türkischen Kebab oder schwäbische Maultaschen. Seit den 1990er Jahren, als einschlägige amerikanische Schnellrestaurants auch in China eröffneten, dürfte es aber wohl kaum noch eine Großstadt auf der Welt geben, in der man keine Hamburger kaufen kann.

Amerikanisierung?

Dieser Befund scheint, zusammen mit den Befunden zu Kleidung und besonders Film, auf den ersten Blick die These einer Westernisierung und damit auch die Annahme eines fortdauernden europäischen Kultureinflusses auf den Rest der Welt zu relativieren. Denn lässt sich mittlerweile nicht eher eine amerikanische Dominanz, also eine Amerikanisierung belegen? Gehen die weltweit wichtigen Kultureinflüsse heute nicht eher von den USA aus?

Tatsächlich dürfte sich die direkte kulturelle Ausstrahlung Europas im Vergleich mit den USA während der letzten Jahrzehnte verringert haben. Allerdings ist die US-amerikanische Gesellschaft – und damit auch die US-Kultur – zum einen eine Tochter der europäischen. Der Hamburger ist eine amerikanische Erfindung, aber er trägt den Namen einer europäischen Stadt. Amerikanische Schneider entwickelten die Jeans auf der Grundlage europäischer Schnittmuster. US-Filme greifen auf Traditionen europäischer Erzählmuster zurück; amerikanische Musicals sind eine Weiterentwicklung der europäischen Operette. Die politische Kultur der USA ist ausgehend von und in enger Wechselwirkung mit der Entwicklung von Verfassungen und Parlamenten in Europa entstanden. Zum anderen mögen zwar aus europäischer und amerikanischer Sicht dennoch bestimmte kulturelle Unterschiede diesseits und jenseits des Atlantiks bestehen. Von außen betrachtet schrumpfen diese Differenzen aber beträchtlich zusammen. Für islamistische Terroristen macht es nur einen minimalen Unterschied, ob ihre Anschläge in New York, London oder Berlin stattfinden: Getroffen wird immer „der Westen". Aus chinesischer, indischer oder afrikanischer Perspektive ist die kulturelle Distanz zwischen Europa und seinen ehemaligen Siedlungskolonien in Nordamerika nicht so groß, wie sie uns manchmal vorkommt.

Ob die kulturelle Europäisierung der Welt seit dem späten 20. Jahrhundert durch einen Prozess der Westernisierung oder Amerikanisierung abgelöst worden ist, erscheint daher eher als eine Frage nach Nuancen. Europa hat seine globale politische Dominanz verloren, und eine europazentrische hat einer polyzentrischen Weltwirtschaft Platz gemacht. In kultureller Hinsicht dagegen ist der europäische Einfluss auf die Welt, sei es direkt oder indirekt über die Tochtergesellschaft der USA, wohl noch nicht verschwunden. Ob mit dem 20. Jahrhundert auch die Epoche zu Ende gegangen ist, die sich unter anderen Dingen durch eine Europäisierung der Welt auszeichnet, erscheint deshalb keineswegs ausgemacht. In jedem Fall aber ist die starke Prägung der Welt durch Europa in den zweihundert Jahren zwischen 1789 und 1991 bereits Grund genug, sich mit der Geschichte des Kontinents in dieser Zeit näher zu beschäftigen.

Literatur

Albertini, Rudolf von, Einleitung, in: Ders. (Hg.), *Moderne Kolonialgeschichte*, Köln 1970, S. 11-38 (immer noch ein zuverlässiger knapper Überblick zu Grundstrukturen von Kolonisation und Dekolonisation, Kolonialverwaltung, Kolonialgesellschaft und Kolonialwirtschaft).

Bayly, Christopher Alan, *Die Geburt der modernen Welt: Eine Globalgeschichte 1780-1914*, Frankfurt 2006 (eine umfassende Weltgeschichte des „langen 19. Jahrhunderts“, die frühere europazentrische Sichtweisen relativiert; als Appetithappen lohnt sich besonders die Einleitung zu lesen).

Curtin, Philip D., *The World and the West: The European Challenge and the Overseas Response in the Age of Empire*, Cambridge 2000 (bietet auf S. 19-37 einen vorzüglichen Überblick zu militärischen Voraussetzungen europäischer Dominanz, auf S. 57-127 anschauliche Beispiele zur Komplexität kolonialer Kultur, und thematisiert auf S. 144-192 defensive Selbst-Europäisierung unter anderem am Beispiel Japans, Siams und des Osmanischen Reichs).

Fieldhouse, David, *Die Kolonialreiche seit dem 18. Jahrhundert*, Frankfurt 1965 u.ö. (nach wie vor informative Darstellung der Entwicklung einzelner europäischer Kolonialreiche).

Hobsbawm, Eric, Das Ende der Imperien, in: Ders., *Zeitalter der Extreme*, München 1995, S. 253-281 (erfrischender und gut lesbarer Überblick zur Dekolonisation).

Mommsen, Wolfgang, The End of Empire and the Continuity of Imperialism, in: Ders. (Hg.), *Imperialism and After*, London 1986, S. 333-359 (Forschungsüberblick zu Theorien über die politischen, gesellschaftlichen und wirtschaftlichen Aspekte der Dekolonisation).

Osterhammel, Jürgen/Jan C. Jansen, *Kolonialismus*, München 2012 (ordnet die Vielfalt von Formen der Kolonialherrschaft nach analytischen Kategorien und hilft damit, den Wald vor lauter Bäumen besser zu sehen).

Osterhammel, Jürgen, „The Great Work of Uplifting Mankind", in: Ders./Boris Barth (Hg.), *Zivilisierungsmissionen: Imperiale Weltverbesserung seit dem 18. Jahrhundert*, Konstanz 2005, S. 363-425 (zum kulturellen Sendungsbewusstsein Europas und der Europäer).

Industrialisierung 2

Bedeutung der Industrialisierung

Wenn es um Industrialisierung geht, kommen Historiker ins Schwärmen. Selbst nüchterne Experten für Wirtschafts- und Technikgeschichte überschlagen sich bei diesem Thema mit Superlativen. Die Industrialisierung, heißt es etwa, habe „in der Geschichte der Menschheit nicht ihresgleichen". Keine historische Entwicklung sei in ihrem Verlauf und ihren Folgen „je so dramatisch" gewesen wie die industrielle [Europäische Wirtschaftsgeschichte 1976, S. 1]. „Die Industrialisierung Europas war nicht nur ein welthistorisches Ereignis, weil sie mittelfristig jeden Winkel der Erde in der einen oder anderen Weise tangierte, sondern sie besaß sogar eine menschheitsgeschichtliche Dimension" [Ziegler 2005, S. 1]. Denn für die Entwicklung der Menschheit erscheint sie mindestens ebenso wichtig wie der Moment, an dem in der Steinzeit nomadische Jäger und Sammler zu sesshaften Bauern und Viehzüchtern wurden. Die industrielle Entwicklung der letzten zweieinhalb Jahrhunderte sei „vermutlich das wichtigste Ereignis der Weltgeschichte seit der Entwicklung der Landwirtschaft", die immerhin schon etwa zehntausend Jahre zurückliegt [Eric Hobsbawm zitiert in Buchheim 1994, S. 1].

Über die große Bedeutung der Industrialisierung sind sich Historiker also einig. Weniger einig sind sie sich dagegen über die Natur des Phänomens. Die meisten Experten würden wahrscheinlich allenfalls darin übereinstimmen, „unter Industrialisierung die grundlegenden, vornehmlich wirtschaftlichen, gesellschaftlichen und mentalen Veränderungen zu verstehen, die seit der Mitte des 18. Jahrhunderts die Existenzgrundlagen und Befindlichkeiten der modernen Gesellschaften umgewälzt haben."[4] Eine solche Definition besagt freilich letzten Endes auch nicht viel mehr, als dass die industrielle Entwicklung nahezu alle Aspekte menschlichen Lebens auf den Kopf gestellt hat. Über ihre Kennzeichen ist damit aber nicht wirklich etwas gesagt. Was also macht Industrialisierung eigentlich aus?

2.1 Kennzeichen industrieller Entwicklung

Es dürfte fast ebenso viele verschiedene Erklärungen dafür geben, was Industrialisierung ist, wie es Historiker gibt, die über dieses Thema geschrieben haben. Die meisten Erklärungen der Spezialisten besitzen jedoch einen kleinsten gemeinsamen Nenner – oder genau genommen sogar drei. Denn die Mehrzahl der Interpretationen stimmt darin überein, dass industrielle Entwicklung sich vor allem durch drei Aspekte auszeichnet.

Als Kennzeichen von Industrialisierung gelten
– sektoraler Wandel
– Häufung technischer Neuerungen
– starkes Wirtschaftswachstum

Erstes Kennzeichen: Sektoraler Wandel

Das erste Kennzeichen von Industrialisierung ist der sektorale Wandel der Gesellschaft. In jeder Gesellschaft lassen sich die Berufstätigen einem von drei Sektoren zuordnen: dem primären, dem sekundären oder dem tertiären. Zum primären Sektor werden alle gezählt, die in der Landwirtschaft arbeiten. Auch deren nicht berufstätige Familienmitglieder gehören dazu. Der primäre oder landwirtschaftliche Sektor einer Gesellschaft besteht also aus allen, die in der Landwirtschaft arbeiten oder von landwirtschaftlicher Arbeit leben – den landwirtschaftlichen „Berufszugehörigen“. Früher wurde auch noch der Bergbau zu diesem Sektor gezählt, weil in ihm wie in der Landwirtschaft die „Urproduktion“ von Rohstoffen betrieben wird. Zum sekundären Sektor gehören dementsprechend diejenigen, die ein weiter verarbeitendes Gewerbe betreiben. Auch hier werden die nicht selbst berufstätigen Familienmitglieder mitgezählt. Der sekundäre Sektor wird ebenso als gewerblicher oder industrieller bezeichnet. Unter dem tertiären Sektor versteht man schließlich alle Berufszugehörigen von Dienstleistungsbranchen, die keine sicht- und greifbaren Produkte erzeugen, wie zum Beispiel Handel oder Bildung.

Im 18. Jahrhundert gab es in ganz Europa und tatsächlich in der ganzen Welt kein Land, in dem nicht der primäre Sektor die meisten Berufszugehörigen hatte. Es gab nur landwirtschaftlich geprägte Agrargesellschaften. Seit der Mitte des 18. Jahrhunderts setzte aber in einigen europäischen Staaten, zuerst in Großbritannien, ein sektoraler Wandel ein: Der Anteil der Bevölkerung im primären landwirtschaftlichen Sektor sank. Dagegen stieg der Bevölkerungsanteil des sekundären Sektors an. Um 1820 gab es in Großbritannien erstmals mehr Berufszugehörige im verarbeitenden Gewerbe als in der Landwirtschaft: Die britische Gesellschaft war als erste der Welt von einer Agrar- zu einer Industrie-

Um 1820: Großbritannien erste Industriegesellschaft

gesellschaft geworden. Andere Länder folgten auf diesem Entwicklungspfad. Im Deutschen Reich überwog seit etwa 1890 die Zahl der industriellen Berufszugehörigen gegenüber den landwirtschaftlichen. In Frankreich, wo die Industrialisierung früh eingesetzt hatte, aber lange nur schleppend vorankam, war dieser Punkt nicht vor dem 20. Jahrhundert erreicht. Die meisten ost- und südeuropäischen Staaten wurden erst nach 1945 überwiegende Industrienationen.

Deutschland: Industriegesellschaft seit etwa 1890

Industrie im weiteren Sinne gab es dabei schon vor der Industrialisierung. Denn darunter wurde zunächst jedes Gewerbe verstanden, das landwirtschaftliche Produkte weiter verarbeitet. Dazu gehören etwa Müller, die Getreide in ihrer Mühle mahlen, oder Gerber, die Tierhäute bearbeiten, ebenso wie Schuhmacher, Schneider und so weiter. In diesen Gewerben würden wir heute allerdings keine Industrie im engeren Sinn sehen, sondern sie als „Handwerk“ von der eigentlichen „Industrie“ trennen. Was aber ist Industrie im engeren Sinn?

Die Entstehung von Industrie im engeren Sinn wird häufig als Folge technischer Neuerungen oder Innovationen gesehen. Diese gelten deshalb als zweites Kennzeichen der Industrialisierung. Die wohl wichtigste, wenn auch keineswegs einzige dieser technischen Innovationen, die zum Kennzeichen von Industrialisierung geworden sind, ist der Einsatz von Maschinen. Allerdings nicht irgendwelcher Maschinen – auch der Korkenzieher ist schließlich eine Maschine.

Zweites Kennzeichen: Technische Neuerungen

Einsatz von Maschinen ...

Welche Art von Maschinen auf welche Weise für die Industrialisierung eine Rolle spielten, lässt sich am Beispiel der Verarbeitung von Baumwolle gut verdeutlichen. Bis zur Mitte des 18. Jahrhunderts wurde Baumwolle auf der ganzen Welt mit einem einfachen Spinnrad gesponnen. Das Rad wurde per Hand angetrieben, und es ließ sich damit jeweils nur ein einziger Faden auf einer Spindel verarbeiten. Solche einfachen Spinnräder benutzte man in vielen Teilen der Welt noch bis ins 20. Jahrhundert hinein. In Großbritannien aber wurde während der 1760er Jahre eine wesentliche komplexere Maschine erfunden, die sogenannte „spinning jenny“. Mit dem ersten Modell ließen sich nun sechs Baumwollfäden gleichzeitig spinnen, später noch wesentlich mehr. Die Produktivität der menschlichen Arbeitskraft wurde durch die Erfindung der „spinning jenny“ also beträchtlich gesteigert. Wo eine Arbeiterin bisher nur einen Faden gleichzeitig verarbeiten konnte, war sie jetzt um ein Vielfaches produktiver.

... zur Steigerung der Produktivität menschlicher Arbeitskraft

Abb. 2.1: Altes Baumwollspinnrad (vgl. auch Abb. 1.8 auf S. 26)

Abb. 2.2: Spinning Jenny (ab 1760er Jahre)

Abb. 2.3: Baumwollfabrik mit Spinnmaschinen (um 1835)

Wenige Jahre später erfand der Brite Richard Arkwright eine Spinnmaschine, die anders als noch die „spinning jenny" ganz ohne Handantrieb auskam. Stattdessen lieferte Wasserkraft die nötige Energie zum Antrieb des Spinnrads. Die Kombination von „spinning jenny" und Arkwrights Wasserantrieb erhöhte die Produktivität noch einmal. Menschen waren in den Baumwollfabriken jetzt nur noch mit der Materialversorgung und Reparatur der Maschinen beschäftigt.

... zum Ersatz menschlicher Arbeitskraft

Allerdings war die Steigerung der Produktivität menschlicher Arbeitskraft durch technische Neuerungen zumindest nichts grundsätzlich Neues. Zwar können die Steigerungsraten während der Industrialisierung wohl als einmalig gelten. Aber schon die Erfindung des Spinnrads, das im 13. Jahrhundert die freihängende Spindel ablöste, hatte einen wenigstens prinzipiell ähnlichen Produktivitätsschub bedeutet. Auch der Ersatz menschlicher Arbeitskraft durch mit Wasserkraft betriebene Maschinen war nicht so grundlegend neu. Getreidemühlen etwa wurden sogar bereits seit der Antike von Wasserrädern angetrieben. Und im Lauf des Mittelalters hatte Wasserkraft menschliche und tierische Muskelkraft als Antriebsenergie für immer mehr Maschinen ersetzt.

... mit Antrieb durch fossile Energien

Vielfach wird deshalb als zentrales Kennzeichen der Industrialisierung erst der Einsatz von Maschinen gesehen, die mit fossilen

Energien betrieben werden. Besonders die durch Verbrennung von Kohle angetriebene Dampfmaschine gilt landläufig geradezu als Inbegriff der Industrialisierung. Zweifellos ist die Dampfmaschine, in der von dem Schotten James Watt 1769 patentierten Form, das Symbol industrieller Entwicklung. Und diese Entwicklung erscheint ohne den Einsatz fossiler Energien – zunächst vor allem von Kohle, später vorrangig von Erdöl und Erdgas – kaum denkbar. Freilich gilt auch für Kohle und die Dampfmaschine, dass sie nicht erst ab der zweiten Hälfte des 18. Jahrhunderts verwendet wurden, auf die der Beginn der Industrialisierung in Großbritannien gewöhnlich datiert wird. James Watt hat die Dampfmaschine nicht erfunden, sondern nur verbessert. Die ersten Dampfmaschinen wurden schon Anfang des 18. Jahrhunderts eingesetzt – in britischen Kohlengruben. Und fossile Energien wurden sogar noch weit früher in England ausgebeutet: Die englische Kohleproduktion stieg bereits seit dem 16. Jahrhundert steil an.

„Proto-Industrialisierung“

Es gilt heute unter Historikern als allgemein anerkannt, dass die Industrialisierung in der Mitte des 18. Jahrhunderts nicht gleichsam über Nacht einsetzte. Sie hatte vielmehr eine lange Vorgeschichte – in Großbritannien wie auch in vielen anderen Teilen Europas. Diese „Proto-Industrialisierung“ reicht wenigstens bis ins 16. oder 17. Jahrhundert zurück. Zumindest in England und in Mitteleuropa war das verarbeitende Gewerbe, der sekundäre Sektor der Gesellschaft also, offenbar schon vor dem vollen Einsetzen der industriellen Entwicklung relativ stark. Obwohl auch in diesen Gebieten der landwirtschaftliche oder primäre Sektor bis ins 19. Jahrhundert die meisten Berufszugehörigen zählte, ernährte hier das verarbeitende Gewerbe bereits vor der eigentlichen Industrialisierung mehr Menschen als in anderen Teilen der Welt. Das dürfte nicht zuletzt mit dem langen Vorlauf an technischen Neuerungen zusammenhängen.

Häufung technischer Neuerungen ab 1750

Warum aber macht es dann überhaupt Sinn, von einem Beginn der Industrialisierung in der zweiten Hälfte des 18. Jahrhunderts zu sprechen? Weil in den Jahren nach 1750 die Zahl technischer Neuerungen sich geradezu sensationell häuft. Niemals zuvor hat die Technik sich so schnell und auf so vielen Gebieten entwickelt wie seitdem. Technische Innovationen, die vorher in vielen Jahrhunderten abliefen, drängten sich nun in wenigen Jahrzehnten zusammen. Die Erfindung der „spinning jenny“, Richard Arkwrights Konstruktion der durch Wasserkraft angetriebenen Spinnmaschine und die Weiterentwicklung der Dampfmaschine durch James Watt sind nur einige wenige der zahlreichen Neuerungen, die das traditionelle verarbeitende Gewerbe in kürzester Zeit so tiefgreifend wie nie zuvor veränderten. Neue Verfahrenstechniken revolutionierten gleichzeitig die Veredelung von Metallen, von Textilien und vieler anderer Rohstoffe und Produkte.

Drittes Kennzeichen: Wirtschaftswachstum

Außerdem fiel die Häufung technischer Neuerungen ab 1750 in Großbritannien mit dem Einsetzen eines beträchtlichen Wirtschaftswachstums zusammen. Darin liegt ein drittes Kennzeichen der Industrialisierung. Denn auch in allen anderen Staaten, die Großbritannien nacheiferten und die dort zuerst entwickelten technischen Neuerungen umsetzten, hat über kurz oder lang ein starkes Wachstum eingesetzt. Industriegesellschaften erscheinen gekennzeichnet durch dynamische Entwicklung. Vorindustrielle Gesellschaften wirken dagegen tendenziell statisch. Zwar hat es auch in ihnen Wachstum gegeben. Doch dieses war wesentlich geringer und wurde immer wieder unterbrochen durch lange Zeiten des wirtschaftlichen Niedergangs. Die Welt vor der Industrialisierung veränderte sich deshalb insgesamt nur langsam. In industriellen Gesellschaften ist dagegen der Wandel das einzig Beständige – und zwar ein Wandel, der sich im Vergleich zur vorindustriellen Epoche durch ein hohes und langfristig dauerhaftes Wachstum von Wirtschaft und Wohlstand auszeichnet.

Wachstum einzelner Branchen

Eindrucksvoll belegen lässt sich das etwa am Beispiel der Produktion von Baumwolle in Großbritannien während des 18. Jahrhunderts. Während diese in der ersten Hälfte des Jahrhunderts nur wenig wuchs, wurde das Wachstum seit 1750 bereits um einiges dynamischer. Nach dem Einsatz von technischen Neuerungen wie der „spinning jenny“ und Arkwrights Spinnmaschine explodierten die Produktionszahlen ab den 1780er Jahren geradezu. Ähnlich war die Entwicklung bei der Herstellung von Eisen und anderen industriell gefertigten Waren: Beginnend im späten 18. Jahrhundert erlebten die betreffenden Branchen in Großbritannien ein explosives Wachstum.

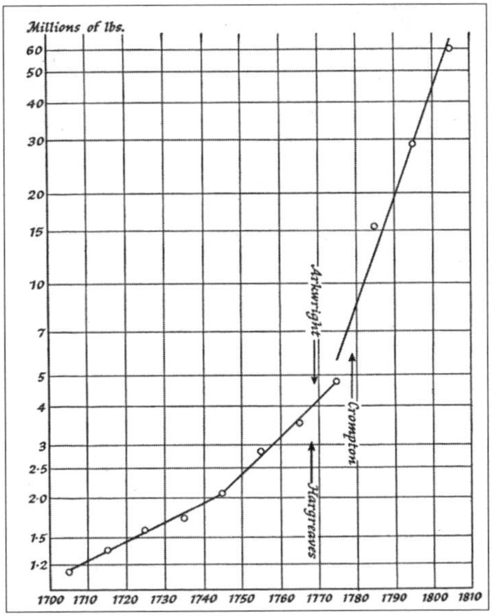

Abb. 2.4: Wachstum der Baumwollproduktion in Großbritannien im 18. Jahrhundert (Jahrzehntdurchschnitte) – die Namen verweisen auf die Erfindung technischer Neuerungen wie der „spinning jenny“ (Hargreaves) und Arkwrights Spinnmaschine

Wachstum von Volkswirtschaften

Auch für ganze Volkswirtschaften gibt es Zahlen, die darauf hindeuten, dass die Industrialisierung mit einem Quantensprung im Wachstum verbunden ist. Volkswirtschaftliches Wachstum wird gemessen an der Entwicklung des Sozialprodukts. Das Sozialprodukt ist die Menge aller Güter und Dienstleistungen, die in einem Staat während eines Jahres produziert bzw. erbracht werden. Errechnet wird es aus den für die Güter und Dienstleistungen am Markt gezahlten Preisen, bereinigt um die Inflationsrate. Das so ermittelte reale Sozialprodukt der früh industrialisierten Staaten Nordwest- und Mitteleuropas ist während des 19. und 20. Jahrhunderts im langfristigen Durchschnitt pro Jahr um etwa 1,5 Prozent gestiegen. Vor der Industrialisierung hat es dagegen bei den Staaten, für die statistische Angaben vorliegen, nur knapp über Null gelegen.

Allerdings gibt es solche Angaben für die vorindustrielle Zeit tatsächlich nur für einige wenige Länder. Sie beruhen zudem auf der unsicheren Grundlage von Hochrechnungen aus einzelnen lokalen oder regionalen Quellen. Ihre Aussagekraft für das Wachstum vor der Industrialisierung wird deshalb von manchen Experten bezweifelt. Ähnliches gilt auch für das Sozialprodukt. Denn weil dieses auf der Basis von Marktpreisen errechnet wird, erfasst es bestimmte Waren und Dienstleistungen nicht. Das gilt vor allem für solche, die getauscht oder vom Erzeuger selbst konsumiert werden. Ein großes Ausmaß von Tausch und Selbstversorgung ist aber gerade für die vorindustrielle Welt typisch. Die Verwendung des Sozialprodukts als Indikator für Wachstum könnte deshalb die Zuwachsraten in noch nicht industrialisierten Volkswirtschaften kleiner darstellen, als sie es tatsächlich waren.

Unter anderem aus solchen Gründen ist das Verhältnis von Wachstum und Industrialisierung unter Experten umstritten. Strittig ist dabei freilich weniger, dass es einen grundsätzlichen Zusammenhang zwischen beiden Phänomenen gibt. Alle Historiker gehen davon aus, dass die industrielle Entwicklung sich gegenüber der vorindustriellen durch ein höheres Wachstum auszeichnet. Uneinigkeit besteht nur zum einen darüber, wie groß der tatsächliche Unterschied ist. Zum anderen wird kontrovers diskutiert, ob der Übergang von einem relativ statischen vorindustriellen Zustand zu einem vergleichsweise dynamischeren industriellen eher gleitend oder eher abrupt erfolgte. Im Grunde geht es also um die Frage: War die Industrialisierung ein eher langsamer, evolutionärer Prozess – oder handelte es sich um eine revolutionäre Umwälzung?

Industrielle Revolution oder Industrialisierung? 2.2

Attraktivität des Begriffs „Industrielle Revolution“

Der Begriff der Industriellen Revolution hat gegenüber dem der Industrialisierung einen nicht zu unterschätzenden Vorteil: Er ist, wenn auch leider nur im übertragenen Sinn, erotischer. Das schlägt sich in den Titeln von Büchern über das Phänomen klar nieder. Offensichtlich sind Revolutionen in Buchtiteln ungleich verkaufsfördernder als Wörter, die auf -ung enden. Bezeichnenderweise hält das die Autoren in der Regel nicht davon ab, zwischen den Buchdeckeln den Begriff der Industriellen Revolution zu problematisieren, wenn sie ihn nicht synonym mit dem der Industrialisierung verwenden. Ob es angemessen ist, die Industrialisierung als Revolution zu bezeichnen, hängt im Wesentlichen vom angelegten Maßstab ab. Um das Phänomen besser zu verstehen, kann es jedenfalls nicht schaden, einen Moment darüber nachzudenken, was denn revolutionär an ihm war und was nicht.

Langfristiger Charakter der Industrialisierung

Umwälzungen wie die Französische Revolution 1789 oder die russische Oktoberrevolution 1917 verwandelten die politische, gesellschaftliche und wirtschaftliche Verfassung der betreffenden Länder innerhalb weniger Monate oder zumindest binnen einiger Jahre. Die Industrialisierung war dagegen ein wesentlich langfristigerer Prozess. Vom Einsetzen technischer Neuerungen und dem damit zusammenhängenden explodierenden Wachstum der Produktion in der Baumwollspinnerei bis zum Umbruch in eine Industriegesellschaft, in der der sekundäre gewerbliche Sektor die meisten Berufszugehörigen aufwies, dauerte es in Großbritannien etwa fünfzig Jahre. Anderswo, so etwa in Frankreich, konnte dieser Prozess der eigentlichen Industrialisierung aber auch gut und gerne über ein Jahrhundert in Anspruch nehmen. Dabei ist der proto-industrielle Vorlauf noch gar nicht berücksichtigt. Außerdem ist industrielle Entwicklung mit dem Umschlag zu einer überwiegenden Industriegesellschaft ja keineswegs beendet, sondern geht auch danach noch weiter. Dieser langfristige Charakter legt es nahe, die durch eine Häufung technischer Neuerungen zuerst im Großbritannien des späten 18. Jahrhunderts angestoßene Entwicklung als Industrialisierung statt als Industrielle Revolution zu bezeichnen.

Revolutionärer industrieller „take-off“?

Historiker, die dennoch den Begriff der Industriellen Revolution bewusst verwenden, verweisen dagegen auf sogenannte „take-off“-Phasen in der Entwicklung einiger Volkswirtschaften. Den Prozess der Industrialisierung vergleichen sie mit dem Start eines Flugzeugs, das zunächst langsam beschleunigt, um schließlich mit großem Getöse steil in die Luft abzuheben. Dieser volkswirtschaftliche „take-off“ wird in einer relativ kurzen Phase besonders hoher Wachstumsraten gesehen. Für Großbritannien ist ein solches „Abheben“ für die Jahre zwischen 1780 und 1800 angenommen worden. In Deutschland hat ein „take-off“ sich nach Meinung mancher Historiker zwischen 1845/1850 und 1873 ereignet. Allerdings sind Wachstumsraten, wie bereits erwähnt, für die vor- und frühindustrielle Zeit wegen einer recht dürftigen Quellenbasis nur schwer exakt feststellbar. Deshalb bleibt weiter umstritten, ob es tatsächlich einen revolutionären Anstieg des Wachstums oder doch eher ein langsames Hineingleiten Großbritanniens und Deutschlands in die Hochphase der Industrialisierung gegeben hat. In einigen anderen Ländern, wie etwa Frankreich, ist zudem ein „take-off“ der volkswirtschaftlichen Entwicklung kaum oder gar nicht feststellbar.

Perspektivwechsel: Industrielle Revolutionen in Branchen und Regionen

Was für ganze Volkswirtschaften gilt, muss freilich nicht auch für einzelne Wirtschaftszweige, Städte und Regionen gelten. Branchen wie die Baumwollspinnerei oder die Eisenverarbeitung wurden durch technische Neuerungen durchaus innerhalb weniger Jahre „revolutioniert“. Produktionsbedingungen und Produktivität veränderten sich hier in der Tat häufig binnen kürzester Zeit. Städte und Regionen, in denen solche Pionierbranchen der Industrialisierung konzentriert waren, wurden davon massiv beeinflusst. Das galt zum Beispiel für die nordenglische Stadt Manchester und die sie umgebende Grafschaft Lancashire. Hier dominierte das Textilgewerbe den Arbeitsmarkt. Und hier begann die englische Industrialisierung. Für die Bewohner von Lancashire und Manchester war das in den 1780er Jahren ein extrem einschneidendes Erlebnis. Ein Jahrhundert später, als in Deutschland an der Ruhr Kohlengruben und Stahlwerke wie Pilze aus dem Boden schossen und aus geruhsamen Dörfern im Lauf weniger Jahre hektische Industriestädte wurden, erlebten die betroffenen Menschen das als nicht weniger umwälzend. Industrialisierung war und ist oft vor allem ein regionales Phänomen. Die Dynamik der Entwicklung in kleineren Räumen und einzelnen Branchen kann tatsächlich revolutionären Charakter haben, während sie in der Statistik ganzer Volkswirtschaften eher eingeebnet und geglättet wird. Was aus der übergreifenden Vogelschau als relativ langfristiger evolutionärer Wandel erscheint, lässt sich „von unten“ betrachtet auch als mitgeprägt durch viele kleine „industrielle Revolutionen“ wahrnehmen. Letzten Endes kommt es dabei nur auf die Perspektive an.

Revolutionäre Industrialisierungsfolgen

Ähnliches gilt, wenn man statt des Ablaufs der Industrialisierung ihre Folgen betrachtet. Denn von den Resultaten her gesehen hatte die industrielle Entwicklung zweifellos revolutionären Charakter. Die meisten mit der Industrialisierung zusammenhängenden Veränderungen im Leben der Menschen Europas werden im nächsten Kapitel behandelt. Hier soll nur kurz ein Aspekt angesprochen werden, der beispielhaft illustriert, wie die Entstehung der Industrie das menschliche Leben fundamental verwandelt hat: die Wahrnehmung und Messung von Zeit.

Kulturelle Wirkungen: Das Beispiel Zeitwahrnehmung

Für uns erscheint es heute selbstverständlich, den Tag in Stunden, Minuten und Sekunden zu messen und zu organisieren. Für den größten Teil der Bevölkerung Europas war das bis zur Industrialisierung keineswegs so. Mechanische Uhren wurden zwar schon im 13. Jahrhundert entwickelt, und selbst davor gab es recht zuverlässige Methoden der Zeitmessung, etwa durch Wasseruhren. Die Masse der Menschen hatte dafür aber keine Verwendung. In vorindustriellen, überwiegend von der Landwirtschaft geprägten Gesellschaften wird Zeitwahrnehmung nicht geprägt von der Uhr, sondern vom Ablauf der Jahreszeiten und dem Wechsel von Tag und Nacht. Die landwirtschaftliche Arbeitsorganisation ist diktiert von Sonnenstand und Klima. Das Leben richtet sich nach einem Rhythmus, der durch Naturbedingungen vorgegeben und von ihnen beherrscht wird.[5]

Uhren wurden zuerst nur in Städten und Klöstern verwendet, die in diesen Rhythmus nicht eingebunden waren. Der Versuch frühneuzeitlicher Landesherren, Uhren auch auf den Dörfern einzuführen, stieß bezeichnenderweise auf den starren Widerstand von Bauern, die dafür keine Verwendung hatten und deshalb auch nicht die Kosten ihrer Finanzierung mittragen wollten. Der Pfarrer war auf dem Dorf häufig der einzige, der ein Interesse an den neuen Zeitmessern zeigte, weil seine Zeitorganisation sich von der der landwirtschaftlichen Bevölkerung unterschied.

Mit der Industrialisierung änderte sich das grundlegend. Die Einteilung von Ressourcen wurde in der industriellen Gesellschaft zunehmend unabhängig von naturbedingten Rhythmen. Arbeitszeiten und Liefertermine

Abb. 2.5: Zeit als Produktionsfaktor der Industriegesellschaft und Instrument der Disziplinierung – Werbung für Stechuhrensysteme in Fabriken 1923

orientierten sich nun nicht mehr an Sonnenstand und Jahreszeit, sondern an abstrakten und unwandelbaren Zeiteinheiten. Während die Arbeitsorganisation in der Agrargesellschaft weitgehend vom Wetter bestimmt wurde, regiert in Fabrik und Büro die Uhr. Im späten 18. und 19. Jahrhundert nahm die Zahl von Uhren im öffentlichen Raum und in Privathäusern sprunghaft zu. Taschenuhren, bis zum Beginn der Industrialisierung eher eine Rarität, wurden jetzt zum Massenartikel. Stunden und Minuten entwickelten sich zum Produktionsfaktor, zum geldwerten Gut. Die Industriegesellschaft führte den in der traditionellen landwirtschaftlichen Welt unbekannten Stundenlohn ein. Und mit ihrer Fortentwicklung gingen Gerichte dazu über, Übeltäter weniger mit Geldstrafen als mit Freiheitsentzug – Zeitentzug – zu bestrafen.

In all diesen Veränderungen kam eine neue Vorstellung von Zeit zum Ausdruck. Die Industrialisierung veränderte nicht nur Produktionsweisen und gesellschaftliche Beziehungen grundlegend. Sie erschütterte auch Jahrtausende alte kulturelle Gewohnheiten und Mentalitäten. Von ihren vielfältigen Folgen und Wirkungen her betrachtet war sie deshalb wahrhaft revolutionär.

2.3. Schauplätze und Voraussetzungen

Das Wort Industrialisierung beschwört unweigerlich Bilder von qualmenden Fabrikschloten in einer grauen Stadtlandschaft herauf. Rauch und Ruß, der aus dunklen Fabrikschornsteinen wabert und den Himmel über tristen, endlosen Häuserreihen verdunkelt: Das ist die landläufige Vorstellung, die sich mit der Industriellen Revolution verbindet. Solche Bilder sind zwar nicht falsch, aber doch einseitig. Industrialisierung hatte und hat viele Schauplätze. Ob im Großbritannien des späten 18. Jahrhunderts, in West- und Mitteleuropa während des 19. Jahrhunderts oder in anderen Ländern Europas und der Welt bis heute: Industrielle Entwicklung fand und findet nie allein in Städten und Fabriken statt. Und ihre Voraussetzungen werden um einiges klarer, wenn man sich die anderen Schauplätze näher ansieht.

„Agrarrevolution“ als Voraussetzung der Industrialisierung

„Die Industrielle Revolution war nämlich in Wahrheit zuerst und vor allem eine ‚Agrarrevolution‘, die – wo immer sie stattgefunden hat – die beispiellose Entwicklung der Industrie erst ermöglicht hat“ [Europäische Wirtschaftsgeschichte 1976, S. 297]. Mit anderen Worten: Grundlegende Voraussetzungen der Industrialisierung wurden durch Veränderungen auf dem Land geschaffen. In gewisser Weise war, so paradox es klingt, sogar die Landwirtschaft und nicht die Baumwollverarbeitung die erste industrialisierte Branche.

Technische Neuerungen in der Landwirtschaft

Die landwirtschaftliche Produktion wurde in allen sich industrialisierenden Ländern durch technische Neuerungen grundlegend verändert, bevor solche Veränderungen im gewerblichen Sektor einsetzten. Im Fall Großbritanniens begann der Wandel des Agrarsektors um 1700 – also mindestens ein halbes Jahrhundert vor der massiven Häufung technischer Innovationen im weiter verarbeitenden Gewerbe. Pferde lösten Ochsen als landwirtschaftliche Zugtiere ab. Die Sense ersetzte die Sichel, der Pflug wurde perfektioniert oder ersetzte die weniger effektive Hacke. Im 19. Jahrhundert kamen schließlich auch komplexe Maschinen zum Einsatz: Dampfkraft trieb nicht nur Lokomotiven und Fabrikproduktion an, sondern auch landwirtschaftliche Maschinen zum Säen, Ernten und Dreschen. Die Folge war eine rasante Steigerung der agrarischen Produktivität. Die Ablösung von Ochsen als Zugtiere durch Pferde vergrößerte die Fläche, die eine landwirtschaftliche Arbeitskraft pro Tag beackern konnte, bereits um die Hälfte. Der Einsatz des perfektionierten Pflugs erhöhte diesen Wert noch einmal um ein Drittel, die Verwendung von dampfgetriebenen Traktoren sogar um das Sechsfache. Insgesamt konnte die Effizienz einer landwirtschaftlichen Arbeitskraft so bis zur Mitte des 19. Jahrhunderts um 1200 Prozent gesteigert werden.

Abb. 2.6: Technisierung der Landwirtschaft: Dampfbetriebene Dreschmaschine (Deutschland, um 1850)

Dazu kam noch die Erschließung von Neuland, vor allem durch Trockenlegung mittels neuer technischer Hilfsmittel, und die intensivere Nutzung des bereits erschlossenen Landes durch Aufgabe der traditionellen Dreifelderwirtschaft.

Freisetzung von Arbeitskräften

All diese technischen Neuerungen zusammen erhöhten die Produktivität des Agrarsektors gewaltig und setzten Menschen für eine Tätigkeit in der Industrie frei. Vor dem 18. Jahrhundert hatte eine Arbeitskraft in der englischen Landwirtschaft wenig mehr an Nahrungsmitteln produziert als sie selbst verbrauchte. Drei bis vier Bauern waren nötig, um mit ihren mageren Überschüssen einen Erwerbstätigen in verarbeitendem Gewerbe oder Dienstleistungssektor mitzuernähren. Um die Mitte des 19. Jahrhunderts hatte sich dieses Verhältnis in Großbritannien umgekehrt: Nun versorgte ein einziger Landwirt drei bis vier Mitesser im sekundären oder tertiären Sektor. Und in anderen europäischen Ländern begann die Entwicklung in dieselbe Richtung zu laufen. Die Freisetzung von Arbeitskräften durch eine in der Menschheitsgeschichte einzigartige Erhöhung der agrarischen Produktivität war Grundvoraussetzung für die Industrialisierung.

Die Rolle des Wandels im Agrarsektor für die Industrialisierung erschöpfte sich aber nicht darin, Arbeitskräfte freizusetzen.

Agrarsektor als Kapitalquelle

Auch ein großer Teil des in die frühe industrielle Entwicklung investierten Kapitals stammte aus der Landwirtschaft. Zwar schrumpfte durch das Ansteigen der Produktivität die Bevölkerung im Agrarsektor relativ und bald auch absolut. Die Einnahmen der verbleibenden Bauern wuchsen freilich. Ein erheblicher Teil dieser Einnahmen diente dann als finanzielle Grundlage für den Aufbau der Industrie. Das konnte direkt geschehen, durch Investitionen von im Agrarsektor erwirtschaftetem Kapital in Fabriken, oder auch indirekt, etwa durch Finanzierung des Baus von Verkehrswegen wie Straßen, Kanälen und Eisenbahnlinien.

Landwirtschaft als Absatzmarkt

Schließlich entwickelte sich eine geradezu symbiotische Beziehung zwischen agrarischem und gewerblichem Sektor: Die Landwirtschaft stellte nicht nur Arbeitskräfte und Kapital für die Industrie bereit; die Industrie fand im Agrarsektor auch ihren ersten großen Absatzmarkt. Bauern, die durch Produktivitätssteigerung wohlhabend geworden waren, erhöhten ihren privaten Konsum, etwa an Textilien. Sie investierten aber auch weiter in technische Neuerungen – Pflüge aus Gusseisen, dann dampfgetriebene Landmaschinen, noch später Kunstdünger. Das stimulierte das Wachstum weiterer Industriezweige wie Eisen verarbeitende Betriebe, Maschinenbau und Chemie. Deren Produkte trieben wiederum die Rationalisierung in der Landwirtschaft weiter voran, so dass noch mehr Arbeitskräfte und Kapital dort freigesetzt wurden.

> Die Landwirtschaft spielte eine wichtige Rolle für die Industrialisierung durch
> – Freisetzung von Arbeitskräften
> – Bereitstellung von Kapital
> – Funktion als Absatzmarkt für Industrieprodukte

Das Wachstum der Industrie verlief also in ständiger Wechselwirkung mit Entwicklungen in der Landwirtschaft. Ja, ohne den Wandel des Agrarsektors ist die Industrialisierung kaum denkbar. Das landläufige Bild, das Industrie mit städtischen Fabriklandschaften gleichsetzt, ist allerdings auch noch in anderer Hinsicht schief. Denn gerade viele der frühen industriellen Fabriken entstanden nicht in Städten, sondern in mehr oder weniger ländlichen Gegenden.

Fabrik

Eine Fabrik definiert sich unter anderem durch ihre stark arbeitsteilig organisierten Produktionsabläufe, die einen höheren Produktionsausstoß als im traditionellen Handwerksbetrieb ermöglichen. Die Arbeitsteilung bedingt zwar tendenziell eine höhere Zahl von Beschäftigten als im Handwerk. Dem wirkt aber die Wegrationalisierung von menschlicher Arbeit durch Maschineneinsatz entgegen. Zudem sind die Übergänge zwischen Handwerk und Industrie ohnehin fließend. Die meisten industriellen Fabriken waren – und sind – keine Großbetriebe mit Tausenden von Arbeitern. In Deutschland hatten selbst während der Hochindustrialisierung um 1900 drei Viertel der gewerblichen Betriebe weniger als 200 Beschäftigte; in über der Hälfte arbeiteten sogar weniger als 50 Menschen.[6]

Städte und Industrie

Für Betriebe dieser Größe gab es keine zwingende Notwendigkeit, sich in der Nähe großer Städte anzusiedeln, um ihren Bedarf an Arbeitskräften zu decken. Zudem waren die meisten frühindustriellen Fabriken nicht nur relativ klein. Die überwiegende Mehrheit von ihnen nutzte auch Wasserkraft, um Maschinen anzutreiben. Schnell fließendes Wasser, das sich in große Mengen von Antriebsenergie umwandeln lässt, gibt es aber vor allem in hügeligen und gebirgigen Regionen – während größere Städte eher im Flachland an schiffbaren, weil nur träge dahinfließenden Gewässern zu finden sind. Die erste industrielle Fabrik der Welt, die von Richard Arkwright in England 1771 eröffnete Baumwollspinnerei, deren Spinnmaschinen durch Wasserkraft angetrieben wurden, lag denn auch auf dem Land. In Deutschland konzentrierte sich die frühe Industrialisierung auf Gegenden wie die sächsische Hügellandschaft und das enge Tal der Wupper mit seinen vielen schnellen Zuflüssen. Die wohl erste Fabrik auf deutschem Boden wurde 1784 in Ratingen gegründet, das damals nur ein kleiner Ort an der Straße von Düsseldorf nach Essen war. Die frühen industriellen Fabriken siedelten sich also häufig gerade nicht in bestehenden größeren Städten an. Sie wurden aber dann oft zur Keimzelle von neuen städtischen Ballungszentren.

„Humankapital"

Das Beispiel der 1784 gegründeten Ratinger Baumwollspinnerei illustriert schließlich noch eine wichtige Voraussetzung der Industrialisierung, das sogenannte „Humankapital". Besitzer der Ratinger Fabrik war der findige Textilhändler Johann Gottfried Brügelmann. Brügelmann stammte aus Elberfeld im Wuppertal. Das dortige Textilhandwerk litt zunehmend unter der überlegenen Konkurrenz aus England, in dessen Fabriken Baumwolle besser und billiger verarbeitet wurde. Im Gegensatz zu vielen anderen im Wuppertal, die dennoch an der traditionellen Produktionsweise festhielten, sah Brügelmann die Lösung des Problems in der Kopie des englischen Erfolgsrezepts. Das finanzielle Kapital zum Bau seiner Fabrik in Ratingen verschaffte er sich durch die Heirat mit einer reichen Erbin. Das „Humankapital" dagegen war

Abb. 2.7: Arkwrights Baumwollspinnerei mit umliegender Landschaft (um 1777)

er selbst, beziehungsweise seine unternehmerische Risikobereitschaft und Kompetenz.

Um an das zunächst sorgfältig gehütete Geheimnis der englischen Überlegenheit zu kommen, ließ Brügelmann systematisch Industriespionage betreiben. Auf dunklen Wegen ließ er aus Großbritannien Maschinen zur Baumwollverarbeitung herausschmuggeln. Doch anfänglich konnte niemand in Ratingen diese Maschinen bedienen. Brügelmann warb deshalb für viel Geld einen englischen Mechaniker an. Dieser bildete dann deutsche Arbeiter darin aus, die Maschinen fachgerecht zu bedienen und zu warten. Auch solche gut ausgebildeten und bezahlten Facharbeiter werden – neben gewandten Unternehmern – zum sogenannten „Humankapital“ gerechnet, das für die Industrialisierung eine beträchtliche Rolle spielte. Zwar hat die industrielle Entwicklung manche traditionellen handwerklichen Kenntnisse entwertet. Bestimmte Handwerke, wie etwa das des Nagelschmiedes, verschwanden ganz, weil die von ihnen hergestellten Produkte sich in Fabriken wesentlich günstiger produzieren ließen. Gerade die frühe Industrie beschäftigte vielfach auch ungelernte Arbeitskräfte, darunter viele Frauen und Kinder. Daneben war aber von jeher die Bedeutung von Facharbeitern, die über technisches Know-how verfügten, nicht zu unterschätzen. Auf lange Sicht hat die Industrialisierung die Rolle von Bildung in der Arbeitswelt jedenfalls eher erhöht.

Abb. 2.8: Facharbeiter der Ratinger Baumwollfabrik präsentieren stolz ihre Bärte und Arbeitsutensilien (um 1886)

2.4. Ein „europäisches Wunder“? Vorbedingungen industrieller Entwicklung in Großbritannien und Europa

Warum hat die Industrialisierung in Europa begonnen? Und warum wurde Großbritannien zur ersten Industrienation der Welt? Während zahlreiche europäische Gesellschaften sich im Kielwasser des englischen Pioniers seit dem späten 18. Jahrhundert industrialisierten, setzte eine vergleichbare Entwicklung auf anderen Kontinenten – wenn überhaupt – erst wesentlich später ein. Und diese Entwicklung wurde dann meist von der Konfrontation mit Europäern ausgelöst. Was also erklärt das „europäische Wunder“? Welche Vorbedingungen für Industrialisierung waren hier und insbesondere in Großbritannien gegeben, die es anderswo nicht gab?

Ausbeutung europäischer Kolonien?

Die wohl umstrittenste Interpretation des „europäischen Wunders“ sieht dessen Ursachen gerade in den Beziehungen Europas zum Rest der Welt. Demnach sei eine Ausbeutung der Bevölkerung anderer Kontinente Grundlage für die Industrialisierung der europäischen Gesellschaften gewesen. Das durch die Europäisierung der Welt in der Neuzeit unzweifelhaft geschaffene Machtgefälle ermöglichte es den Europäern, wirtschaftliche Beziehungen einseitig zu ihren Gunsten zu gestalten. Den Bewohnern der anderen Kontinente seien ihre Rohstoffe geraubt, dafür aber europäische Fertigwaren zu überteuerten Preisen aufgedrängt worden. Der daraus entstandene gewaltige Profit habe industrielle Entwicklung in Europa finanziert, anderswo die Grundlagen dafür jedoch entzogen.

Die annähernde Gleichzeitigkeit von so umstürzenden Entwicklungen wie der Ausbreitung europäischer Herrschaft über den Globus einerseits, der Industrialisierung andererseits gibt dieser These eine auf den ersten Blick große Überzeugungskraft. Bei näherer Betrachtung ist sie aber deutlich weniger plausibel. Denn erstens waren die frühesten europäischen Kolonialmächte Spanien und Portugal. Beide Staaten industrialisierten sich aber erst sehr spät – und nachdem sie ihre wichtigsten Kolonien verloren hatten. Die ohne Zweifel riesigen Werte, die Spanier und Portugiesen in Süd- und Mittelamerika seit dem 16. Jahrhundert zusammenraubten, stimulierten ebenso wenig industrielle Entwicklung auf der iberischen Halbinsel wie die brutale Ausbeutung kolonialer Arbeitskräfte.

Zweitens ging die Industrialisierung in den meisten anderen europäischen Ländern dem Erwerb von Kolonien voraus. Deutschland, Belgien und auch die USA hatten schon Jahrzehnte industrieller Entwicklung hinter sich, als sie Kolonialmächte wurden. Frankreich verlor nahezu alle seine Kolonien am Ende des 18. Jahrhunderts gerade zu dem Zeitpunkt, als es sich zu industrialisieren begann, und baute ebenfalls erst danach langsam ein neues Kolonialreich auf. Zeitlich zusammen fielen koloniale Expansion und Beginn der Industrialisierung höchstens im Fall Großbritanniens. Selbst hier wurde allerdings die Kolonialisierung Indiens seit dem späten 18. Jahrhundert von der Unabhängigkeitserklärung der nordamerikanischen Kolonien 1776 konterkariert. Außerdem bedeutet zeitliche Korrelation nicht unbedingt Kausalität: Ob die Industrialisierung zumindest des englischen Textilgewerbes von der Erschließung indischer Rohstoffe und Absatzmärkte mit angestoßen wurde, ist bis heute stark umstritten.

Drittens schließlich würde die These eines Zusammenhangs zwischen Europäisierung der Welt und Industrialisierung Europas nahe legen, dass es besonders enge Wirtschaftsbeziehungen zwischen Kolonialmächten und Kolonien gegeben haben müsste. Tatsächlich haben aber die europäischen Kolonialmächte selbst im späten 19. und frühen 20. Jahrhundert, auf dem Höhepunkt ihrer Macht über den Rest der Welt, mit ihren Kolonien viel weniger Handel getrieben als mit anderen Kolonialmächten. Die Industriestaaten Europas handelten vor allem untereinander und mit den ebenfalls industrialisierten USA. Ausfuhren industrieller Produkte wurden kaum den eigenen Kolonien aufgedrängt. Der Löwenanteil der Exporte ging stattdessen in die industrialisierten Nachbarländer. Auch als Rohstofflieferanten spielten außereuropäische Kolonien allenfalls eine untergeordnete Rolle für Europa. Den für die industrielle Entwicklung wichtigsten Rohstoff, die Kohle, förderten die Europäer ohnehin selbst im Überfluss. Die Ausbeutung anderer Kontinente dürfte daher als Vorbedingung europäischer Industrialisierung kaum eine Rolle gespielt haben.

Besonderheiten europäischer Geographie

Wesentlich plausibler ist dagegen die Annahme eines Zusammenhangs zwischen Industrialisierung und der besonderen Geographie Europas. Denn Europa ist von allen Kontinenten der am stärksten gegliederte. Afrika, Nord- und Südamerika, Australien und auch Asien sind relativ kompakte Landmassen. Kein anderer Kontinent hat so viele Buchten und Meereseinschnitte, so viele Halbinseln. Kein anderer Kontinent verfügt auch über eine so abwechslungsreiche Landschaft wie Europa. Während anderswo die Gebirge ebenso gewaltig sind wie die Ebenen schier endlos, gibt es hier viele kleine Bergketten, die den Raum noch stärker gliedern. Diese vergleichsweise starke Gliederung durch Meer und Berge gilt vor allem für Westeuropa, wo die Industrialisierung begann. Die besondere geographische Struktur begünstigte das Entstehen kleiner Staaten, die miteinander um die Vorherrschaft auf dem Kontinent konkurrierten. Und Konkurrenz belebt bekanntlich das Geschäft. Westeuropäer waren demnach stärker unter Druck, durch Erfindung und Anwendung technischer Neuerungen ihre Position gegenüber ihren Nachbarn zu verbessern, als etwa die Bewohner des ebenfalls dicht besiedelten, aber geographisch wesentlich weniger gegliederten und unter dem chinesischen Kaiser in einem Reich vereinigten ostasiatischen Festlands. Außerdem ließ sich von jedem Punkt in Westeuropa das Meer relativ schnell erreichen, so dass Transporte per Schiff – vor der Erfindung der Eisenbahn das schnellste und billigste Verkehrsmittel – ausgesprochen günstig waren. Der Konkurrenzdruck zwischen verschiedenen Regionen des Kontinents wurde so noch höher, die Kosten für gewerbliche Tätigkeit waren dagegen geringer als anderswo. Für Großbritannien gilt das ganz besonders: Während im kontinentalen Westeuropa kein Ort weiter als 400 Kilometer vom Meer entfernt ist, liegt dieser Wert in England, Schottland und Wales unter 100 Kilometern.

Ähnlichkeiten mit Ostasien

Es gibt allerdings eine weitere Gegend auf der Erde, wo ähnliche geographische Voraussetzungen wie in Westeuropa vorliegen. Auch die ostasiatische Inselwelt ist ausgesprochen stark gegliedert. Nähe zum Meer war auch hier überall gegeben, und die rege Schifffahrt im südchinesischen Meer ist nicht gefährlicher als in Nordsee und Nordatlantik. Japans Hauptinsel hätte das Großbritannien Ostasiens werden können. Tatsächlich war Japan schließlich das erste außereuropäische Land, das sich industrialisierte. Und Ostasien zwischen Singapur und Tokio ist seit dem späten 20. Jahrhundert eines der dynamischsten Industriegebiete der Welt geworden. Doch die Industrialisierung begann nicht hier, obwohl die geographischen Bedingungen dafür ebenso günstig waren wie in Europa. Offenbar reichen diese als Erklärung für das „europäische Wunder" also nicht aus.

Klima

Gelegentlich wird deshalb auch im europäischen Klima eine Vorbedingung für die Industrialisierung gesehen. Besonders in Westeuropa, das unter dem klimatischen Einfluss des vom Golfstrom erwärmten Meeres steht, fallen die jährlichen Temperaturschwankungen im globalen Vergleich recht gering aus. Ernten in der Landwirtschaft sind daher relativ sicher, die Möglichkeit zur kontinuierlichen Erzeugung agrarischer Überschüsse und damit zur Freisetzung von Arbeitskräften und Kapital für gewerbliche

Entwicklung hoch. Allerdings gilt auch hier: In großen Teilen der ostasiatischen Inselwelt waren die natürlichen Bedingungen unter dem Strich nicht schlechter. Zwar sind Unwetter und Wirbelstürme hier häufiger, die Sicherheit der Ernten deshalb geringer. Zumindest in Südostasien schwanken Temperaturen im Jahresverlauf dafür aber noch weniger als in Westeuropa, weshalb die Überschüsse noch höher ausfallen.

„Protestantische Ethik"?

Klimatische Faktoren dürften wie geographische eine Rolle für die Industrialisierung gespielt haben, erklären aber ebenso wenig allein, warum diese zunächst nur in Großbritannien und Westeuropa einsetzte. Manche Historiker haben, angeregt durch Ideen des deutschen Soziologen Max Weber, darum die Ursachen industrieller Entwicklung in einer bestimmten religiösen Mentalität vermutet. So wurde vor allem die Vorreiterrolle Großbritanniens mit einer „protestantischen Ethik" zu deuten versucht, die man britischen Unternehmern zuschrieb. Stark verkürzt gesagt, hätten diese materiellen Erfolg als Zeichen eines gottgefälligen Lebens interpretiert und deshalb alle Energie darangesetzt, reich zu werden. Diese Leistungsethik sei die Grundlage der industriellen Entwicklung geworden. Katholiken hätten dagegen fatalistisch in den Tag hinein gelebt. Die Industrialisierung wird demnach als eine langfristige Folge der Reformation interpretiert.

Diese Interpretation steht freilich auf tönernen Füßen. Zum einen ist nicht ganz klar, warum die Industrialisierung erst zweieinhalb Jahrhunderte nach der Reformation einsetzte. Zum anderen hat es nie eine einheitliche protestantische Theologie gegeben. Keineswegs gehörten aber alle frühindustriellen Unternehmer in Großbritannien jenen protestantischen Richtungen an, von denen die skizzierte Leistungsethik vertreten wurde. Und schließlich breitete die Industrialisierung sich nach britischem Vorbild auf dem europäischen Kontinent zunächst in Belgien, in Nordfrankreich und im Rheinland aus. In all diesen Regionen war die Mehrheit der Bevölkerung katholisch – auch wenn sich zumindest im Rheinland unter den Unternehmern viele zugewanderte Protestanten fanden. Dagegen blieb in protestantisch geprägten Ländern wie den Niederlanden oder Dänemark eine industrielle Entwicklung lange aus.

Bodenschätze, vor allem Kohle

Überzeugender als mit religiösen Mentalitäten lassen sich diese Unterschiede durch die verschiedene Ausstattung der einzelnen Länder und Regionen mit Bodenschätzen erklären. Die Niederlande und Dänemark waren relativ rohstoffarm. Vor allem fehlten ihnen größere Kohlevorräte. Belgien, Nordfrankreich und die Gegend an Rhein und Ruhr zeichneten sich dagegen durch ergiebige Lagerstätten von Kohle aus. Diesen europäischen Regionen fiel es so wesentlich leichter, die im benachbarten Großbritannien begonnene industrielle Entwicklung nachzuvollziehen. Dänemark und die Niederlande, die nicht weniger intensive Beziehungen zu den Briten unterhielten, waren durch das weitgehende Fehlen eigener Kohlelager behindert. Bezeichnenderweise verfügte die erste Industrienation Großbritannien über die größten und am leichtesten abbaubaren Kohlevorkommen in Europa. Die Ausbeutung dieser fossilen Energie verlieh der wirtschaftlichen Entwicklung Westeuropas im 19. Jahrhundert eine ungeheure Dynamik. Wenn es einen Stoff gab, aus dem die Industrialisierung gemacht worden ist, dann war es Kohle.

Gegenbeispiel Schweiz: Industrialisierung ohne Bodenschätze

Freilich, keine Regel ohne Ausnahme. Mit der Schweiz gab es zumindest ein Land, das trotz Rohstoffarmut zu den Pionieren industrieller Entwicklung auf dem Kontinent gehörte. Schweizer Unternehmer konzentrierten sich entweder auf Branchen, deren Energiebedarf gering war. Oder sie nutzten statt fossiler Energien die in ihrem Land reichlich vorhandene Wasserkraft. Tatsächlich wurden ja auch schon die Maschinen in den ersten britischen Industrien mit Wasserkraft angetrieben. Erst im 19. Jahrhundert wurden Kohle und Koks, im 20. Jahrhundert dann Erdöl und Erdgas die dominanten industriellen Antriebsenergien. Obwohl das atemlose Wachstumstempo, das diese Jahrhunderte prägte, ohne den Einsatz fossiler Energien sicher nicht erreicht worden wäre: Eine auf lange Sicht ebenfalls zur Industrialisierung führende Entwicklung erscheint auch anders denkbar. Der Charakter dieser Entwicklung wäre sicherlich weniger dynamisch gewesen. Dafür hätte sie aber durch den Rückgriff auf regenerative „weiche" Energien wohl nicht so starke Kollateralschäden verursacht.

Eine einfache monokausale Erklärung der Industrialisierung aus dem Vorhandensein von Bodenschätzen, insbesondere aus der Existenz von reichen Kohlelagern, verbietet sich zudem noch aus anderen Gründen. Ist die Schweiz ein zugegebenermaßen isoliertes Beispiel dafür, dass frühe Industrialisierung auch ohne Bodenschätze möglich ist, so gibt es umgekehrt reichlich Fälle von Ländern, die sich trotz reicher Rohstoffvorkommen sehr lange Zeit nicht industrialisierten. Der spektakulärste dieser Fälle ist China. Obwohl es über Rohstoffe, darunter auch reiche und leicht abbaubare Kohlevorkommen, in Hülle und Fülle verfügte, begann die chinesische Industrialisierung erst spät im 20. Jahrhundert. Das ist umso auffälliger, als China seit Jahrtausenden eine hochentwickelte technische Zivilisation besaß. Bis in die Frühe Neuzeit hinein hatte Ostasien im Vergleich mit Europa technologisch

Gegenbeispiel China: Keine Industrialisierung trotz Bodenschätzen die Nase vorn. Die meisten der technischen Neuerungen wie Spinnrad und wasserbetriebene Getreidemühle, die Europäer in Mittelalter und Früher Neuzeit zu verwenden begannen, waren in China schon Jahrhunderte früher im Gebrauch, wenn sie nicht sogar von dort übernommen wurden. Doch dann wechselte Europa mit dem Beginn der Industrialisierung seit dem späten 18. Jahrhundert auf die Überholspur und ließ die ostasiatische Konkurrenz in kürzester Zeit hinter sich. Das Vorhandensein von Bodenschätzen war für das atemberaubende Tempo des Überholvorgangs zwar eine notwendige, aber keine allein hinreichende Bedingung. Denn damit lässt sich nicht erklären, warum China seine fossilen Energiequellen erst zwei Jahrhunderte später für einen Spurt mobilisierte, der nun nur noch eine Aufholjagd sein konnte.

Die Frage nach dem Ursprung des „europäischen Wunders" ist wohl zu komplex, die zu berücksichtigenden Faktoren zu vielschichtig, um eine erschöpfende und allseits befriedigende Antwort darauf geben zu können. Viele Historiker neigen allerdings mittlerweile zu der Ansicht, dass es neben Geographie, Klima und Bodenschätzen eine weitere Vorbedingung der Industrialisierung gegeben hat, die letztlich für Europa und besonders Großbritan-

Abb. 2.9: Chinesisches Teegroßhandelsgeschäft (um 1850). Chinas Wirtschaft basierte bis ins späte 20. Jahrhundert vor allem auf dem Einsatz großer Mengen menschlicher Arbeitskraft, weniger auf Maschinen und fossilen Energien.

nien den entscheidenden Startvorteil darstellte. Diese entscheidende Bedingung wird im institutionellen Rahmen gesehen, den Staatsmacht und Rechtssystem für unternehmerische Initiative vorgaben.

Institutioneller Rahmen: Staat und Recht

In Großbritannien herrschten in dieser Hinsicht im 18. Jahrhundert geradezu optimale Voraussetzungen für Unternehmertätigkeit. Der britische Staat war einerseits stark genug, um einen einheitlichen Binnenmarkt zu schaffen. Während auf dem Kontinent außer in Frankreich viele Zollschranken und Feudalsystem Gewerbe und Handel erschwerten, waren in Großbritannien Handelshemmnisse beseitigt und die feudalen Gewalten entmachtet. Andererseits war das englische Königtum zu schwach, um selbst die wirtschaftliche Initiative seiner Untertanen zu ersticken, wie der französische Absolutismus das tat. Im Bürgerkrieg des 17. Jahrhunderts und bei der „Glorious Revolution" 1688 hatte das englische Parlament die Rechte der Bürger erfolgreich verteidigt und ausgeweitet. Das Privateigentum war in Großbritannien gesichert, die Steuern an die Zentralgewalt niedrig, Feudalabgaben kaum noch existent. Die Risiken unternehmerischer Initiative waren gering, die Aussichten auf Gewinne für innovative Ideen dagegen hoch. Unternehmer in Großbritannien mussten anders als im Rest Europas – und anders als in Ostasien – nicht mit hohen Steuern rechnen, die den potentiellen Profit ihrer Arbeit aufsaugten, um teure Landkriege oder eine verschwenderische Hofhaltung von Monarchen zu finanzieren.

In diesem günstigen institutionellen Rahmen entfaltete sich seit dem späten 18. Jahrhundert die Industrialisierung. Das milde westeuropäische Seeklima hatte bereits längere Zeit konstante landwirtschaftliche Überschüsse ermöglicht. Ein langsamer Aufbau verarbeitenden Gewerbes und technische Neuerungen im Agrarsektor waren die sich gegenseitig bedingenden Folgen. Mehrere Jahrzehnte mit außerordentlich guten Ernten um 1750 führten dann zu einer besonders starken Freisetzung von Arbeitskräften und Kapital in der Landwirtschaft. Zusammen mit einem massiven Schub technischer Innovationen resultierte daraus eine dramatische Beschleunigung der gewerblichen Entwicklung. Die Insellage machte den Absatz industrieller Produkte unter den heimischen, wohlhabend gewordenen Landwirten wegen der niedrigen Transportkosten per Schiff besonders leicht. Die starke englische Flotte sicherte zudem den Export auf den europäischen Kontinent. Im Übergang zum 19. Jahrhundert senkte die zunehmende Verwendung fossiler Energien die Produktionskosten weiter. Einige der ebenfalls über Bodenschätze und ähnliche klimatische wie geographische Voraussetzungen verfügenden westeuropäischen Länder nahmen sich das britische Beispiel zum Vorbild: Zunehmend kopierten sie den institutionellen Rahmen, den Staat und Recht in Großbritannien setzten. In den ostasiatischen Hochkulturen blieb das Privateigentum dagegen lange Zeit ungesichert, und hohe Steuern zur Finanzierung von Luxusprojekten des Staats und gesellschaftlicher Eliten erstickten die unternehmerische Initiative.

Industrialisierungen: Varianten industrieller Entwicklung 2.5

Pionier und Nachzügler

Obwohl man gewöhnlich von „der" Industrialisierung spricht, hat es viele Varianten industrieller Entwicklung gegeben. Zwar war Großbritannien Vorläufer und Vorbild. Doch nirgendwo ist dieses Vorbild eins zu eins kopiert worden. Nirgends in Europa und in der übrigen Welt ist die Industrialisierung genauso abgelaufen wie in Großbritannien. Das konnte schon allein deshalb nicht sein, weil sich nur die britische Industrie autonom, also ohne Beeinflussung von außen durch schon bestehende Industriemächte, zu entwickeln vermochte. Alle späteren Industrialisierungsprozesse standen dagegen unter dem Einfluss der Existenz anderer Industriestaaten. Auf dem europäischen Kontinent war es zunächst die erste Industrienation Großbritannien, von der die Entwicklung beeinflusst wurde.

Vorteile der Nachzügler

Die meisten Historiker schätzen diesen Einfluss auf die Nachzügler des Industrialisierungsprozesses als überwiegend positiv ein. So wie Unternehmer in Ostasien während des späten 20. Jahrhunderts von Europa und Nordamerika lernten, übernahmen Franzosen, Belgier, Deutsche und Schweizer 200 Jahre zuvor technisches Know-how aus Großbritannien. Statt viel Geld in die Entwicklung und Perfektionierung von Maschinen zu stecken, ließen sich diese von der technisch fortgeschritteneren Insel importieren. Zwar galt in Großbritannien zunächst ein Ausfuhrverbot für Maschinen. Doch das wurde nicht nur von Johann Gottfried Brügelmann durch Schmuggel und Industriespionage unterlaufen. Angesichts der Unmöglichkeit, die Geheimnisse industrieller Produktion für sich zu behalten, lockerten die Briten zudem das Ausfuhrverbot und hoben es schließlich ganz auf. Denn sie erkannten, dass mit dem Verkauf von Maschinen und Ideen ebenso gutes Geld zu machen war wie mit dem Verkauf von Industrieprodukten. Nicht wenige britische Unternehmer und Mechaniker wurden auch selbst auf dem Kontinent aktiv, um dort ihr Geld zu verdienen. Der von Brügelmann in Ratingen beschäftigte englische Facharbeiter, der die einheimischen Kräfte in der Wartung und Bedienung von Maschinen unterwies, war kein Einzelfall. Der Export von „Humankapital“ und Technologie aus Großbritannien trug also einiges dazu bei, die Industrialisierung auch auf dem europäischen Kontinent anzukurbeln.

Einen weiteren Anreiz für industrielle Entwicklung in Kontinentaleuropa bot der wachsende englische Markt. Nicht wenige Briten waren wohlhabend geworden und fragten verstärkt industrielle Produkte nach. Im Wettbewerb um die Befriedigung dieser Nachfrage hatten die Nachzügler der Industrialisierung auf dem Kontinent manche Wettbewerbsvorteile gegenüber den Pionieren auf der Insel. Die Arbeitskosten waren für sie noch häufig niedriger als in Großbritannien. Während neue Fabriken in Belgien, Deutschland oder Frankreich nicht selten auf dem letzten Stand der Technik gebaut wurden, waren manche britischen Produktionsstätten schon veraltet, und ihre Umstellung erwies sich als kostspielig. Neuerungen wie etwa der Elektromotor, dessen Energieausbeute höher ist als die der Dampfmaschine, setzten sich deshalb auf dem Kontinent um einiges früher durch. Die Briten hielten dagegen relativ lange an der Dampfkraft fest. Aus demselben Grund wurden industrielle Produktionstechniken in anderen Branchen als der Textil- und Metallverarbeitung oft erst auf dem Kontinent entwickelt. So wurde etwa Deutschland führend auf dem Gebiet der Chemieindustrie. Die neuen Produkte fanden jedoch häufig zunächst auf dem weiter entwickelten englischen Markt ihren größten Absatz. Die Nachfrage aus der ersten Industrienation Großbritannien beeinflusste die industrielle Entwicklung in Kontinentaleuropa so positiv.

Nachteile

Viele Zeitgenossen – und einige spätere Historiker – sahen allerdings auch negative Aspekte des Einflusses, den Großbritannien als Pionier des Industrialisierungsprozesses auf die Nachzügler ausübte. Sie betonten besonders das Ungleichgewicht der Konkurrenz, die durch den britischen Entwicklungsvorsprung zumindest anfangs bestand. Tatsächlich wurden nicht nur zahlreiche traditionelle Handwerke auf dem Kontinent durch industrielle Importe von der Insel in ihrer Existenz bedroht. Auch die frühen kontinentaleuropäischen Industrieunternehmen konnten oft nur in Marktnischen gedeihen, in der sie keine überlegene Konkurrenz aus Großbritannien fürchten mußten. Manche Volkswirtschaften vor allem in Südeuropa ließen sich von der überlegenen englischen Konkurrenz sogar mehr als ein Jahrhundert lang in die Rolle reiner Rohstofflieferanten drängen.

Staatshilfe und nachholende Industrialisierung

Die nachholende Industrialisierung vieler Staaten Kontinentaleuropas vollzog sich deshalb häufig mit staatlicher Hilfe. Diese Staatshilfe konnte ganz verschiedene Formen annehmen. Manche Regierungen beschränkten sich darauf, möglichst günstige Rahmenbedingungen für unternehmerische Initiative zu schaffen. Dazu gehörten Gesetze zur Sicherung des Privateigentums nach britischem Vorbild. Dazu gehörte auch die Schaffung eines einheitlichen Wirtschaftsraums. Ein gutes Beispiel dafür ist die Bildung des Deutschen Zollvereins: Wo vorher viele Zollschranken den Handel behindert hatten, entstand seit 1834 ein großer gemeinsamer Markt.

Nicht überall und nicht immer wurde diese Herstellung günstiger Rahmenbedingungen aber für ausreichend gehalten, um industrielle Entwicklung zu ermöglichen. Viele europäische Staaten belasteten zeitweilig Einfuhren von Industrieprodukten aus Großbritannien und anderswo mit hohen Abgaben. Mit solchen Schutzzöllen hofften sie den Aufbau von Fabriken im Inland för-

Abb. 2.10: „Das Lichten eines Hochwaldes“ (Karikatur 1848). In Mitteleuropa standen Zollschranken vieler Kleinstaaten der Schaffung eines einheitlichen Wirtschaftsraums entgegen; ihre Beseitigung war ein wichtiges Ziel auch der deutschen Nationalbewegung.

dern zu können. Die radikalste Form nachholender Industrialisierung mit Staatshilfe war schließlich der direkte Eingriff in die Produktion – sei es durch öffentliche Subventionen beim Aufbau bestimmter Industriezweige, sei es durch staatliche Lenkung von Kapitalinvestitionen oder sogar durch Staatsbetriebe. Letztere spielten vor allem in der russischen Industrialisierung, die seit der sozialistischen Oktoberrevolution 1917 erst richtig Tempo gewann, eine zentrale Rolle. Der wirtschaftliche Zusammenbruch des real existierenden Sozialismus in der Sowjetunion und Osteuropa am Ende des 20. Jahrhunderts hat die meisten Formen von Industrialisierung mit Staatshilfe allerdings stark an Popularität verlieren lassen. Das gilt auch und gerade außerhalb Europas, wo nachholende industrielle Entwicklung keine Frage ist, die nur von historischer Bedeutung wäre.

Industrielle Führungssektoren

Staatliche Eingriffe und ihr Ausmaß sind wichtige Faktoren für den Ablauf des Industrialisierungsprozesses. Dieser Prozess war im Pionierland Großbritannien, wo der Staat nur den rechtlichen Rahmen sicherstellte, durch eine charakteristische Abfolge von industriellen Führungssektoren gekennzeichnet. Der Begriff „Führungssektor" ist etwas unglücklich, weil die Gefahr einer Verwechslung mit dem sektoralen Wandel vom primären landwirtschaftlichen zum sekundären gewerblichen Sektor besteht. Er ist aber in der wirtschaftshistorischen Forschung so weit etabliert, dass ohne ihn kaum auszukommen ist. Unter industriellem Führungssektor versteht man einen Industriezweig oder eine Gruppe von Industriezweigen, denen in einer bestimmten Phase der Entwicklung die Rolle eines Motors zukommt. Zu Beginn der Industrialisierung Großbritanniens wurde diese Rolle von der Textilbranche ausgefüllt. Erst später ging die Funktion des Führungssektors auf die Metall verarbeitenden Industrien über. Schließlich übernahmen Chemie und Elektrotechnik die Führung. Diese Abfolge stellt sozusagen den „Normalfall" dar: In der Regel wird die erste Welle der Industrialisierung von der Textilindustrie geprägt, die zweite von der Metallverarbeitung, die dritte von chemischer und elektrotechnischer Industrie.

In manchen Staaten lief die Entwicklung aber auch anders ab. Wenn statt der Textilbranche Metallverarbeitung eine außerordentlich frühe und zentrale Rolle im Industrialisierungsprozess spielte, dann hing dies oft mit massiver staatlicher Einflussnahme zusammen. Russland ist dafür ein besonders gutes Beispiel. Im Krimkrieg 1853/56, dem ersten mit industriellen Waffen geführten Krieg der Geschichte, musste Russland eine empfindliche Niederlage gegen den industriellen Pionier Großbritannien und das mit ihm verbündete Frankreich hinnehmen. Die russische Regierung setzte daher im späten 19. Jahrhundert auf staatlich forcierte Industrialisierung. Nach der Oktoberrevolution 1917 verschärften die kommunistischen Bolschewiki, um Verteidigung und Verbreitung ihrer Ideologie bemüht, diesen Kurs noch. Für die russische Industrialisierung blieb deshalb von ihrem Beginn bis zum Zerfall der Sowjetunion diejenige Branche unumstrittener Führungssektor, der für die Produktion von Waffen aller Art zentrale Bedeutung hat: die Metallverarbeitung.

Regionale Unterschiede

Die Industrialisierung Europas vollzog sich also im nationalen Vergleich sehr unterschiedlich. Noch bunter wird das Bild, wenn man Industrialisierung nicht wie bisher hauptsächlich geschehen als nationale, sondern als regionale Entwicklung untersucht. Tatsächlich ist letzteres dem Gegenstand eher angemessen. Wenn von „der" englischen oder deutschen Industrialisierung die Rede ist, geschieht das weniger aus sachlichen Gründen als aus dem Bedürfnis nach Vereinfachung. Denn Industrialisierung begann in Regionen – in England etwa in Lancashire, in Deutschland im Rheinland und in Sachsen. Als das Deutsche Reich um 1890 nach Ausweis der auf den Gesamtstaat bezogenen Statistik den Schritt zur Industriegesellschaft getan hatte, waren sein Osten und auch Bayern noch ganz überwiegend landwirtschaftlich geprägt. In Italien standen sich noch Mitte des 20. Jahrhunderts ein weitgehend industrialisierter Norden und ein agrarisch gebliebener Süden gegenüber, und für Frankreich galt ähnliches.

Industrielle Führungsregionen

Lancashire, das Rheinland, Sachsen, der italienische und französische Norden zeigten den großen europäischen Ländern ihre Zukunft. Sie waren industrielle Führungsregionen. Wie industrielle Führungssektoren als Motoren der gesamten Entwicklung einer Volkswirtschaft dienten, so strahlten auch die Führungsregionen in andere, noch landwirtschaftlich strukturierte Gegenden aus. Wie Großbritannien für die industrielle Entwicklung Kontinentaleuropas, so spielten auch die Führungsregionen für die Industrialisierung ihrer Länder eine wichtige Rolle. Auch sie waren gleichzeitig bewunderte Vorbilder und lästige Konkurrenten. Ihre Entwicklung demonstrierte den Weg zum möglichen Erfolg, versperrte ihn zumindest subjektiv aber durch die Besetzung von Märkten auch wieder. Regionale Spezialisierung auf Marktnischen war die Folge. Auch im Vergleich der Regionen zeigt sich deshalb die Vielfalt der Pfade zur Industriegesellschaft, der Variantenreichtum industrieller Entwicklung.

2.6. Von der Industrialisierung zur Entindustrialisierung?

Ende des Industriezeitalters im späten 20. Jahrhundert?

In Europa gilt Industrialisierung heute als eine Sache der Vergangenheit. Industrielle Expansion findet woanders statt. In jedem europäischen Land ist seit den 1980er Jahren der Anteil der Industriebeschäftigten an der Zahl der Arbeitnehmer gesunken. Für die große Mehrheit der Beschäftigten des Kontinents hat das Büro die Fabrik als typisches Arbeitsfeld abgelöst. Eisenbahnstrecken, einst das Symbol industriellen Fortschritts, wurden seit der Mitte des 20. Jahrhunderts in vielen europäischen Ländern zunehmend stillgelegt. Bergwerke und Stahlhütten, Ikonen der Industrie, werden abgerissen oder als Touristenattraktionen vermarktet. Industrialisierung ist Geschichte geworden.

Befindet sich Europa also in einem „postindustriellen" Zeitalter? Hat für den Kontinent, in dem die Wiege der Industrialisierung stand, eine nachindustrielle Epoche begonnen? Ob man das Industriezeitalter in Europa für beendet erklärt, hängt davon ab, welchen Maßstab man anlegt. Am Anfang dieses Kapitels wurden drei Kennzeichen von Industrialisierung definiert. Bestätigt eine Überprüfung dieser Merkmale, dass für den europäischen Kontinent die industrielle Ära vorbei ist?

Sektoraler Wandel zur Dienstleistungsgesellschaft

Berücksichtigt man allein das Kriterium des sektoralen Wandels, dann ist das Industriezeitalter für Europa in der Tat Vergangenheit. Die Industrialisierung war begleitet von einem Bedeutungsgewinn des sekundären gewerblichen gegenüber dem primären landwirtschaftlichen Sektor. Von einer Industriegesellschaft konnte man sprechen, wenn die Zahl der Berufszugehörigen im sekundären Sektor die der im primären Sektor überstieg. Das Wachstum des industriellen Gewerbes hat aber seine Grenzen. Der Anteil der Industriebeschäftigten einer Volkswirtschaft wächst nicht endlos weiter, sondern beginnt irgendwann zu schrumpfen. Ab einem bestimmten Zeitpunkt stellt der tertiäre oder Dienstleistungssektor die meisten Berufszugehörigen. Dieser Zeitpunkt war in der ersten Industrienation Großbritannien bereits Mitte des 20. Jahrhunderts erreicht. Großbritannien wurde also, wenn man so will, zur ersten nachindustriellen oder Dienstleistungsgesellschaft Europas. Die meisten Länder im Westen, Norden und in der Mitte des Kontinents vollzogen diesen Schritt dann in den 1960er und 1970er Jahren – die Bundesrepublik Deutschland Mitte der 1970er. Am Ende des 20. Jahrhunderts gab es nur noch im europäischen Südosten drei Industriestaaten, die kaum weniger anachronistisch wirkten als das einzig verbliebene Agrarland Albanien. Denn in allen übrigen Staaten des Kontinents überwog nun der Dienstleistungssektor.

Anhaltendes Wachstum

Dennoch gibt es gute Argumente dafür, dass trotz des sektoralen Wandels hin zu Dienstleistungsgesellschaften der Einfluss der Industrialisierung auch heute noch in Europa nachwirkt. Denn erstens hält das mit dem Einsetzen industrieller Entwicklung langfristig beschleunigte Wirtschaftswachstum auch dort an, wo der tertiäre Sektor den Spitzenplatz übernimmt. Trotz mehr oder weniger kurzfristiger konjunktureller Einbrüche bleibt das Wachstum der Wirtschaft in Europa seit Beginn der Industrialisierung erstaunlich konstant. Der sektorale Wandel hat daran bisher nichts geändert.

Bleibende Bedeutung von technischen Neuerungen und Maschineneinsatz

Zweitens ist auch in den vom Dienstleistungssektor dominierten Gesellschaften der Wandel das einzig Beständige. Das Tempo, in dem technische Neuerungen die Welt der Bewohner Europas verändern, hat sich seit dem späten 20. Jahrhundert nicht verringert, sondern eher noch beschleunigt. Auch sind sowohl die Produktionsweise wie das Alltagsleben in Dienstleistungsgesellschaften bisher ohne den Einsatz von Maschinen weiterhin undenkbar. In ihren Privatwohnungen und auf der Straße, in Büros und in Universitäten sind Europäer von Maschinen umgeben. Wie die Maschinen der frühen Industrialisierung ersetzen diese Maschinen immer noch menschliche Arbeitskraft oder erhöhen ihre Produktivität. Die meisten von ihnen werden wie schon im 19. Jahrhundert immer noch von fossilen Energien angetrieben. Diese Kontinuitäten des industriellen Zeitalters sind für uns mittlerweile nur dermaßen selbstverständlich geworden, dass wir sie kaum noch wahrnehmen. Erst wenn einmal plötzlich der Strom ausfällt, wird uns bewusst, wie sehr unser Leben durch die Industrialisierung radikal verändert worden ist.

Industrialisierung ist letzten Endes mehr als ein Wandel von Wirtschaftssektoren und statistischen Werten – so wichtig diese sind. Mit der industriellen Entwicklung gingen tatsächlich auch fundamentale soziale und kulturelle Veränderungen einher. Sie sind Themen des nächsten Kapitels.

Literatur

– Buchheim, Christoph, Überlegungen zur Industriellen Revolution und langfristigen Wachstumsprozessen, in: *Jahrbuch für Wirtschaftsgeschichte* 1995/2, S. 209-219 (knapp und übersichtlich zu Kennzeichen und Voraussetzungen von Industrialisierung).

- Liedtke, Rainer, *Die industrielle Revolution*, Köln 2012 (beste Zusammenfassung des Forschungsstandes zu Industrialisierung weltweit).
- Cameron, Rondo, The Industrial Revolution – a Misnomer, in: *Wirtschaftskräfte und Wirtschaftswege*, Band 5, Stuttgart 1981, S. 467-476 (anregende Kritik an der Verwendung des Begriffs der Industriellen Revolution).
- *Europäische Wirtschaftsgeschichte*, Hg. Carlo Cipolla/Knut Borchardt, Band 3, Stuttgart 1976 (enthält Beiträge verschiedener Autoren zu Aspekten wie der Rolle von Landwirtschaft, Banken und Staat oder technologischem Fortschritt aus übergreifender europäischer Perspektive, die mit viel Gewinn zu lesen sind).
- Hahn, Hans-Werner, *Die Industrielle Revolution in Deutschland*, München 2011 (flüssig geschriebene Einführung in Fakten und Forschungsdiskussionen, besonders zur Frage „Industrialisierung oder Industrielle Revolution“, zu Ursachen, zu den Debatten um Führungssektoren und Führungsregionen sowie zur Rolle des Staates).
- Kiesewetter, Hubert, Europas Industrialisierung – Zufall oder Notwendigkeit?, in: *Vierteljahrschrift für Sozial- und Wirtschaftsgeschichte* 80 (1993), S. 30-62 (spekulativ zu Vorbedingungen der Vorreiterrolle Europas im Industrialisierungsprozess).
- Kocka, Jürgen, Das Jahrhundert der Industrialisierung, in: Ders., *Das lange 19. Jahrhundert*, Stuttgart 2003, S. 44-61 (anregend zu Kennzeichen industrieller Entwicklung, ihren Phasen in Deutschland und möglichen Fragen an das Thema aus der Sicht einer nachindustriellen Gesellschaft).

Gesellschaftlicher Wandel 3

Stellen wir uns einmal vor, einem Wissenschaftler der Antike wäre die Erfindung einer Zeitmaschine gelungen. Angenommen, eine Persönlichkeit wie Julius Caesar wäre ins 18. Jahrhundert gereist – wie wäre er dort zurecht gekommen? Wohl sehr gut und ohne größere Probleme. Cäsar hätte mit Genugtuung festgestellt, dass die Generäle des 18. Jahrhunderts seinen Bericht über die Feldzüge in Gallien lasen, um daraus etwas zu lernen, hatte sich doch das Kriegshandwerk in seinen Grundzügen in fast zwei Jahrtausenden kaum verändert. Für die Medizin galt das gleiche: Hätte der antike Zeitreisende sich im 18. Jahrhundert von einem Arzt behandeln lassen, wären ihm dort nicht nur im Bücherschrank die Werke des Griechen Hippokrates aus dem 6. Jahrhundert vor Christus und des Galen aufgefallen, der im 2. Jahrhundert unserer Zeitrechnung Leibarzt des römischen Kaisers Marc Aurel war. Man hätte ihn dort auch nach den Methoden des Hippokrates und des Galen geheilt.

Die Mathematik des 18. Jahrhunderts baute im Wesentlichen noch auf den Prinzipien des Archimedes auf. In der Architektur hatten sich zwar die Baustile verändert. Doch die Bauprinzipien waren dieselben geblieben, und das Gleiche galt für den Transport von Baustoffen. Am Ende des 18. Jahrhunderts ließ die russische Zarin Katharina einen riesigen monolithischen Steinblock aus Finnland nach St. Petersburg schaffen, als Sockel für ein Denkmal ihres Vorgängers Peter. Der Monolith wurde auf dieselbe Art transportiert wie Tausende von Jahren zuvor die Steinblöcke für die ägyptischen Pyramiden, nämlich mit Muskelkraft von Tieren und Menschen. Auch die Materialien, mit denen gebaut wurde – Stein, Kalk, Ziegel – hatten sich kaum verändert. Ein Römer aus der Antike, der eine Zeitreise in seiner Heimatstadt gemacht hätte, hätte festgestellt, dass der Petersdom nicht nur nach der gleichen Technik gebaut war wie das Colosseum, sondern auch aus denselben Tuffsteinen – denn man hatte das Colosseum teilweise abgerissen, um den Dom zu errichten. Der Zeitreisende hätte auch festgestellt, dass die Stadt Rom viel kleiner geworden war, besaß sie doch um 1800 nur noch einen Bruchteil ihrer Einwohnerzahl in der Antike.

Die größte Stadt Europas war zu dieser Zeit London. Nehmen wir an, der Zeitreisende wäre deshalb von Rom zu einer Reise nach England aufgebrochen, so hätte er für den Weg dorthin ebenso lange gebraucht wie in der Antike. Er hätte dieselben Verkehrsmittel benutzt: zunächst das Segelschiff, immer noch die schnellste Reisemöglichkeit, durch das Mittelmeer nach Südfrankreich. Dann das Pferd oder den Pferdewagen, die Kutsche. Unterwegs durch Frankreich hätte ihn ein Mitreisender vielleicht stolz darauf hingewiesen, dass die Straßen dort seit Beginn des 18. Jahrhunderts immer öfter gepflastert wurden, während sie im übrigen Europa nur aus festgetretener Erde bestanden. Den zeitreisenden Römer, zu dessen Zeit gepflasterte Straßen die Regel gewesen waren, konnte das freilich kaum beeindrucken.

In London angekommen, wäre seine Enttäuschung wahrscheinlich noch gewachsen. Sicher, die Stadt war um 1800 größer als Rom, und mit etwa einer Million Einwohnern zählte sie mehr Menschen als jede andere Stadt Europas. Aber das war immer noch einiges weniger als das antike Rom zu seinen besten Zeiten. Auf den Londoner Straßen fuhren zweirädrige Gespanne, ein- oder zweisitzig, die von ihren Besitzern selbst gelenkt wurden – eine im späten 18. Jahrhundert aufgekommene Modeerscheinung. Die Zeitgenossen nannten sie „Cabriolet“ oder „Phaeton“. Letzterer Begriff wie auch das Gefährt an sich wären dem römischen Zeitreisenden allzu bekannt vorgekommen – wie heute jedem, der „Ben Hur“ oder andere einschlägige Sandalenfilme gesehen hat, denn diese Gespanne entsprachen im Grunde den antiken Streitwagen.

Die Welt des 18. Jahrhunderts war der antiken in Vielem sehr ähnlich. Auch ihre wirtschaftliche Basis ähnelte der des Römischen Reiches: Der größte Teil der Bevölkerung war immer noch, wie in der Antike, in der Landwirtschaft tätig. Die politisch und gesellschaftlich führende Schicht, der Adel, definierte sich nach wie vor über Landbesitz. Zwar gab es bürgerliche Handelsmagnaten, von denen manche im London des 18. Jahrhunderts wie im alten Rom mehr Geld besaßen als die Adligen. Deren politische und soziale Führungsposition war freilich immer noch eindeutig. Die Gesellschaft war immer noch ständisch geprägt: Soziale Stellung bestimmte sich primär über Geburt. Leistung und Geld waren dagegen zweitrangig. Beides konnte zwar die Möglichkeit zum sozialen Aufstieg in den Adel eröffnen. Die Voraussetzung dafür war aber der Kauf von Land – im vorindustriellen England wie im antiken Rom.

Ein Zeitreisender aus der Antike hätte sich im 18. Jahrhundert also sehr gut zurechtgefunden. Wäre er stattdessen ins 20. Jahrhundert gereist, wäre er verloren gewesen. Er hätte die Gesellschaftsordnung nicht verstanden, die mit Landbesitz so ganz und gar nichts mehr zu tun hatte. Selbst auf einem Bauernhof hätte er sich über all die seltsamen Maschinen gewundert und sich gefragt, wo denn nun die Masse der Menschen wohnte. Wäre er deshalb in die Stadt gegangen, wäre er vielleicht von dem, was man jetzt unter einem „Cabriolet“ verstand, angefahren worden – denn er hätte es nicht für möglich gehalten, dass irgendetwas sich so schnell bewegen könnte wie ein Automobil. Daraufhin in eine Arztpraxis gebracht, hätte er die Werke der antiken medizinischen Autoritäten im Bücherregal des ihn behandelnden Arztes umsonst gesucht und allenfalls noch den Eid des Hippokrates in einem verstaubten Bilderrahmen an der Wand ausmachen können. Aus dem Staunen nicht herausgekommen wäre er über die Architektur des 20. Jahrhunderts – ließ sich doch aus Stahl und Glas bis zu vierzig Mal höher und leichter bauen als mit dem ihm vertrauten Stein. Spätestens hier würde er erkannt haben, dass er offenbar viel versäumt hatte. Und hätte er beschlossen, das Versäumte in einer Schule oder Universität nachzuholen, dann hätte er festgestellt, dass Caesars Gallische Kriege allenfalls noch für Lateinlehrer und Althistoriker von Interesse waren, aber nicht mehr für Militärakademien.

Innerhalb von zwei Jahrhunderten hat sich das Leben in Europa stärker verändert als davor in zwei Jahrtausenden. Die verschiedenen Aspekte dieses rapiden Wandels sind keineswegs einfach Folgen der industriellen Entwicklung, auch wenn einige von ihnen mit dem Industrialisierungsprozess ebenso zusammenhängen wie untereinander. Um sie leichter fassbar zu machen, sollen sie hier getrennt voneinander behandelt werden.

Abb. 3.1: Bau des Crystal Palace in London 1850/51. Aus vorfabrizierten Glas- und Stahlteilen wurde innerhalb von neun Monaten ein Gebäude von der Größe mittelalterlicher Kathedralen errichtet, deren Bau Jahrzehnte und Jahrhunderte gedauert hatte.

3.1. Beschleunigung und Expansion von Verkehr und Kommunikation

Reisegeschwindigkeiten im 18. Jahrhundert

Bis zum Ende des 18. Jahrhunderts ließen sich Waren und Menschen in Europa am schnellsten per Schiff transportieren. „Schnell" ist dabei ein relativer Begriff: Stromabwärts kam man auf Flüssen je nach Gefälle pro Tag 40 bis 60 Kilometer weit. Stromaufwärts mussten die Schiffe von Mensch oder Tier geschleppt werden; dann betrug die an einem Tag zu schaffende Strecke nur bis zu 25 Kilometer. Etwa dieselbe Tagesleistung war beim Transport über Land die Regel. Nur wer mit leichten Kutschen unterwegs war und sehr häufig die Pferde wechselte, kam einiges schneller voran.

Wer schwere Waren zu befördern hatte, brauchte Mitte des 18. Jahrhunderts auf den recht guten Straßen Großbritanniens für die 600 Kilometer Wegstrecke von London nach Edinburgh im besten Fall etwa 20 Tage. Personen oder Nachrichten waren per Postkutsche immerhin nur zehn Tage unterwegs. Auf dem Kontinent gestaltete sich Transport deutlich langwieriger. Theoretisch war die Reise von Paris nach St. Petersburg um 1750 in ungefähr 40 Tagen zu schaffen. In der Realität brauchten Reisende für die Strecke von etwa 2900 Kilometern aber viel länger. Denn im Winter verwandelten sich die aus fest getretener Erde bestehenden Wege Mitteleuropas in Matschlöcher. Im Sommer lösten sich dagegen die russischen Straßen in Matsch auf und waren häufig auf Monate unpassierbar. Erst wenn sie im Winter vereisten, konnten sie – nun mit Schlitten – leicht befahren werden. Eine Reise von West nach Ost durch den Kontinent dauerte deshalb manchmal bis zu einem halben Jahr.

Beschleunigung durch befestigte Straßen (Chausseen) seit 1800

Den ersten Anstoß zur dauerhaften Beschleunigung gab der Bau eines Netzes von befestigten Steinstraßen. Solche sogenannten Chausseen waren während des 18. Jahrhunderts bereits in Frankreich und hier und da auch in anderen Ländern errichtet worden. In der ersten Hälfte des 19. Jahrhunderts wurde die Befestigung von Überlandstraßen in ganz Europa die Regel. Dadurch stieg die durchschnittliche Geschwindigkeit der Kutschendienste auf dem Kontinent von 5 auf 15 Kilometer pro Stunde. Tagesleistungen von bis zu 200 Kilometern wurden jetzt ohne große Anstrengungen möglich.

Eisenbahn ab ca. 1830

Zumindest im subjektiven Bewusstsein der Zeitgenossen noch wichtiger als Chausseen für die Beschleunigung im Transportwesen war jedoch die Eisenbahn. Auf Räder montierte Dampfmaschinen wurden in englischen Kohlengruben schon um 1800 verwendet. 1825 kamen solche Lokomotiven dann zum ersten Mal für den Transport anderer Güter zum Einsatz. Fünf Jahre später eröffnete schließlich die erste Personenzugstrecke zwischen Liverpool und Manchester, der Wiege der Industrialisierung. Mit den 1830er Jahren begann in den meisten europäischen Ländern der Ausbau eines Eisenbahnnetzes.

Den Zeitgenossen erschien der Eisenbahnbau als revolutionär. Mit ihm, schrieb Heinrich Heine, beginne „ein neuer Abschnitt der Weltgeschichte."[7] Allerdings dauerte der Ausbau der Eisenbahnnetze mehrere Jahrzehnte. In Frankreich zum Beispiel gab es um die Mitte des 19. Jahrhunderts erst nur einige voneinander isolierte Zugstrecken (siehe S. 72-73). Einige Jahre später (1856) hatten zwar alle größeren Städte bereits einen Bahnhof. Von einem wirklichen Streckennetz konnte aber noch keine Rede sein, weil alle Verbindungen von der Hauptstadt ausgingen: Wer aus Mulhouse im Elsass ins benachbarte Besançon reisen wollte, musste das per Eisenbahn über Paris tun und dabei eine Strecke zurücklegen, die zehnmal länger war als die direkte Straßenverbindung. Erst 1875 war das französische Eisenbahnnetz fertig, wie auch die meisten Netze in den anderen Staaten West- und Mitteleuropas. In Osteuropa dauerte der Ausbau dagegen noch einige Jahrzehnte länger.

Ausbau der Eisenbahnnetze

Wie schon der Chausseebau beschleunigte auch der Bau der Eisenbahnstrecken den Transport von Waren und Personen noch einmal beträchtlich. Die Durchschnittsgeschwindigkeit der ersten Züge lag zwar bei nur wenig mehr als 45 Kilometer pro Stunde. Selbst das war freilich schon dreimal schneller, als sich gleichzeitig auf Chausseen vorankommen ließ. Auch in den größeren Staaten Europas – mit Ausnahme Russlands – ließ sich nun jeder beliebige Ort innerhalb eines Tages erreichen. 1880 konnte man den ganzen Kontinent in der Hälfte der Zeit durchreisen, den man drei Generationen früher gebraucht hatte, um ein Land von der Größe Dänemarks zu durchqueren. Und dabei war man im gepolsterten Eisenbahnabteil zudem noch viel bequemer unterwegs als in einer holprigen Pferdekutsche.

Beschleunigung durch die Eisenbahn

Das Eisenbahnzeitalter dauerte in Europa allerdings nur etwa ein knappes Jahrhundert. In Großbritannien, wo das Streckennetz zuerst fertig gestellt worden war, wurden schon vor dem Zweiten Weltkrieg Zugstrecken wieder stillgelegt, die Schienen abgerissen. In den meisten anderen Staaten des Kontinents begann während der zweiten Hälfte des 20. Jahrhunderts ebenfalls ein Rückbau des Eisenbahnnetzes. Der Grund war der Aufstieg des Automobils. Erfunden bereits vor 1900, diente es in Europa zunächst nur für eine kleine Schicht von Reichen als Transport-

Aufstieg des Automobils als Massenverkehrsmittel seit ca. 1950

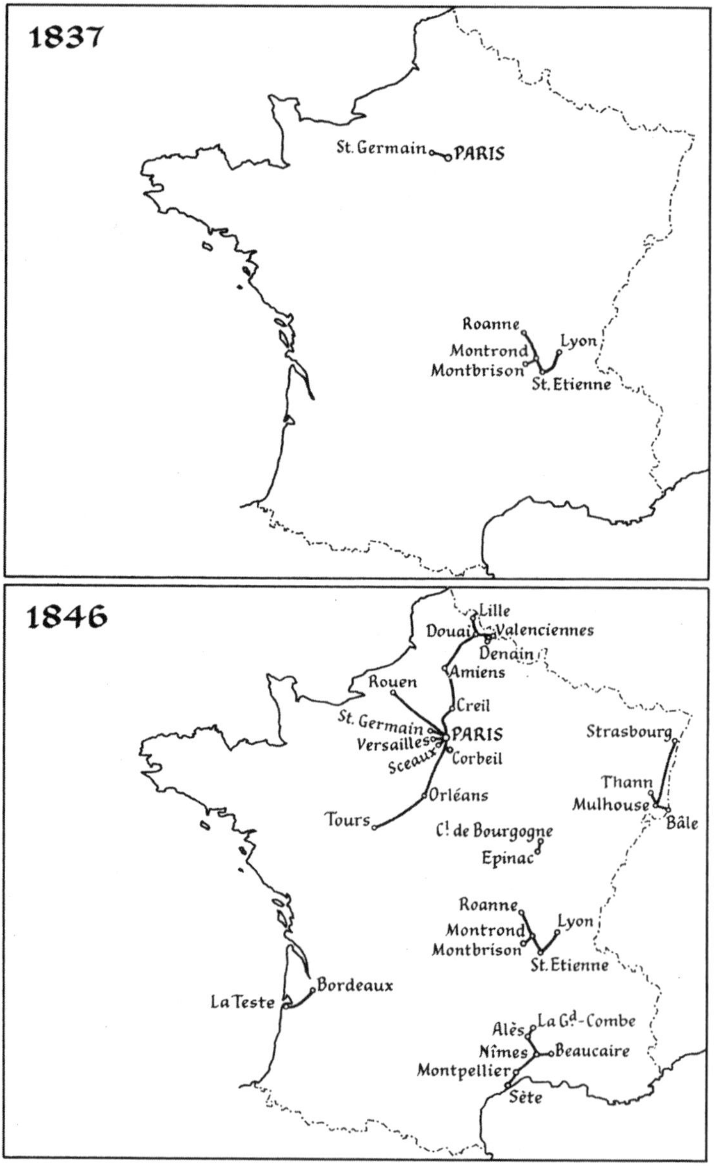

Abb. 3.2: Ausbau des Eisenbahnnetzes in Frankreich 1837-1875

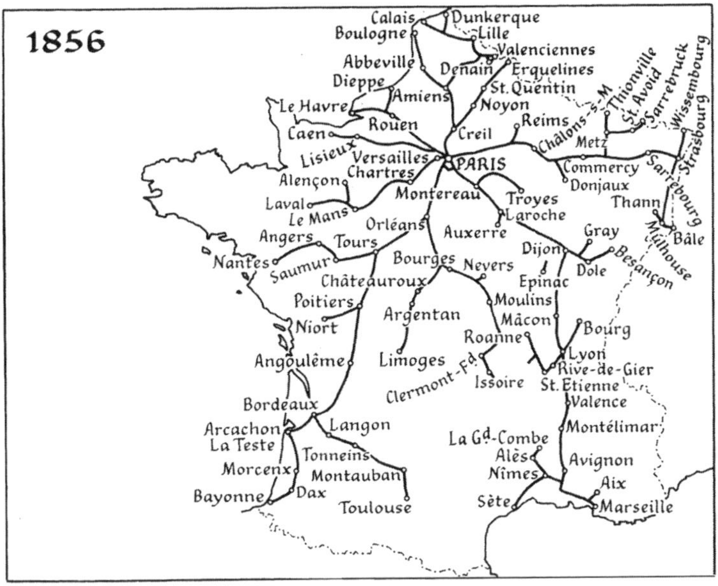
1856
Calais
Dunkerque
Boulogne
Lille
Valenciennes
Abbeville
Denain
Erquelines
Dieppe
St. Quentin
Amiens
Le Havre
Noyon
Rouen
Reims
Caen
Creil
Châlons-s-M
Thionville
St. Avoid
Sarrebruck
Wissembourg
Metz
Strasbourg
Lisieux
Versailles
PARIS
Alençon
Chartres
Commercy
Donjaux
Sarrebourg
Laval
Montereau
Troyes
Thann
Le Mans
Laroche
Orléans
Auxerre
Gray
Mulhouse
Bâle
Angers
Tours
Dijon
Besançon
Nantes
Saumur
Bourges
Nevers
Dole
Châteauroux
Epinac
Poitiers
Moulins
Argentan
Mâcon
Bourg
Niort
Roanne
Lyon
Angoulême
Limoges
Rive-de-Gier
Clermont-Fd.
Issoire
St. Etienne
Valence
Bordeaux
Arcachon
Langon
Montélimar
La Teste
La Gd-Combe
Tonneins
Alès
Avignon
Morcenx
Montauban
Nîmes
Aix
Bayonne
Dax
Toulouse
Sète
Marseille

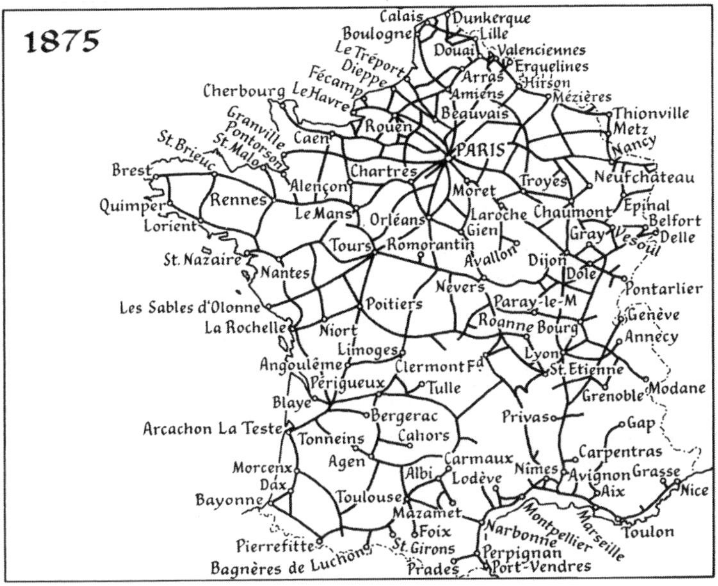
1875
Calais
Dunkerque
Boulogne
Lille
Le Tréport
Douai
Valenciennes
Dieppe
Erquelines
Fécamp
Arras
Hirson
Cherbourg
Le Havre
Amiens
Mézières
Beauvais
Thionville
Granville
Rouen
Metz
Pontorson
Caen
Nancy
St. Brieuc
St. Malo
PARIS
Brest
Chartres
Neufchâteau
Alençon
Moret
Troyes
Rennes
Epinal
Quimper
Le Mans
Laroche
Chaumont
Belfort
Lorient
Orléans
Gien
Gray
Vesoul
Delle
Tours
Romorantin
Avallon
St. Nazaire
Dijon
Nantes
Dole
Pontarlier
Nevers
Les Sables d'Olonne
Poitiers
Paray-le-M
La Rochelle
Roanne
Bourg
Genève
Niort
Annecy
Limoges
Lyon
Angoulême
Clermont Fd.
St. Etienne
Périgueux
Tulle
Modane
Grenoble
Blaye
Bergerac
Privas
Gap
Arcachon La Teste
Tonneins
Cahors
Carpentras
Agen
Carmaux
Morcenx
Nîmes
Avignon
Grasse
Dax
Albi
Lodève
Aix
Nice
Bayonne
Toulouse
Mazamet
Montpellier
Marseille
Toulon
Foix
Narbonne
Pierrefitte
St. Girons
Perpignan
Bagnères de Luchon
Prades
Port-Vendres

mittel. Seit etwa 1950 setzte sich das Auto jedoch auch als Massenverkehrsmittel durch. Die Straße löste die Schiene wieder als wichtigster Transportweg ab. Eine nochmalige Beschleunigung der Reisegeschwindigkeiten war mit der Durchsetzung des Autos zwar nicht mehr verbunden. Es veränderte aber die Qualität des Reisens. Mobilität wurde durch das Auto unabhängig von den Fahrplänen der Eisenbahnen. Unterwegs sein wurde so zu einer individuellen Erfahrung: Es kam zu einer Individualisierung des Transports und des Reisens.

Interkontinentaler Verkehr: Dampfschiffe ab ca. 1850

Chausseen, Eisenbahnen und Automobile verwandelten das Verkehrswesen in Europa grundlegend. Aber auch der Verkehr zwischen Europa und anderen Kontinenten wurde ab der Mitte des 19. Jahrhundert intensiviert. Das dafür ausschlaggebende Vehikel war zunächst das Dampfschiff. Die ersten Dampfschiffe wurden schon vor 1800 gebaut. Doch erst um 1850 waren sie aus dem Transport von Waren und Menschen nicht mehr wegzudenken. Im innereuropäischen Verkehr war ihre Wirkung eher begrenzt; hier beschleunigten sie nur den Flussverkehr stromaufwärts, der freilich gegenüber Eisenbahn und Straße schon beträchtlich an Bedeutung verloren hatte. Für den interkontinentalen Verkehr kam Dampfschiffen dagegen große Bedeutung zu. Sie waren nicht nur meist schneller als Segelschiffe. Durch ihre Unabhängigkeit von den Windverhältnissen waren sie auch immer zuverlässig einsatzbereit.

Flugzeuge seit ca. 1950

Ergänzt und beträchtlich beschleunigt wurde der Austausch zwischen Europa und anderen Kontinenten seit der Mitte des 20. Jahrhunderts durch das Flugzeug. Wie das Automobil schon um 1900 erfunden, spielte die Fliegerei ebenfalls 50 Jahre lang im Leben der Masse der europäischen Bevölkerung keine oder kaum eine Rolle. Die ersten Transatlantikflüge, die in den 1920er Jahren stattfanden, waren waghalsige Abenteuer und hatten mit der Lebenswelt der meisten Europäer soviel zu tun wie Nordpolarexpeditionen. Der regelmäßige Flugverkehr, der in den 1930er Jahren unter anderem durch Zeppeline zwischen Europa und Nordamerika aufgenommen wurde, kam durch katastrophale Unfälle und den Ausbruch des Zweiten Weltkriegs bald wieder fast völlig zum Erliegen. Erst nach dem Ende des Krieges wurde das Flugzeug zum Massenverkehrsmittel. Im Verkehr zwischen Europa und den anderen Kontinenten revolutionierte es seit den 1950er Jahren vor allem den Transport von Personen, während die mittlerweile von Verbrennungsmotoren statt Dampfmaschinen angetriebenen Schiffe weiterhin den größten Teil des interkontinentalen Warentransports übernahmen.

Beschleunigung der Nachrichtenübermittlung

Alle bisher genannten Verkehrsmittel veränderten nicht nur die Bedingungen des Transports von Personen und Waren fundamental, sondern spielten auch für die Übermittlung von Nachrichten eine Rolle. Der Bau von Chausseen, Eisenbahnen, Dampfschiffen und Flugzeugen beschleunigte die Übermittlung von Informationen beträchtlich. 1980 war die Laufzeit eines Eilbriefs um die ganze Welt, etwa von London nach Los Angeles, geringer als ein solcher Brief 1780 von London ins wenige hundert Kilometer entfernte Leeds gebraucht hätte – ganz abgesehen davon, dass die Zustellung nur einen Bruchteil der Gebühren kostete, die zwei Jahrhunderte vorher fällig wurden.

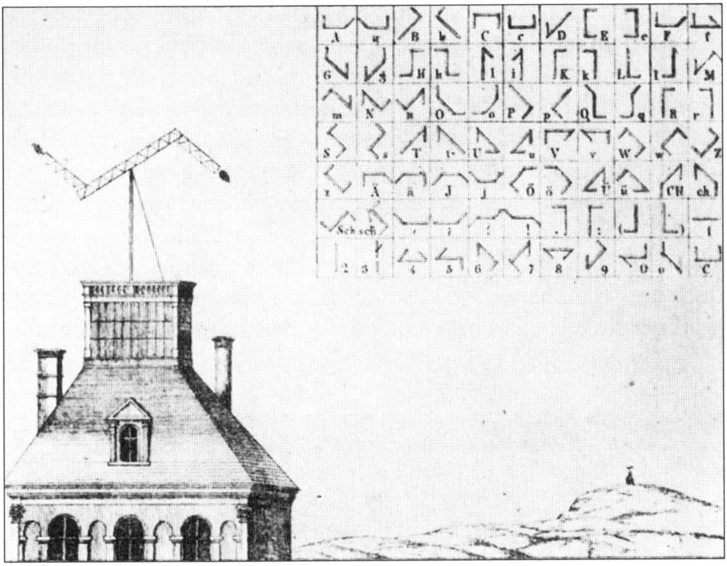

Abb. 3.3: Frühe französische Telegrafenstation mit Erklärung der Buchstabensymbole

Telegrafie seit 1791

Schon seit dem Ende des 18. Jahrhundert gab es zudem die Möglichkeit, Nachrichten praktisch ohne jeden Zeitverlust zu übermitteln. Grundlegend war dafür die Erfindung des Telegrafen 1791. Dieser funktionierte zunächst durch optische Signale: „An weithin sichtbaren Signalmasten (Semaphoren), die auf Berggipfeln, Kirchendächern oder anderen hohen Gebäuden standen, waren bewegliche Arme angebracht, die vielfältige Kombinationsmöglichkeiten boten“ [Handbuch der europäischen Wirtschafts- und Sozialgeschichte 1993, S. 108 f]. Informationen ließen sich damit innerhalb weniger Minuten über Hunderte von Kilometern weiterleiten. 1837 folgte die Erfindung der elektromagnetischen Telegrafie, die Nachrichten per Morsezeichen übermittelte. Telegrafenkabel wurden nun parallel zu den meisten Eisenbahnlinien gespannt. Bald verbanden auch Überseekabel, die man in der zweiten Hälfte des 19. Jahrhunderts auf dem Boden der Ozeane verlegte, die Kontinente miteinander. Verzögerungslose Kommunikation war damit weltweit möglich geworden. Die Erfindung des Telefons im späten 19. und die des Internet im späten 20. Jahrhundert haben diesen fundamentalen Wandel nur noch modifiziert.

Folgen: Veränderung der Wahrnehmung

Der einschneidende Wandel von Nachrichtenübermittlung und Transport hatte vielfältige Folgen in nahezu allen Lebensbereichen. Am deutlichsten ist die Veränderung der Wahrnehmung in Reiseschilderungen. Als Goethe 1797 mit einer Kutsche von Frankfurt in die Schweiz reiste, notierte er in seinem Tagebuch zahlreiche Details über den Zustand der Chaussee, aus welchen Steinen ihr Pflaster bestand, wer am Wegrand arbeitete, wie gut die Qualität des Bodens neben der Straße war, was auf den Feldern wuchs, und vieles mehr. Dagegen schrieb der Schweizer Historiker Jakob Burckhardt 1840 über seine erste Eisenbahnreise: „Die nächsten Gegenstände, Bäume, Hütten und dergleichen kann man gar nicht recht unterscheiden; so wie man sich danach um-

Abb. 3.4: „Die Märkische Schweiz vom Schnellzug aus gesehen" (Karikatur 1860)

sehen will, sind sie schon lange vorbei.“ Etwa zur selben Zeit kommentierte Victor Hugo, der französische Romanautor, das Erlebnis einer Eisenbahnfahrt: „Die Blumen am Feldrain sind keine Blumen mehr, sondern Farbflecken, oder vielmehr rote und weiße Streifen; es gibt keinen Punkt mehr, alles wird Streifen; die Getreidefelder werden zu langen gelben Strähnen; die Kleefelder erscheinen wie lange grüne Zöpfe…“ [Schivelbusch 1979, S. 54]. Wie in einem impressionistischen Gemälde nimmt der moderne Reisende alles Nahe nur undeutlich wahr; erst aus der Ferne sieht er klar.

„Vernichtung des Raumes“

Während das Naheliegende verschwamm, trat das früher weit Entfernte auch in einem anderen Sinn immer näher. Zeitgenossen erlebten die rapide Beschleunigung der Nachrichtenübermittlung und des Verkehrs als „Vernichtung des Raumes und der Entfernungen, von denen man bis jetzt annahm, dass sie die verschiedenen Nationen der Welt auf ewig voneinander trennten“, wie in einer englischen Zeitschrift 1839 zu lesen war. Besonders die Folgen des Eisenbahnbaus wurden in Texten des 19. Jahrhunderts häufig als ein Schrumpfen von Entfernungen vorgestellt. Die schon zitierte Zeitschrift fuhr fort: „Nehmen wir beispielsweise an, dass plötzlich in ganz England Eisenbahnen angelegt werden; dies würde selbst bei der gegenwärtig noch bescheidenen Geschwindigkeit bedeuten, dass sich die gesamte Bevölkerung in Bewegung setzt und, metaphorisch gesprochen, ihre Plätze um zwei Drittel der Zeit näher an den Kamin der Hauptstadt rückt, welche sie jetzt noch davon trennt; ebenso würden sie einander um zwei Drittel der Zeit näherkommen, die jetzt noch zwischen ihnen liegt. Bei weiterer Beschleunigung könnte der Vorgang wiederholt werden; unsere Häfen, Dockanlagen, Städte sowie die gesamte Landbevölkerung würden einander nicht nur um zwei Drittel näherkommen, sondern alle zusammen würden sich in diesem Maße dem Herd der Nation nähern. Verkürzte man die Entfernungen auf diese Weise weiter, so würde die Fläche unseres Landes zur Größe einer einzigen Metropole zusammenschrumpfen“ [Schivelbusch 1979, S. 36].

Entstehung nationaler Märkte

In der Metapher wird aus einem Land eine einzige Stadt – und tatsächlich sind damit auch die wirtschaftlichen Folgen des Wandels im Transportwesen gut getroffen. Denn erst infolge der rasanten Beschleunigung des Verkehrs konnten nationale Märkte für alle möglichen Güter entstehen. Bis ins 18. Jahrhundert hinein hatte die breite Masse der europäischen Bevölkerung ihren täglichen Bedarf vor Ort gedeckt. Grundnahrungsmittel und die meisten anderen Waren wurden in der Regel im selben Ort oder zumindest der selben Region verbraucht, in der sie auch produziert worden waren. Nur für wenige Luxusgüter hatte es überregionale Märkte gegeben. Erst die Revolutionierung des Transportwesens transformierte lokale und regionale in nationale Märkte.

Expansion internationaler Kontakte in Europa

Allerdings waren, wie manche Zeitgenossen schon früh erkannten, die Konsequenzen noch viel weitreichender. Letzten Endes führten die Veränderungen im Verkehrs- und Nachrichtenwesen nicht nur zu einer rapiden Ausweitung von Kontakten im nationalen, sondern auch im internationalen Rahmen. So erwartete Heinrich Heine 1843, als die Eisenbahnlinie von Paris nach Orléans eröffnet wurde: „Welche Veränderungen müssen jetzt eintreten in unserer Anschauungsweise und in unseren Vorstellungen! Sogar die Elementarbegriffe von Raum und Zeit sind schwankend geworden. Durch die Eisenbahn wird der Raum getötet, und es bleibt uns nur noch die Zeit übrig... In vierthalb Stunden reist man jetzt nach Orléans... Was wird das erst geben, wenn die Linien nach Belgien und Deutschland ausgeführt und mit den dortigen Bahnen verbunden sein werden! Mir ist, als kämen die Berge und Wälder aller Länder auf Paris angerückt. Ich rieche schon den Duft der deutschen Linden, vor meiner Tür brandet die Nordsee“ [Schivelbusch 1979, S. 38f].

In der Tat schuf die Beschleunigung des Personenverkehrs auch die Voraussetzungen für den Massentourismus. Europa wuchs zusammen. Der Wandel im Warentransport führte zu einer gewaltigen Ausdehnung des internationalen Handels. Nur um einen Eindruck von dem Ausmaß dieser Expansion zu geben, seien ein paar Zahlen genannt: Der Wert aller zwischen den europäischen Ländern ausgetauschten Güter stieg allein zwischen 1850 und 1910 fast um das Achtfache. Die Zahl der beförderten Briefe, Pakete und vor allem Telegramme explodierte im selben Zeitraum geradezu: Allein die deutschen Postanstalten beförderten vor dem Ersten Weltkrieg mehr als sechzig Mal soviel Sendungen ins In- und Ausland wie Mitte des 19. Jahrhunderts, während die Telegrafenbüros sogar über tausend Mal mehr zu tun hatten. Im 20. Jahrhundert ersetzten Telefonate Telegramme und verzeichneten noch höhere Wachstumsraten. Die Anzahl der Postsendungen nahm, wenn auch langsamer, ebenfalls weiter zu.

Expansion globaler Kontakte

Die gewaltige Expansion von Kommunikation, Handel und Märkten machte nicht vor den Grenzen des Kontinents halt. Durch das Dampfschiff und später das Flugzeug kam es auch im globalen Maßstab zu einer „Vernichtung des Raumes“. Das durch die Entwicklung des Verkehrs verursachte „Zusammenwachsen“

der Welt führte zwischen der Mitte des 19. Jahrhunderts und dem Ersten Weltkrieg zu einer Intensivierung der weltweiten Handelsbeziehungen, die als „erste Globalisierung" bezeichnet worden ist. Der Handel Europas mit dem Rest der Welt expandierte sogar noch etwas schneller als der wirtschaftliche Austausch zwischen den europäischen Ländern. So nahm der Wert aller zwischen Europa und anderen Kontinenten ausgetauschten Güter zwischen 1850 und 1910 um das Neunfache zu. Während der Zeit der Weltkriege stagnierte der Warenaustausch dann zwar. In der zweiten Hälfte des 20. Jahrhunderts haben die globalen Handelsbeziehungen sich jedoch wieder intensiviert. Diese erneute massive Expansion des Handels seit 1945 wird als „zweite Globalisierung" bezeichnet.

Erste und zweite Globalisierung

Durch den einschneidenden Wandel von Verkehrs- und Nachrichtenwesen sind die Europäer im 19. und 20. Jahrhundert aus bis dahin vor allem lokal und regional bestimmten Lebenszusammenhängen herausgelöst worden. Zunehmend wurden sie eingebunden in nationale, kontinentale und globale Wirtschafts- und Kommunikationssysteme. Zumindest die wirtschaftlichen Aspekte dieser Entwicklung werden heute vielfach als bedrohlich wahrgenommen. Diese Wahrnehmung ist so neu nicht. Auch im 19. Jahrhundert verband sich mit dem Befund der Nationalisierung, Europäisierung und Globalisierung von Wirtschaftsräumen häufig bereits Unsicherheit und Angst vor Arbeitsplatzverlusten. Auf der anderen Seite hat die Revolutionierung des Transportwesens wenigstens den Europäern auch vermehrte Konsummöglichkeiten gebracht.

Erweiterung des Horizonts als Bedrohung und Segen

Dass die Menschen infolge der Veränderungen von Verkehr und Kommunikation nicht mehr nur dem Rhythmus von lokalen und regionalen Lebenszusammenhängen unterworfen sind, wird schließlich nirgendwo so deutlich wie in der Vereinheitlichung der Zeitmessung. Bis weit ins 19. Jahrhundert hinein war es üblich, Ortszeiten nach dem Sonnenstand festzulegen. Zwölf Uhr mittags war der Zeitpunkt, an dem die Sonne ihren Höchststand erreicht hatte. Wenn Uhren in Aachen zwölf Uhr zeigten, war es in Düsseldorf bereits einige Minuten später, und in Berlin schon nach ein Uhr. In Russland galt sogar ein ganz anderer Kalender, der 13 Tage hinter dem des übrigen Europa hinterherhinkte. Das spielte so lange keine große Rolle, wie der wirtschaftliche Austausch gering war und Transport sich im gemütlichen Tempo des Pferdekarrens vollzog. Spätestens mit der Verbreitung der Eisenbahn aber wurde die lokal verschiedene Zeitmessung ein Problem. Einige Jahrzehnte war es üblich, an Bahnhöfen Uhren mit

Vereinheitlichung der Zeitmessung

den Ortszeiten der jeweiligen Endpunkte verschiedener Bahnlinien zu haben. Aber auch das löste das Problem nicht wirklich. Während der 1880er Jahre führte eine Reihe von Staaten deshalb nationale Standardzeiten ein, die in ihrem gesamten Territorium galten. 1911 einigten sich die Regierungen der Welt schließlich auf die global einheitliche Etablierung von Zeitzonen.

3.2. Bevölkerungsexplosion und demographischer Übergang

Relevanz historischer Demographie

Historische Demographie oder Bevölkerungsgeschichte beschäftigt sich mit den elementarsten Dingen menschlichen Lebens: Es geht dabei um Geburt, Altern und Tod. Und es geht auch um das, was der Geburt unweigerlich voran geht und den Kreis schließt, die Zeugung von neuem Leben. Man mag fragen, warum Historiker das überhaupt interessieren soll. Sind diese Ereignisse, so fundamental sie in ihrer Bedeutung für den einzelnen Menschen zweifellos sind, nicht für geschichtliche und gesellschaftliche Entwicklungen gerade wegen ihrer Allgegenwart belanglos? Steht der ewige Kreislauf von Geburt und Tod, von Werden und Vergehen nicht außerhalb der Geschichte? Und überhaupt, warum soll es Historiker eigentlich etwas angehen, was in den Betten anderer Leute geschieht?

Nun, das Interesse der Historiker daran, was in fremden Betten vor sich geht, ist nicht voyeuristisch bedingt. (Oder ehrlich gesagt: jedenfalls nicht nur.) Denn was dort passiert (oder auch nicht passiert), entscheidet darüber, wie viel Kinder geboren werden. Und die Geburtenrate eines Landes kann dessen Entwicklung stark beeinflussen – wirtschaftlich, gesellschaftlich, kulturell und politisch. Schließlich sind Kinder die Arbeitskräfte und Soldaten von morgen. Ihre Geburt gewährleistet die Sicherheit zukünftiger Renten – oder auch nicht.

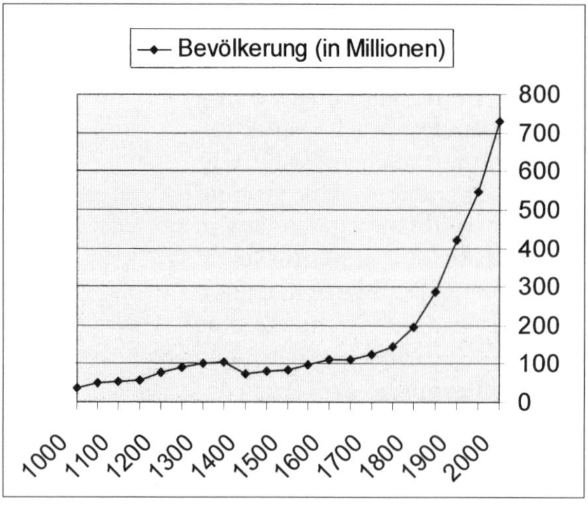

Abb. 3.5: Die Entwicklung der Bevölkerung Europas 1000-2000 n. Chr.

Nicht zuletzt sind und waren Kinder zusätzliche Münder, die es zu füttern gilt und galt, auch wenn das nicht immer gelang. Wie viel Menschen es in Europa im Lauf der letzten Jahrhunderte gab und warum, ist deshalb eine Frage, die aus historischer Sicht sehr wohl interessiert. Und nicht nur aus dieser.

Bevölkerungsexplosion seit 1800

An dem Schaubild zur Bevölkerungsentwicklung des Kontinents fällt vor allem eines sofort auf: der steile Anstieg im 19. und 20. Jahrhundert. Zwar ist die Zahl der Menschen in Europa schon davor langsam gewachsen. Doch in den letzten 200 Jahren gewann dieses Wachstum einen neuen, geradezu explosiven Charakter. In den acht Jahrhunderten zuvor nahm die Bevölkerung Europas um etwa 150 Millionen Menschen zu. Seit 1800 stieg die Zahl der Europäer dann jedoch um mehr als 500 Millionen an – und das, obwohl gleichzeitig mehr als 50 Millionen Menschen den Kontinent in Richtung „Neuer Welt" verließen, was in der Frühen Neuzeit erst etwa 3 Millionen getan hatten. Selbst der Tod von wahrscheinlich noch einmal über 50 Millionen Europäern, die während des Ersten und Zweiten Weltkriegs auf Schlachtfeldern starben, in Konzentrations- und Vernichtungslagern umgebracht wurden oder verhungerten, hat den Trend nur kaum merklich verlangsamen können.

Der demographische Übergang

Erklärt werden kann diese Bevölkerungsexplosion mit dem so genannten demographischen Übergang. Gemeint ist damit der zeitversetzte Prozess des Absinkens der bisher sehr hohen Geburten- und Sterberaten. Um 1750 war die jährliche Zahl der Todesfälle pro 1000 Einwohner in ganz Europa wesentlich höher als heute. Dasselbe galt für die Zahl der Geburten. Selbst im Westen, Norden und der Mitte des Kontinents, wo die meisten Frauen erst mit Mitte bis Ende 20 heirateten, bekamen sie im Durchschnitt vier bis fünf Kinder. Etwa ein Viertel davon starb jedoch bereits kurz nach der Geburt oder noch im ersten Lebensjahr. Ungefähr ein weiteres Viertel wurde keine zehn Jahre alt. Die Überlebenden hatten dann zwar verhältnismäßig gute Chancen, noch ihren sechzigsten Geburtstag zu feiern. Zumindest statistisch gesehen mussten sie allerdings ebenfalls damit rechnen, jedes zweite ihrer Kinder vor Erreichen der Pubertät sterben zu sehen. In Russland und Südosteuropa war zwar die Geburtenrate, aber auch die Kindersterblichkeit höher. Da so von den Kindern jedes europäischen Paares durchschnittlich nur etwas mehr als zwei selbst ins fortpflanzungsfähige Alter kamen, konnte die Bevölkerungszahl nur langsam ansteigen.

Frühes Absinken der Sterberate

Seit dem späten 18. Jahrhundert begann sich das jedoch in immer mehr Ländern Europas zu ändern: Die Sterberate sank ab.

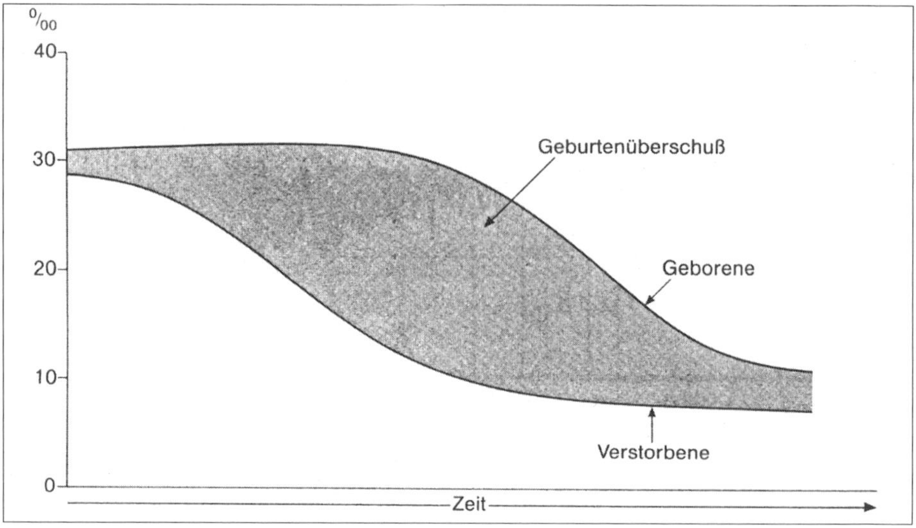

Abb. 3.6: Der demographische Übergang

Vor allem ging die Kindersterblichkeit zurück. Dieser Trend begann im Norden und Westen des Kontinents – zuerst in Frankreich, Großbritannien und Schweden. Zunehmend gingen die Sterberaten jedoch dann auch in der Mitte, im Süden und im Osten Europas zurück. Lag die Kindersterblichkeit im späten 18. Jahrhundert um 50 Prozent, in Osteuropa sogar einiges darüber, so war 1990 die Wahrscheinlichkeit für einen Neugeborenen, vor Erreichen der Pubertät zu sterben, in den meisten europäischen Ländern nur noch etwa ein Prozent oder weniger. Selbst in Russland und Südosteuropa lag sie um die zwei Prozent. Aber auch die Lebenserwartung derjenigen, die das Kindesalter hinter sich gelassen hatten, war beträchtlich angestiegen.

Verzögertes Absinken der Geburtenrate

Nach dem Einsetzen des Absinkens der Sterberate blieb die Geburtenrate in allen Ländern Europas Jahrzehnte, manchmal sogar bis zu einem Jahrhundert auf dem alten hohen Stand. Die Schere zwischen Geburten und Todesfällen klaffte immer weiter auseinander. Während nach wie vor Frauen im Durchschnitt vier bis fünf Kinder zur Welt brachten, überlebten davon immer mehr. Deshalb stieg die Bevölkerung steil an. Erst mit beträchtlicher Verspätung begann auch die Geburtenrate zu sinken. Von allen Europäern machten hier die Franzosen, deren Freude an der Vermehrung bereits im frühen 19. Jahrhundert deutlich zu sinken begann, die Vorreiter, weshalb die Bevölkerungszunahme in

Frankreich am knappsten ausfiel. In allen anderen europäischen Ländern begann der Rückgang der Geburtenrate erst zwischen 1880 und 1950 – zuerst wieder in Nordwest- und Mitteleuropa, später im Süden und Osten des Kontinents. Am Ende des 20. Jahrhunderts lag die Zahl der Geburten in den meisten europäischen Ländern nur noch wenig über der Zahl der Todesfälle. In einigen, einschließlich Deutschlands, lag sie sogar darunter. Der demographische Übergang scheint damit abgeschlossen, wenn die Entwicklung sich nicht noch einmal umkehrt. Die Zeit der Bevölkerungsexplosion ist vorbei. Für die letzten Jahrzehnte des 20. Jahrhunderts ist das zum Teil noch etwas dadurch kaschiert worden, dass Europa nun kein Kontinent mehr ist, aus dem Menschen massenhaft auswandern, sondern im Gegenteil in Massen einwandern.

Die schematische Darstellung des demographischen Übergangs entspricht natürlich nicht ganz der Realität, die viel komplexer ist. Vor wie während des Übergangs verliefen Sterbe- und Geburtenrate in Ländern oder Gemeinden weniger als elegante Kurven und mehr als Zackenlinien. Kurzfristige Klimaschwankungen und Wandel der Jahreszeiten beeinflussten und beeinflussen immer noch sowohl Sterbe- wie Geburtenrate. Gute oder schlechte Ernten sorgten für kurzfristiges Auf und Ab ebenso wie Kriege, Seuchen und viele andere Faktoren. Noch in den 1950er und 1960er Jahren wurde das Absinken der Geburtenrate durch einen „Baby-Boom" unterbrochen, dem in Westeuropa seit den 1970ern wieder ein starker Rückgang der Geburtenzahlen folgte. In Osteuropa setzte dieser Langzeittrend sich sogar erst wieder in den späten 1980er Jahren durch, dann aber umso heftiger. Und nicht nur die Unterschiede in der Entwicklung zwischen Ländern, sondern ebenso die zwischen Regionen und sogar benachbarten Dörfern waren beträchtlich. Man darf auch statistische Durchschnittswerte nicht mit individuellen Erfahrungen verwechseln. Trotz aller Kritik, die deshalb am Konzept des demographischen Übergangs geübt worden ist, beschreibt dieser doch einen eindeutig wahrnehmbaren Trend sehr klar.

Ursachen für das Absinken der Sterberate

Was aber waren die tieferen Ursachen dieses Trends? Warum begann zwischen dem späten 18. und dem späten 19. Jahrhundert in immer mehr Gegenden Europas die Sterberate abzusinken, was die erste Voraussetzung für die Bevölkerungsexplosion auf dem Kontinent schuf? Auf den ersten Blick könnte sich die Vermutung aufdrängen, dass es dabei einen Zusammenhang mit der ja etwa gleichzeitig beginnenden Industrialisierung gegeben habe. Diese Vermutung ist aber offensichtlich falsch. Denn zum

Kein direkter Zusammenhang mit Industrialisierung

einen gab es eine ganze Reihe europäischer Länder, in denen die Industrialisierung wesentlich später einsetzte als das Absinken der Sterberate. Ein besonders auffälliges Beispiel dafür ist Schweden. Dessen Industrialisierung begann erst Mitte des 19. Jahrhunderts, und noch bis zum Zweiten Weltkrieg war Schweden überwiegend eine Agrargesellschaft. Ein konstanter Rückgang der Sterberate setzte in dem skandinavischen Land jedoch schon ein beziehungsweise zwei Jahrhunderte früher, nämlich um 1750 ein. Zum anderen ging gerade in den früh industrialisierten Regionen Europas bis in die zweite Hälfte des 19. Jahrhunderts die Sterberate nicht zurück, sondern stieg eher noch an. In Manchester und anderen englischen Industriezentren lag sie über dem britischen Durchschnitt, und auch auf dem Kontinent waren die frühen Industriestädte zunächst ausgesprochen ungesunde Aufenthaltsorte.

Medizinische und hygienische Fortschritte

Das änderte sich erst mit Fortschritten in der Medizin und vor allem der Hygiene. Bereits Ende des 18. Jahrhunderts wurden erste Schutzimpfungen gegen Seuchen durchgeführt. Bestimmte Epidemien, wie vor allem die Cholera, wüteten aber noch bis ins späte 19. Jahrhundert immer wieder in großen Städten. Wirksam bekämpfen ließen sie sich erst, als in den großen europäischen Städten Kanalisationen gebaut wurden. Gleichzeitig ermöglichten wissenschaftliche Fortschritte in der Bakteriologie im späten 19. Jahrhundert die Erkenntnis der Ursachen vieler Infektionskrankheiten; die Verbreitung dieser Erkenntnisse und ihre praktische Anwendung auf dem Gebiet der Säuglingspflege trug wesentlich dazu bei, die Kindersterblichkeit zu senken.

Erweiterung der Nahrungsbasis

Allerdings lässt sich damit allein nicht erklären, warum in einigen Ländern die Sterberate schon lange vorher beträchtlich absank. Der entscheidende Faktor dafür war offenbar die Verbesserung der Nahrungsbasis. Nicht die Industrialisierung, wohl aber die ihr vorausgehende Erhöhung der landwirtschaftlichen Produktion bildete auch die erste Voraussetzung für den Rückgang der Sterberate. Hunger hörte zunehmend auf, ein immer wiederkehrender Gast in europäischen Haushalten zu sein. Und mit dem Verschwinden des Hungers wuchs auch die Widerstandskraft der Bevölkerung gegen Krankheiten und Seuchen.

Effekte des Wandels im Verkehrswesen

Schließlich erleichterte der Ausbau des Transportwesens die Verteilung von Nahrungsmitteln im Fall von Erntekrisen. Lebensmittelreserven ließen sich im 19. Jahrhundert wesentlich schneller in Mangelgebiete bringen als jemals zuvor. Die neuen Verkehrsmittel senkten zudem die Transportkosten und damit die Preise. Und die Vergrößerung der Konkurrenz unter den Händlern durch Ausdehnung der Märkte verstärkte diesen Effekt noch.

Vor allem die Erweiterung der Nahrungsbasis, daneben auch der Wandel im Verkehrswesen und seit dem späten 19. Jahrhundert zusätzlich die Fortschritte auf dem Gebiet von Medizin und Hygiene erklären also den Rückgang der Sterberate in Europa. Eine Bevölkerungsexplosion war die Folge. Doch warum hielt diese nicht dauerhaft an? Warum sank schließlich, wenn auch erst zeitversetzt, die Geburtenrate ebenfalls ab?

Ursachen des Absinkens der Geburtenrate

Das späte 19. Jahrhundert war eine Zeit der medizinischen Entdeckungen und Erfindungen. Dazu gehörten auch neue Verhütungsmittel wie das Kondom. Aber massenhaft verbreitet wurden diese damals noch nicht. Die „Antibabypille" kam sogar erst in den 1960er Jahren auf den Markt. Zudem gab es andere Mittel der Empfängnisverhütung, die seit Jahrhunderten und Jahrtausenden bekannt waren. Das sicherste war schlicht und ergreifend sexuelle Enthaltsamkeit. Aber selbst Frauen und Männer, die sich den Geschlechtsverkehr nicht verkneifen wollten, hatten immer schon die Wahl zwischen einer ganzen Reihe von Möglichkeiten. Männer konnten den sexuellen Akt vor dem Samenerguss abbrechen. Frauen konnten die seit ihrer letzten Menstruation vergangene Zeit zählen, um ihre fruchtbaren Tage annähernd zu ermitteln. Längeres Stillen schon geborener Kinder setzte die weibliche Fruchtbarkeit herab und verminderte so die Aussicht auf weitere Geburten.

Verhütungsmittel

Solche oder andere Verhütungsmethoden wurden schon lange vor dem allgemeinen Rückgang der Geburtenrate von kleineren gesellschaftlichen Gruppen in Europa praktiziert. Die durchschnittliche Kinderzahl französischer Adelsfamilien sank deshalb zwischen 1650 und 1800 von etwas über sechs auf gerade einmal zwei. Die Bürgerschaft im schweizerischen Genf oder jüdische Gemeinden in Italien praktizierten ebenfalls schon im 18. Jahrhundert Geburtenkontrolle, was sich in einer deutlichen Verringerung ihrer Familiengröße niederschlug. Offenbar war nicht das Vorhandensein von Verhütungsmitteln entscheidend, sondern der Wille, Verhütung zu praktizieren. Vor dem 19. Jahrhundert war dieser Wille nur bei kleinen sozialen und religiösen Gruppen ausgeprägt. Dass Geburtenkontrolle seit dem Ende dieses Jahrhunderts zu einem Massenphänomen in ganz Europa wurde, lässt sich folgerichtig am besten mit religiös-kulturellen und sozialen Faktoren erklären.

Wille zur Praktizierung von Verhütung entscheidend

Religiöse Unterschiede sind ein wichtiges Erklärungsmuster für die Unterschiede im Prozess des Rückgangs der Geburtenrate.

Sinkende Akzeptanz religiöser Normen

In der Regel wurde massenhafte Geburtenkontrolle in katholisch und orthodox geprägten Regionen später praktiziert als in protestantischen. Das erzkatholische Irland und das orthodoxe Russland waren die europäischen Länder, in denen die Geburtenrate zuletzt zu sinken begann. Allerdings, keine Regel ohne Ausnahme. Ausgerechnet im ebenfalls katholischen Frankreich setzte dieser Rückgang zuerst ein. Zudem verlief er dort, wo er relativ spät einsetzte, dann umso schneller. Verbunden war er in jedem Fall mit einem Rückgang von kirchlich gebundener Religiosität. Die Geburtenrate sank parallel zur sinkenden Akzeptanz von kirchlich gesetzten Normen. Kirchliche Lehrmeinungen, nach denen Empfängnisverhütung Gott „ins Handwerk pfusche", wurden jedenfalls von immer mehr Europäern ignoriert.

Individualismus

Diese Entwicklung ging Hand in Hand mit einem Zuwachs an Individualismus. Die eigene Zukunft, auch die familiäre, selbst in die Hand zu nehmen, wagten anfangs nur kleine und selbstbewusste soziale Eliten. Zu einem Massenphänomen wurde die Entscheidung für eine bewusste Familienplanung bezeichnenderweise zuerst unter Protestanten, in deren Glaubensverständnis individuelle Verantwortung von jeher eine größere Rolle spielte als im traditionellen katholischen und orthodoxen Christentum. Auf die Dauer übten aber offenbar auch auf Katholiken und Orthodoxe die individuellen Freiheitsräume, die mit der Reduzierung der Kinderzahl gewonnen wurden, einen unwiderstehlichen Reiz aus – zumal die gewonnene Zeit durchaus auch dafür genutzt werden konnte, um sich weniger Kindern intensiver zu widmen.

Frauenemanzipation

Vor allem für Frauen bedeutete der gezielte Einsatz von Verhütungsmethoden einen Gewinn an persönlicher Freiheit. Ob dieses Motiv schon in der ersten Phase des Absinkens der Geburtenrate, die bis zum Zweiten Weltkrieg andauerte, eine Rolle spielte, ist unklar. Nach dem Zwischenspiel des „Babybooms" der 1950er und 1960er Jahre hat das Bemühen von Massen europäischer Frauen um Emanzipation von Kindern, Küche und Kirche aber offensichtlich zum weiteren Rückgang der Geburtenzahl seit etwa 1970 beigetragen. Erleichtert, wenn auch nicht verursacht, wurde das durch die „Antibabypille". Mit ihr stand Frauen erstmals ein sehr sicheres Mittel der Empfängnisverhütung zur Verfügung, über das sie allein verfügen konnten.

Wirtschaftlich-soziale Faktoren

Neben diesen religiös-kulturellen Faktoren, die sich schlagwortartig verkürzt als Aspekte von Säkularisierung und Individualisierung zusammenfassen lassen, hatte der Geburtenrückgang wohl auch wirtschaftlich-soziale Hintergründe. Mit einem Wort gesagt, verlor Kinderreichtum im 19. und 20. Jahrhundert zunehmend die Bedeutung, die er bisher für das materielle Auskommen der Menschen gehabt hatte. In den traditionellen Gesellschaften Europas waren Kinder nicht zuletzt auch eine Art Altersversicherung. Wer viele Kinder hatte, konnte erwarten, von diesen versorgt zu werden, wenn er dazu selbst nicht mehr in der Lage war. Betagte Bauern zogen sich aufs „Altenteil" zurück und wurden von ihren die Bewirtschaftung des Hofes übernehmenden Nachkommen mit durchgefüttert. In die Jahre gekommene Handwerker übergaben ihren Kindern die Werkstatt und ließen sich von diesen bis zu ihrem Tod pflegen. Seit dem späten 19. Jahrhundert machte der Aufbau von staatlichen Sozialversicherungssystemen diese Form der Alterssicherung jedoch zunehmend überflüssig. Die Rentenkasse ersetzte Kinderreichtum als materielles Sicherheitsnetz für das Alter. Außerdem ging die Bedeutung von Kinderarbeit für das materielle Auskommen der meisten Europäer zurück. Und das hing mit fundamentalen Wandlungsprozessen auch in den europäischen Familienstrukturen zusammen.

Staatliche Sozialsysteme ersetzen Kinderreichtum als Altersversicherung

Familie und Geschlechterbeziehungen 3.3

In der typischen europäischen Familie des 18. Jahrhunderts gab es keine Trennung von Arbeits- und Privatleben. Die Familie war keine abgeschlossene häusliche „Innenwelt", die sich klar von einer Welt der Arbeit „draußen" abgrenzen ließ. Arbeits- und Familienleben fanden vielmehr unter einem Dach statt. Die

Traditionelle Familie: Keine Trennung von Arbeits- und Privatleben

Abb. 3.7: Küche eines Bauernhofs in Südwestfrankreich im 18. Jahrhundert

Handwerker hatten in der Regel ihre Werkstatt in der Wohnung. Die Bäuerin oder der Bauer mussten nicht außer Haus gehen, um ihr Vieh zu füttern. Manchmal mussten sie, wie im abgebildeten französischen Hof des 18. Jahrhunderts, dafür noch nicht einmal die Küche verlassen.

Die Abbildung zeigt unter anderem die Vorbereitung einer Mahlzeit: Das links am Tisch sitzende Paar, wahrscheinlich Bauer und Bäuerin, wartet auf die Ankunft der Frau in der Mitte, wohl eine Magd, die einen Topf vom Kaminfeuer bringt. Der Mann im Hintergrund, vielleicht ein Knecht, füttert noch die Rinder, während ein Junge am Kamin lehnt. Früher oder später werden sich wahrscheinlich alle an den Tisch zum Essen setzen: Es war durchaus üblich, dass die Bauersleute und ihre Kinder gemeinsam mit dem Gesinde aßen. Denn auch die Dienstboten gehörten im 18. Jahrhundert zur „Familie". „Familie" bedeutete also nicht unbedingt eine Gruppe von Menschen, die miteinander verwandt waren. Knechte und Mägde konnten zwar auch Kinder oder Geschwister des Bauernpaares sein. Aber selbst wenn sie es nicht waren, galten sie als Angehörige der „Familie". Denn die Familie wurde als Produktionsgemeinschaft verstanden. Wie auf dem Bauernhof das Gesinde, so gehörten im Handwerksbetrieb Gesellen und Lehrlinge dazu.

Familie als Produktionsgemeinschaft

Traditionelle Familie: Einheit von Produktion und Reproduktion

Die Familie des 18. Jahrhunderts vereinigte die Funktion der Produktionsgemeinschaft mit den Funktionen, die heute allein als typisch für Familienleben gelten. Diese Funktionen bezeichnen Familienhistoriker zusammenfassend als Reproduktion – die Wiederherstellung von Arbeitskraft und damit der Fähigkeit zur Fortsetzung der Produktion. Dazu gehört etwa die gemeinsame Einnahme von Mahlzeiten, und andere Formen des Konsums. Dazu gehört die Erholung durch Schlaf. Und dazu gehört ebenso die Zeugung und Aufzucht von Kindern – denn durch die Fortpflanzung wird die Familie als Produktionsgemeinschaft auch für die Zukunft gesichert: Die Kinder werden als Hilfen auf dem Bauernhof oder im Handwerksbetrieb der Eltern arbeiten; später werden sie ihn übernehmen. Fortpflanzung reproduziert Arbeitskraft.

Familie verliert im Industriezeitalter Funktion der Produktionsgemeinschaft

Seit dem Übergang zum 19. Jahrhundert brach diese Einheit von Produktion und Reproduktion in europäischen Familien jedoch zunehmend auf. Die Familie verlor ihren Charakter als Produktionsgemeinschaft. Im Industriezeitalter findet Arbeit für immer mehr Menschen außer Haus statt. Industriearbeiter gehen in die Fabrik, Angestellte ins Büro. Die Zahl der Bauern sinkt. Das Handwerk verändert sein Gesicht: Immer weniger Handwerker produzieren zu Hause etwas, immer mehr erbringen Dienstleistungen bei Kunden. Die Welt der Familie und die Welt der Erwerbsarbeit fallen auseinander. Wenn man so will, wird die Familie auf ihre reproduktiven Funktionen beschränkt. Freilich kann man auch sagen, dass diese Funktionen nun für das Familienleben größere Bedeutung gewinnen. Es ist Ansichtssache, ob das Glas halb voll oder halb leer ist.

Wandel der Frauenrolle

Meist waren es die Männer, die in der Industriegesellschaft außer Haus den Tätigkeiten nachgingen, auf die nun der Begriff „Arbeit" zunehmend verengt wurde. Für viele Frauen bedeutete der Übergang in die industrielle Welt dagegen einen Wandel ihrer gesellschaftlichen Rolle. Auf Bauernhöfen und traditionellen Handwerksbetrieben waren sie an der Produktion beteiligt gewesen. Mit der Auslagerung der Produktion aus dem Haus wurden ihre familiären Funktionen tendenziell auf die der Reproduktion konzentriert. Am deutlichsten lässt sich diese Entwicklung bei der Aufzucht der Kinder nachzeichnen. Kindererziehung wurde noch im späten 18. Jahrhundert nicht hauptsächlich als Sache der Mütter gesehen. Die Erziehungsratgeber dieser Zeit wandten sich vielmehr auch und gerade an die Männer. Ihnen wurde als „Hausvätern" eine außerordentlich starke Stellung in der Erziehung zugebilligt. Im 19. Jahrhundert änderte sich das jedoch grundlegend. „Die pädagogische Ratgeberliteratur richtete sich nun nicht mehr an die Väter, sondern fast ausschließlich an die Mütter, die zu Expertinnen für Familie und Erziehung aufrückten" [Gestrich 2003, S. 193]. Die Vermittlung von gesellschaftlichen und religiösen Normen an die nachwachsende Generation wurde jetzt erst zur Frauensache. Auch die Organisation des Konsums im Haushalt entwickelte sich im 19. Jahrhundert zur weiblichen Domäne.

Die Festlegung von Frauen auf die „drei K" – Kinder, Küche, Kirche – ist also weder naturgegeben noch seit Urzeiten üblich. Es spricht vielmehr einiges dafür, sie als ein menschheitsgeschichtlich recht junges Resultat der industriellen Entwicklung anzusehen. Allerdings ist es auch nicht unbedingt ausgemacht, dass dieser Wandel der Frauenrolle als Beschränkung gesehen werden muss. Denn Frauen wurden dadurch auch Kompetenzen zuerkannt, wie sie ihnen vorher jedenfalls in diesem Ausmaß nicht zugeschrieben worden waren. Wieder gilt deshalb: Ob das Glas halb leer oder halb voll ist, lässt sich nicht so leicht entscheiden.

Wandel der Geschlechterbeziehungen

Darüber hinaus scheint es seit dem 18. Jahrhundert auch noch weitere Veränderungen in der Beziehung zwischen den Geschlechtern gegeben zu haben. Einiges deutet darauf hin, dass

Aufwertung von Gefühlen

Gefühle im Verhältnis der Geschlechter an Bedeutung gewannen. Überspitzt gesagt trat das Prinzip der „Liebesheirat" an die Stelle einer früheren Sicht, die Heirat vor allem als Geschäft gesehen hatte. Die Eheschließung galt bis ins 18. Jahrhundert eher als Angelegenheit von Familien als von zwei Individuen. Wenn die zu Verheiratenden sich mochten, konnte das zwar nicht schaden. Aber unbedingt nötig war es nicht. Liebe galt nicht als Voraussetzung von Ehe. Im bäuerlichen Milieu inspizierten bezeichnenderweise die zukünftigen Schwiegereltern häufig vor der Anbahnung einer Hochzeit wechselseitig die Höfe. Die Gefühle der zukünftigen Ehepartner füreinander waren unwichtiger als die Frage, ob deren Familien eine „standesgemäße" Verbindung gewährleisteten – das heißt wie viele Hühner und wie viel Land sie besaßen.

Anzeichen für einen Wechsel sind zum einen der Rückgang der von Eltern und professionellen Heiratsvermittlern arrangierten Ehen. Auch der traditionelle Brauch, dass der zukünftige Bräutigam den Vater seiner Auserwählten um die Hand der Tochter bat, kam bis zum späten 20. Jahrhundert fast völlig aus der Mode. Seit dem Übergang vom 18. zum 19. Jahrhundert propagierte zum anderen die neue Literaturgattung des bürgerlichen Romans nachdrücklich das Ideal der „Liebesheirat". Auch die Autoren von Lebenserinnerungen hoben seitdem hervor, die Wahl ihres Ehepartners rein von Gefühlen geleitet und individuell, oft gegen den Widerstand ihrer Familien, getroffen zu haben. Solche Autobiographien wurden freilich ganz überwiegend von Angehörigen der Oberschichten geschrieben, weshalb die Frage offen bleibt, wieweit das Beschriebene auch für die Masse der Bevölkerung zutrifft. Zudem ist fraglich, ob in solchen Quellen eine tatsächliche Entwicklung realistisch dargestellt wird, oder ob es sich eher um Selbststilisierung im Sinn eines romantischen Ideals handelt. Jedenfalls aber war im Zusammenhang mit Geschlechterbeziehungen seit dem späten 18. Jahrhundert mehr von Gefühlen die Rede. Für die Masse der Bevölkerung sehen manche Historiker auch im Anstieg von unehelichen Geburten und vorehelichen Schwangerschaften Anzeichen von einem Bedeutungsgewinn der individuellen, von Liebe statt von der Familie gelenkten Partnerwahl. Denn die Quote der unehelich geborenen oder vor der Hochzeit gezeugten Kinder steigt nicht erst im späten 20. Jahrhundert dramatisch an, sondern schon gegen Ende des 18. und den Großteil des 19. Jahrhunderts über. Von anderen Historikern ist der Zusammenhang zwischen diesem Anstieg und einer Durchsetzung des Prinzips der „Liebesheirat" jedoch bestritten worden.

Ursachen für Aufwertung der Gefühle

Was war der Grund für die Aufwertung der Gefühle bei den Beziehungen der Geschlechter zueinander? Anders als beim Wandel der Familie und der Frauenrolle hat diese Entwicklung wohl ihre Ursache nicht in der Industrialisierung. Denn in vielen europäischen Ländern setzt sie bereits lange vor der „industriellen Revolution" ein. In England beginnt sie zumindest im Bürgertum wohl sogar schon im 17. Jahrhundert. Plausibler ist die Annahme, dass die Hauptursache dafür wie beim Absinken der Sterberate in der Erhöhung landwirtschaftlicher Produktion und damit der Erweiterung des Nahrungsspielraums liegt, die der Industrialisierung voranging. Solange Nahrung knapp und vor allem die Kindersterblichkeit deshalb hoch war, wurden Ehe und Fortpflanzung im größeren Teil Europas einer rigorosen sozialen Kontrolle unterworfen: Eine Heirat ließen Eltern und Familien in der Regel erst dann zu, wenn das zukünftige Paar eine Position in Aussicht hatte, welche die Ernährung von Kindern ermöglichte. Mit Ausnahme von Russland und Südosteuropa war im 18. Jahrhundert die Quote der Unverheirateten auf dem Kontinent daher sehr groß und das Heiratsalter ausgesprochen hoch. Außereheliche Geschlechtsbeziehungen wurden geächtet und sozial negativ sanktioniert. Die Bevölkerungszahl ließ sich so niedriger halten: Zumindest teilweise wurde sie präventiv mittels sozialer Kontrolle reguliert, statt wie in Osteuropa ausschließlich durch den periodisch wiederkehrenden Hungertod. In dem Maß, in dem der Nahrungsspielraum sich erweiterte und die Sterberate sank, verlor jedoch auch die soziale Kontrolle von Ehe und Fortpflanzung ihren Sinn und wurde gelockert.

Entstehung der Privatsphäre

Eine zusätzliche Folge dieser Lockerung sozialer Kontrolle ist die Entstehung familiärer Privatsphäre. Die traditionelle Familie war kein dem „Privaten" vorbehaltener Ort. Selbst die sie begründenden Ereignisse wie Hochzeit und Taufe waren keine Familienfeste, sondern fanden auf dem Land unter Anteilnahme und Beteiligung des ganzen Dorfes, in der Stadt der ganzen Zunft statt. Für Beerdigungen galt das Gleiche. Seit dem 18. Jahrhundert beginnt sich das zu ändern, zuerst in den Städten des europäischen Nordwestens, zunehmend aber auch auf dem Land und dem ganzen Kontinent. Beerdigungen verlieren den Charakter öffentlicher Trauerfeiern und verwandeln sich zu privaten Veranstaltungen. Geburt und Hochzeit werden zu etwas, das man nicht mehr in aller Öffentlichkeit feiert, sondern mit der Verwandtschaft und Freunden. Auch andere Feste wandeln sich zu Familienfesten, wie etwa Weihnachten: Erst im 19. Jahrhundert verbreitet sich von Mitteleuropa aus der Brauch, einen Weihnachtsbaum in der Wohnung aufzustellen und sich in der Familie gegenseitig Geschenke zu machen. Als soziale Einheit wird die Familie von kommunalen, Kirchen-, Berufs- und Standesgemeinschaften abgetrennt und gewinnt diesen gegenüber an Bedeutung. Ja, als Ort des „Privatlebens" entsteht sie eigentlich jetzt erst. Dienstboten und Gesinde, die bisher fraglos dazu gehörten, werden von der Familie im engeren Sinn jetzt räumlich getrennt. Die ihre Rolle als Produktionsgemeinschaft verlierende Familie wird zum Schutzraum des Privaten. Sie wird zur häuslichen „Innenwelt", die Geborgenheit bietet und Gelegenheit zum Ausleben von Gefühlen gibt, und damit als Kontrast zur von kühler Rationalität geprägten Arbeitswelt „draußen" erscheint. Die so neu definierte Familie schottet ihre Angehörigen aber nicht allein von der Gesellschaft ab. Sie schafft für ihre Mitglieder auch zunehmend individuelle Schutzräume und stärkt damit die Privatsphäre der einzelnen Menschen noch weiter. Wo früher Arbeiten, Essen und Schlafen oft in einem einzigen Raum stattfanden, ermöglicht die Auslagerung der Produktion aus dem Familienhaushalt und der Anstieg des Wohlstands eine Ausdifferenzierung. Immer mehr Europäer leisten sich im 19. und 20. Jahrhundert separate Schlafzimmer für Eltern und Kinder, schließlich sogar oft ein Zimmer für jedes Familienmitglied, besonders für die Kinder.

Familie als Schutzraum des Privaten

Individuelle Schutzräume in der Familie

„Erfindung" der Kindheit

In gewisser Weise gehen diese Veränderungen dessen, was als „Familie" verstanden wird, auch mit einer Entwicklung einher, die manche Historiker als „Erfindung der Kindheit" bezeichnet haben. Das mag sich zunächst seltsam, wenn nicht abwegig anhören. Denn wie kann man etwas erfinden, das es nach landläufiger Meinung immer schon gegeben hat und geben wird, solange es Menschen gibt? Ist Kindheit nicht eine biologische Tatsache? Ja und nein. Ohne Zweifel ist Kindheit ein notwendiger Abschnitt im Leben eines jeden Menschen. Aber ob man darin eine besondere Entwicklungsphase sieht, während der Menschen besonders und anders als Ältere behandelt werden, und wie lange diese Phase dauert, das ist kulturell ganz verschieden und deshalb auch ein Thema historischer Analyse.

Anzeichen: Verbot der Kinderarbeit...

Wie heute noch in vielen außereuropäischen Ländern war es auch im vor- und frühindustriellen Europa nichts Ungewöhnliches, dass Kinder arbeiteten. Sie wurden also in dieser Hinsicht nicht anders behandelt als Erwachsene. Erst im 19. Jahrhundert setzte sich das Verbot von Kinderarbeit in der europäischen Industrie, mit Verspätung dann weitgehend auch in der Landwirtschaft durch. Bis dahin hatten Obrigkeiten und Eltern es für vollkommen selbstverständlich gehalten, Kinder als Teil der Produktionsgemeinschaft Familie anzusehen. Die Kinder wurden zur Arbeit angetrieben, sobald das überhaupt möglich war. Schon Vierjährige setzte man zum Tierhüten ein; ihre Pflichten wurden ihnen dabei im wahrsten Sinn des Wortes eingebläut. In traditionellen Bauern- wie Handwerkerhaushalten galten Kinder vor allem als Arbeitskräfte, und der Umgang mit ihnen unterschied sich nicht grundsätzlich von dem mit erwachsenen Knechten oder Gesellen.

... und Durchsetzung der Schulpflicht

Mit Industrialisierung und Verstädterung verbreitete sich jedoch in Europa die Vorstellung von Kindheit als einer besonderen Entwicklungsphase, als eines Schutzraums, der durch Bildung und Erziehung erst behutsam ans Erwachsenendasein heranführen sollte. Das Verbot der Kinderarbeit war die Voraussetzung, diese neue Vorstellung überhaupt zu verwirklichen. Mit der Durchsetzung der allgemeinen Schulpflicht wurde sie realisiert. Fast alle europäischen Staaten führten im 19. Jahrhundert obligatorischen Schulunterricht für 6- bis 14jährige ein. Die Schulpflicht blieb freilich häufig noch länger Theorie. Besonders auf dem Land wollten Eltern ihre Sprösslinge weiter als Arbeitskräfte im Familienbetrieb nutzen und setzten der Etablierung eines Schutzraums Kindheit hinhaltenden Widerstand entgegen. In einigen ost- und südeuropäischen Ländern konnte die Schulpflicht vollständig sogar erst nach dem Zweiten Weltkrieg durchgesetzt werden. Von der „Erfindung“ bis zur Umsetzung der Idee von Kindheit als Teil eines neuen Verständnisses von Familie auf dem gesamten Kontinent war es ein weiter Weg.

Was so für die spezifische Vorstellung von Kindheit gilt, kann ebenso gelten für die anderen Aspekte des Wandels von Familie und Geschlechterbeziehungen. Auch die Entstehung der Privatsphäre, der Bedeutungsgewinn von Emotionalität und „Liebesheirat“, die Auslagerung der Produktion aus dem Haus und die einseitige Festlegung der Frauen auf den Bereich der Reproduktion waren komplexe und langfristige Prozesse, die sich in den Ländern und Regionen Europas mit unterschiedlichem Tempo und verschiedenen Ausprägungen durchsetzten. Grundsätzlich etablierten sich die neuen Formen von Familie und Geschlechterbeziehungen zuerst in den Städten und danach auf dem Land. Neben diesen geographischen Differenzen verlief die Entwicklung aber auch abhängig von vielen anderen Faktoren. Besonders wichtig war soziale Schichtung. Bürgerliche Familien entwickelten sich anders als adlige, Arbeiterfamilien anders als bäuerliche. Es lassen sich deshalb bestimmte Familientypen ausmachen, die Varianten der allgemeinen Entwicklung darstellen.

Typen der Familie:

Bäuerliche und Handwerkerfamilie

Am stärksten und längsten erhielten sich traditionelle Formen in Familien von Bauern und Handwerkern. Bäuerliche Familien blieben häufig Produktionsgemeinschaften, in denen alle Mitglieder, auch die Kinder, zumindest zeitweise mit anpackten. Bauersfrauen wurden nicht nur auf reproduktive Funktionen abgedrängt, sondern blieben an der Produktion beteiligt – oft etwa in Form einer Arbeitsteilung, die dem Mann die Feldarbeit und der Frau neben dem Haushalt die Tätigkeit im Stall zuwies. Auch in Familien von Handwerkern erhielt sich manchmal das Nebeneinander von Wohnen und Arbeiten, von Produktion und Reproduktion. Aber nicht nur nahm die Zahl solcher Familien ab. Sie glichen sich auch je länger, desto mehr an die neuen Formen an. Auch in Bauern- und Handwerkerhaushalten wurde Gefühlen in der Beziehung zwischen den Ehepartnern wachsende Bedeutung zugemessen, wurden Kinder immer öfter von der Mitarbeit im Betrieb freigestellt und erhielten eigene Zimmer. Auch bäuerliche und handwerkliche Familien schotteten sich ab, brachten Dienstboten und Gesinde in separaten Räumen oder Gebäuden unter,

Abb. 3.8: Alles in einem Raum: Das Innere der Wohnung einer Seidenhandwerkerfamilie im südfranzösischen Lyon (erste Hälfte des 20. Jahrhunderts)

entwickelten Privatsphäre. Sie wurden so zum Typ der kleinbürgerlichen Familie, die sich am eigentlichen Trendsetter der Entwicklung, dem gehobenen städtischen Bürgertum, orientierte.

Bürgerliche Familie

Die bürgerliche Familie verkörperte die gewandelte Idee der Familie in Reinform. Sie gewann Vorbildcharakter für Bauern und Handwerker, für Adlige, schließlich für die gesamte Gesellschaft. Das bürgerliche Familienmodell basierte auf einer klaren Trennung von Produktion und Reproduktion. Der Mann ging außer Haus einer bezahlten Tätigkeit nach. Die Frau blieb mit den Kindern zu Hause. Ihre Aufgabe wurde eingeschränkt auf die Organisation des Konsums im Haushalt. Dabei erfuhr sie zunächst Entlastung durch Dienstboten, im 20. Jahrhundert dann zunehmend durch Maschinen. Diese Entlastung schaffte aber auch Platz für neue Aufgaben der Frau. Sie stattete die neue familiäre Privatsphäre aus, richtete das „traute Heim" als Erholungsraum für den Mann her und übernahm die Erziehung der Kinder, die erst durch die „Erfindung" der Idee von Kindheit nötig wurde.

Arbeiterfamilie

Die proletarische oder Arbeiterfamilie als dritter großer Familientyp des 19. und 20. Jahrhunderts entsprach in manchem dem bürgerlichen Vorbild. In mancher Hinsicht war sie aber auch ein Alternativmodell. In Arbeiterfamilien waren Liebesheiraten nicht nur wie im Bürgertum das Ideal, sondern auch die Regel. Der Mann ging ebenfalls außer Haus einer bezahlten Erwerbsarbeit nach. Die Rolle der Frau war dagegen weniger eindeutig. Zwar war sie für Haushalt und Kindererziehung zuständig. Anders als im wohlhabenden Bürgertum blieben Arbeiterfamilien aber häufig auf einen Zuverdienst der Frau – und gelegentlich sogar der Kinder – angewiesen, um finanziell über die Runden zu kommen. Die geschlechtliche Rollenverteilung war so weniger eindeutig. Und obwohl auch in vielen proletarischen Haushalten

Abb. 3.9: Frauen an die Werkbank – ostdeutsche Kommunisten propagieren ein neues Frauenbild (1954)

die bürgerlichen Muster von „Hausfrauenehe“ und behüteter Kindheit als Ideal betrachtet wurden, sah die Realität deshalb doch oft anders aus. Vielfach ließen sich diese Ideale des bürgerlichen Familienmodells in den industriellen Unterschichten erst mit dem in den Jahrzehnten nach 1945 rapide zunehmendem Wohlstand verwirklichen.

Krise des bürgerlichen Familienmodells im späten 20. Jahrhundert

Zu diesem Zeitpunkt geriet das bürgerliche Familienmodell jedoch bereits in eine Krise. Vor allem die seit dem 19. Jahrhundert etablierte Rollenverteilung zwischen Mann und Frau wurde zunehmend in Frage gestellt. Das geschah zuerst in Osteuropa. Die 1917 in Russland und nach dem Zweiten Weltkrieg auch anderswo an die Macht gekommenen Kommunisten machten sich für außerhäusige bezahlte Erwerbsarbeit auch der Frauen stark. Das Prinzip der Gleichberechtigung am Arbeitsplatz wurde gegen das bürgerliche Modell geschlechtlicher Rollenverteilung propagiert. Zunehmend entwickelte sich dieses Prinzip auch im Westen zu einer gesellschaftlichen Norm – wenn auch nicht unbedingt zur Realität, denn Frauen wurden und werden in West wie Ost in Fabrik und Büro gegenüber ihren männlichen Kollegen im Schnitt vergleichsweise unterbezahlt. Und auch Hausarbeit oder Kindererziehung blieben und bleiben, trotz eines in vielen Ländern Europas beschworenen neuen Rollenbilds von Vätern und Ehemännern, größtenteils an ihnen hängen.

Auflösung oder Wandel der Familie?

Aber nicht nur das bis in die 1950er Jahre zumindest im Westen gültige Ideal der „Hausfrauenehe“, bei dem die Frau nur für Mann und Kinder wusch, bügelte und am Herd stand, war eine Generation später in großen Teilen Europas diskreditiert. Die Ehe selbst, und damit eine der zentralen Grundlagen der Familie an sich, wurde im späten 20. Jahrhunderts vielfach in Frage gestellt. Manches schien auf eine Auflösung der Familie hinzudeuten. Die Zahl der Ehescheidungen explodierte. Für mehr und mehr Europäer trat an die Stelle einer lebenslangen Partnerschaft

Abb. 3.10 und 3.11: Wandel der Bilder von Ehe, Frau und Familie in Westdeutschland im späten 20. Jahrhundert – Werbung für Waschmittel 1959 und Frauendemonstration 1983

eine Reihe befristeter Liebesbeziehungen mit „Lebensabschnittsgefährten". Gewollte Kinderlosigkeit wurde ein immer weiter verbreitetes Phänomen. Schließlich nahm auch die Zahl allein lebender Menschen merklich zu.

Allerdings sind diese Entwicklungen auf Ursachen zurückzuführen, die schon bei der Neudefinition der Familie im Übergang zum 19. Jahrhundert wirksam waren, vor allem auf die weiter wachsende Wertschätzung von Privatsphäre und Emotionen. Wurde zunächst die familiäre Privatsphäre von der Kontrolle der Gesellschaft abgeschirmt, so nun die individuelle Privatsphäre. Und wie seit dem 19. Jahrhundert immer weniger Europäer akzeptieren wollten, dass Ehen ohne Rücksicht auf die Gefühle des potentiellen Brautpaars arrangiert wurden, so nimmt seit dem späten 20. Jahrhundert auch die Bereitschaft zur langfristigen Hinnahme eines in gefühlloser Routine erstarrten Ehelebens ab.

Zudem gibt es manche Indizien dafür, dass aktuell weniger eine Auflösung als ein Wandel der Familie stattfindet. Die steigende Zahl allein lebender Menschen ist zumindest auch eine Folge höherer Lebenserwartung und späterer Familiengründung durch längere Ausbildungszeiten. Mit anderen Worten: Ein Großteil der Alleinlebenden ist gar kein prinzipieller „Familienverweigerer", sondern hat die Familienphase noch vor sich oder schon hinter sich. Umfragen zeigen, dass die meisten Europäer an der Institution Familie eben das schätzen, was diese seit dem 19. Jahrhundert ausmacht, nämlich ihren Charakter als Schutzraum für Kindheit und Privatsphäre. Familie wird weiterhin verstanden als eine Geborgenheit bietende, auf reproduktive Funktionen konzentrierte „Innenwelt", in der ihre Mitglieder sich von der Welt der Produktion und der Erwerbsarbeit „draußen" abschirmen und erholen können. Wo solche Schneckenhäuser zerbrechen, haben ihre Bewohner denn auch meist nichts Eiligeres zu tun, als die Fragmente wieder bewohnbar zu machen oder mit anderen Fragmenten zu neuen Welten zu verschmelzen. Dadurch entstehen Einelter- oder „Patchwork"-Familien, deren Zahl rasant zunimmt. Ein vollkommen neues Phänomen sind sie aber keineswegs. Früher hießen die „Patchwork"-Familien nur Stiefelternfamilien. Statt überwiegend durch Scheidungen wie jetzt wurden sie damals vor allem durch den Tod eines Elternteils begründet. Ob die Entwicklung der Familie in eine völlig neue Zukunft oder zurück in eine kaum noch vorstellbare Vergangenheit führt, ist alles andere als ausgemacht. Einiges spricht jedenfalls dafür, dass viele ihrer seit dem 19. Jahrhundert entstandenen Elemente auch über das Ende des 20. Jahrhunderts hinweg Bestand haben könnten.

3.4. Von der ständischen zur bürgerlichen Gesellschaft

Ständische Gesellschaft

Die Gesellschaft des alten Europa war ständisch gegliedert. Die soziale Stellung jedes Einzelnen wurde in ihr durch Recht und Herkunft vorgegeben. Rechtlich fixierte Ungleichheit war das grundlegende Organisationsprinzip der Ständegesellschaft. Einige Stände besaßen Privilegien, die andere nicht hatten. Nur die Privilegierten wurden zu bestimmten Ämtern zugelassen. Sie genossen Freiheit von der Verpflichtung, Steuern und Abgaben zu zahlen. Häufig besaßen auch nur Privilegierte bestimmte Besitzrechte, etwa auf Land. Auch das Ausmaß der Möglichkeiten zur Mitbestimmung in öffentlichen Angelegenheiten war je nach Standeszugehörigkeit verschieden. Legitimiert wurde diese institutionalisierte rechtliche Ungleichheit durch Abstammung. Zwar war durchaus auch sozialer Aufstieg in eine privilegierte Gruppe möglich. Ein reich gewordener Händler bürgerlicher Herkunft zum Beispiel konnte in den Adelsstand erhoben werden. Aber dazu bedurfte es einer formellen Statusänderung durch die Obrigkeit.

Bürgerliche Gesellschaft

Im 19. Jahrhundert wurde die ständische Gesellschaftsordnung jedoch beseitigt. An ihre Stelle trat in den meisten Ländern Europas die bürgerliche Gesellschaft. Deren Prinzipien setzten sich am Ende des 20. Jahrhunderts schließlich auf dem gesamten Kontinent durch. Was sind das für Prinzipien? Während die ständische Ordnung auf der rechtlich fixierten Ungleichheit der Menschen basiert, geht die bürgerliche Gesellschaftsordnung vom Grundsatz der Rechtsgleichheit aus. Jeder Bürger ist vor dem Gesetz gleich, hat dem Staat gegenüber gleiche Rechte und Pflichten. Soziale Gleichheit bedeutet das nicht: Im Gegenteil, die bürgerliche Gesellschaft akzeptiert nicht nur wie schon die ständische die Ungleichheit von Lebenslagen, von Einkommen und Status ihrer Mitglieder. Sie rechtfertigt solche Ungleichheit sogar als Prinzip. Während soziale Ungleichheit in der ständischen Ordnung jedoch durch Herkunft legitimiert wird, geschieht das in der bürgerlichen Gesellschaft durch das Leistungsprinzip. Sozialer Aufstieg erfordert in ihr keinen formellen Akt, keinen fürstlichen Gnadenerweis. In ihr ist, wie man es im 19. Jahrhundert bildhaft formulierte, jeder „seines eigenen Glückes Schmied". Die Voraussetzung dafür ist freilich noch ein weiteres Prinzip, nämlich die Chancengleichheit. Die Normen der Chancengleichheit, Rechtsgleichheit und Legitimation sozialer Stellung durch das Leistungsprinzip sind die Grundsätze der bürgerlichen Gesellschaft. Jedem Bürger soll auf dieser Grundlage, wie es ein anderes häufig bemühtes Bild ausdrückt, zumindest in der Theorie die Möglichkeit zum sozialen Aufstieg „vom Tellerwäscher zum Millionär" offen stehen.

> Die bürgerliche Gesellschaft definiert sich durch die Normen der Rechts- und Chancengleichheit. Sie legitimiert soziale Ungleichheit durch das Leistungsprinzip.

So weit, so gut. Nun weiß allerdings – hoffentlich – wohl jede Studentin und jeder Student, dass ihr oder ihm auch mit einem noch so guten Abschluss nicht automatisch alle Türen in der Berufswelt offen stehen. Beziehungen, persönliche Sympathien und in Dingen wie Kleidung, Umgangsformen oder Sprache zum Ausdruck kommender Habitus sind ebenso von Bedeutung für sozialen Aufstieg und soziale Stellung. Die ausschließliche Begründung von sozialer Stellung durch Leistung ist eine Norm, ein Anspruch, ein Ideal der bürgerlichen Gesellschaft. Das gilt ebenso für den Grundsatz der Chancengleichheit. Wie die Berufsaussichten nach einem Studium unter anderem von Faktoren abhängen, die wie Beziehungen und Umgangsformen weniger vom Einzelnen selbst als von dessen Herkunft und Umfeld beeinflusst werden, sind auch die Chancen, es überhaupt erst einmal an die Universität zu schaffen, in den bürgerlichen Gesellschaften Europas nicht für jeden gleich. Kinder von Eltern mit höherem sozialen Status haben bessere Chancen, Hochschulreife zu erlangen, als Unterschichtkinder. Und selbst Rechtsgleichheit, die zentrale Norm der bürgerlichen Gesellschaft, ist letzten Endes lediglich genau das: ein Anspruch, der in der Realität nicht immer eingelöst wird. Denn nachweislich kommen Angeklagte aus der Oberschicht bei Gerichtsverfahren mit durchschnittlich milderen Urteilen davon als solche aus der Unterschicht. Der Grund liegt offensichtlich darin, dass die urteilenden Richter meist ebenfalls gehobenen sozialen Schichten angehören und die ihnen habituell ähnlicheren Angeklagten bewusst oder unbewusst begünstigen.

Umstrittene Interpretationen bürgerlicher Gesellschaft:

Ihre inneren Widersprüche haben dazu beigetragen, dass die Natur der bürgerlichen Gesellschaft stets heftig umstritten war und es immer noch ist. Drei Interpretationen sind besonders einflussreich. Die erste ist zugleich die älteste: Schon die Aufklärung des späten 18. Jahrhunderts sah in der bürgerlichen Ordnung primär eine Staatsbürgergesellschaft. Diese Interpretation betont besonders die Rolle des Rechts: Vor dem zeitgenössischen Hintergrund des fürstlichen Absolutismus hielten die Aufklärer es vor allem für wichtig, die Mitglieder der Gesellschaft vor dem Staat zu schützen. Aus Untertanen wurden in ihrer Konzeption einer neuen Ordnung Staatsbürger. Wo früher ein absoluter Herrscher wie Ludwig XIV. sich selbst zur Personifikation des Staates erklärte, sollten nun die Bür-

Abb. 3.12: Justitia, die Gerichtsbarkeit, Symbol der Rechtsgleichheit in der bürgerlichen Gesellschaft. Sie soll im wahrsten Sinn des Wortes „ohne Ansehen" der Person urteilen. Gelegentlich lugt sie allerdings, wie in dieser satirischen französischen Darstellung von 1791, etwas unter der Augenbinde hervor.

Staatsbürgergesellschaft

ger sagen können: Der Staat, das sind wir. Als Bürger galten zunächst alle männlichen Erwachsenen; während des 20. Jahrhunderts wurde dieser Kreis in nahezu allen europäischen Ländern auch auf die Frauen ausgeweitet. Die Identität von Gesellschaft und Staat in der Gemeinschaft aller Bürger, und deren Gleichberechtigung untereinander wie gegenüber den Staatsorganen, galt den Aufklärern als Garant für eine tendenziell konfliktfreie Welt.

Die Sicht der bürgerlichen Ordnung als Staatsbürgergesellschaft ist auch heute noch diejenige, auf die sich die meisten Interpreten einigen können. Das ist freilich nicht zuletzt ihrer Eindimensionalität zuzuschreiben. Sie konzentriert sich ganz auf eine rechtliche Sicht der Dinge. Aus dieser Perspektive erscheint die neue Qualität der Beziehungen zwischen den einzelnen Mitgliedern der Gesellschaft in der bürgerlichen Ordnung ebenso treffend beschrieben wie das neue Wesen des Verhältnisses von Gesellschaft und Staat in ihr. Die Hoffnung der Aufklärer, dass sich dadurch Konflikte weitgehend vermeiden ließen, wirkt nach zwei Jahrhunderten allerdings naiv. Denn bei der Konzentration auf Rechtsgleichheit werden ökonomische Aspekte ausgeblendet. Auch wenn wirtschaftliche Unterschiede und Gegensätze nicht mehr wie noch in der ständischen Ordnung rechtlich fixiert werden, so sind sie doch in der bürgerlichen Gesellschaft weiterhin vorhanden, ja gerade wegen der Offenheit dieser Gesellschaft ausgesprochen virulent.

Bürgerliche Klassengesellschaft

Aus diesem Befund entwickelte sich im 19. Jahrhundert die Interpretation der neuen Ordnung als einer bürgerlichen Klassengesellschaft. Sie ist untrennbar mit dem Namen Karl Marx verbunden. Marx hat das Konzept der bürgerlichen Klassengesellschaft zwar nicht erfunden. Aber er hat es in seinen Schriften während der zweiten Hälfte des 19. Jahrhunderts systematisiert. Marx und von ihm inspirierte Historiker interpretierten und interpretieren die bürgerliche Gesellschaft als ein System, dessen Ordnung den Interessen einer Klasse dient. Eine Klasse wird dabei verstanden als Gruppe von Menschen, deren Angehörige dieselbe ökonomische Stellung haben und sich deshalb als zusammengehörig begreifen. In der marxistischen Interpretation dient die bürgerliche Gesellschaft den Interessen des Bürgertums, das sich durch Besitz von materiellen Produktionsmitteln auszeichnet. Vereinfacht gesprochen sind damit also alle selbständigen Unternehmer gemeint, vor allem in der Industrie, aber auch auf eigene Rechnung wirtschaftende Handwerksmeister und Landwirte.

Marx war bewusst, dass es unter seinen Zeitgenossen im 19. Jahrhundert durchaus viele Menschen gab, die sich selbst als Bürger begriffen, ohne diese Definitionskriterien zu erfüllen, weil sie über keine materiellen Produktionsmittel verfügten. Das galt etwa für Ärzte, Anwälte, Lehrer und Professoren, aber auch für viele Angestellte in privaten und öffentlichen Unternehmen oder Beamte. Er versuchte dieses Problem seiner Interpretation zu lösen, indem er die Besitzer von Produktionsmitteln mit dem französischen Begriff für Bürgertum als „Bourgeoisie" etikettierte, und andere soziale Gruppen kurzerhand für irrelevant erklärte. Denn diese würden im Lauf der historischen Entwicklung ohnehin verschwinden oder sich der einzigen anderen Gruppe anschließen, die neben der Bourgeoisie bestehen bleiben würde: der Arbeiterschaft beziehungsweise, in der marxistischen Begrifflichkeit, dem Proletariat. Marx sah die Zukunft der bürgerlichen Gesellschaft in einem scharfen und sich beständig weiter zuspitzenden, wirtschaftlich begründeten Gegensatz zwischen der die Produktionsmittel besitzenden Klasse – der Bourgeoisie – und dem besitzlosen Proletariat.

Die bürgerliche Ordnung erscheint deshalb in der Interpretation als Klassengesellschaft ausgesprochen konflikthaft. Die harmonische Natur, die ihr in der Interpretation als Staatsbürgergesellschaft zugeschrieben wird, fehlt im marxistischen Erklärungsansatz vollkommen. Im Gegenteil ist die bürgerliche Gesellschaft nach Marx geprägt von beständigen Klassenkämpfen zwischen Bourgeoisie und Proletariat. Und sie ist ein Auslaufmodell. Denn die Zahl der Besitzer von Produktionsmitteln und derjenigen, die sich als Bürger verstehen, wird nach marxistischer Auffassung im Lauf der Zeit immer weiter abnehmen.

Auch nichtmarxistische Historiker gehen zumindest im deutschen Fall von der Existenz einer „bürgerlichen Klassengesellschaft in der zweiten Hälfte des 19. Jahrhunderts" aus [Gall 1993, S. 47]. Für die Epoche, deren Zeitgenosse Marx war, treffe dessen Beschreibung durchaus in vielem zu. Die bürgerliche Ordnung sei dort, wo sie wie in West- und Mitteleuropa im späten 19. Jahrhundert bereits mehr oder weniger durchgesetzt war, tatsächlich die einer Klassengesellschaft gewesen. Eine abgeschottete bürgerliche Elite habe auf der Grundlage ihres Besitzes die Führung der Gesellschaft beansprucht, dabei aber zunehmend Konflikte mit einer erstarkenden Arbeiterschaft provoziert. In allen europäischen Ländern waren Bürger in der zweiten Hälfte des 19. Jahrhunderts eine Minderheit der Erwerbstätigen. In Deutschland zum Beispiel betrug ihr Anteil allenfalls zwischen einem Fünftel und einem guten Viertel, je nachdem ob man Besitz als alleiniges Kriterium für soziale Bürgerlichkeit ansetzt oder auch Beamte, Angestellte und freie Berufe wie Ärzte und Anwälte dazurechnet. Und dieser Anteil wies eine leicht sinkende Tendenz auf. Dagegen nahm die Zahl der Arbeiter schnell zu; zur Zeit der Gründung des Deutschen Reichs 1871 machten sie in dessen Grenzen schon mehr als die Hälfte der Erwerbstätigen aus.

Allerdings setzte diese Entwicklung sich im 20. Jahrhundert nicht fort. Sie kehrte sich stattdessen sogar um: Seit etwa 1900 stieg der Bevölkerungsanteil bürgerlicher Gruppen in Deutschland an. Vor allem die Zunahme der Zahl von Angestellten und Beamten, die sich subjektiv meist zum Bürgertum rechneten, war dafür verantwortlich. Dagegen sank der Anteil der Arbeiterschaft an den Erwerbstätigen. Parallel zum Anstieg des allgemeinen Wohlstandsniveaus besonders nach dem Zweiten Weltkrieg ging zudem das subjektive „proletarische" Bewusstsein bei vielen Arbeitern zurück. In anderen europäischen Ländern vollzog sich früher oder später im 20. Jahrhundert diese Entwicklung ebenfalls.

Bürgerliche Mittelstandsgesellschaft

Sie gab deshalb einer schon im frühen 19. Jahrhundert entstandenen Interpretation neuen Auftrieb, von der die nachständische Ordnung als eine bürgerliche Mittelstandsgesellschaft gesehen wurde. Danach war das Bürgertum von jeher Mitte der Gesellschaft, eben der Mittelstand gewesen – zwischen der Oberschicht, den traditionell privilegierten Ständen von Adel und Klerus, und der besitzlosen Unterschicht. Schon die Theoretiker der frühen bürgerlichen Gesellschaft in der ersten Hälfte des 19. Jahrhunderts glaubten jedoch, dass aus der Mitte langfristig auch die Mehrheit und Masse werden sollte. Im späten 19. Jahrhundert sah es danach nicht aus. Deshalb sprach man lange lieber von der „modernen" Gesellschaft. Seit dem Ende des 20. Jahrhunderts ist dagegen wieder viel die Rede von der bürgerlichen oder „Zivilgesellschaft" – wobei letzteres nichts anderes ist als die Übertragung der englischen und lateinischen Begriffe „civil society" und „societas civilis", die um 1800 meist als „bürgerliche Gesellschaft" übersetzt wurden.

Die aktuelle Popularität einer Interpretation der nachständischen Ordnung als bürgerlicher Mittelstandsgesellschaft fußt freilich nicht nur auf der messbaren Zunahme von sozialen Gruppen, die sich dem Bürgertum zurechnen oder ihm zugerechnet werden. Sie beruht auch und noch mehr auf der weiten Verbreitung von kulturellen Normen und Praktiken, die schon um 1800 als typisch bürgerlich galten, aber damals erst von einer kleinen

Minderheit aller Europäer akzeptiert und praktiziert wurden. Dazu gehören bestimmte Elemente der Auffassung von Familie wie Emotionalität, Privatsphäre und das neue Verständnis von Kindheit, die das Bürgertum zuerst vorlebte und die heute allgegenwärtige Charakteristika von Familienleben in Europa sind. Dazu gehört die im Vergleich zum frühen 19. Jahrhundert enorm gestiegene Verbreitung und Wertschätzung von formaler Bildung durch Schulen und Universitäten, die bereits von den Theoretikern der frühbürgerlichen Gesellschaft als Schlüssel zur Chancengleichheit verstanden wurde. Dazu gehört schließlich auch die Ausbreitung von Individualismus und, in Verbindung damit, die Befürwortung einer durch das Leistungsprinzip legitimierten sozialen Ordnung. Beides manifestierte sich am Ende des 20. Jahrhunderts eindrucksvoll beim Zerfall des Kommunismus in Osteuropa.

Die Auflösung des kommunistischen Ostblocks 1989/91 hat die Interpretation, dass die bürgerliche Ordnung eher eine breite Unterstützung genießende Mittelstandsgesellschaft als das Auslaufmodell einer Klassengesellschaft ist, verständlicherweise sehr gestärkt. Unwidersprochen geblieben ist sie aber seitdem auch nicht. Vor allem die von der Interpretation der Mittelstandsgesellschaft suggerierte soziale Harmonie der bürgerlichen Ordnung erscheint ihren Kritikern zurecht problematisch. Denn eine konfliktfreie Welt ist die bürgerliche Gesellschaft zweifellos nicht. Ebenso offensichtlich ist aber auch, dass sie äußerst lebendig und ihre Geschichte noch keineswegs zuende ist.

Literatur

- Armengaud, André, Die Bevölkerung Europas von 1700-1914, in: *Europäische Wirtschaftsgeschichte,* Band 3, Stuttgart 1976, S. 11-35 (immer noch die klarste kurze Darstellung zur Demographie im europäischen Vergleich).
- Ehmer, Josef, *Bevölkerungsgeschichte und historische Demographie 1800-2000* (=Enzyklopädie deutscher Geschichte 71), München 2013, besonders S. 86-128 (konzentriert auf Deutschland, weiterführend und differenzierend zur Entwicklung von Sterbe- und Geburtenrate, kritisch zum Konzept des demographischen Übergangs).
- Gall, Lothar, *Von der ständischen zur bürgerlichen Gesellschaft* (=Enzyklopädie deutscher Geschichte 25), München 2012, besonders S. 29-67 (nicht ganz einfach, aber sehr wichtig).

- Gestrich, Andreas, Familie, in: *Fischer Lexikon Geschichte*, 3. überarbeitete Auflage Frankfurt 2003, S. 180-198 (knappe Einführung in die Forschungsdiskussionen mit weiterführenden Literaturhinweisen).
- *Handbuch der europäischen Wirtschafts- und Sozialgeschichte*, Band 4, Stuttgart 1993, S. 101-109 (zu Verkehr und Nachrichtenwesen im 18. und 19. Jahrhundert; Band 5 und 6 zeichnen deren Entwicklung vor allem anhand von Statistiken bis ins späte 20. Jahrhundert fort).
- Kaelble, Hartmut, Social History, in: Mary Fulbrook (Hg.), *Europe since 1945*, Oxford 2001, S. 71-75 und 79-84 (zur Entwicklung der Familie und dem Verschwinden der Klassengesellschaft im späten 20. Jahrhundert).
- Kocka, Jürgen, Ein bürgerliches Jahrhundert?, in: Ders., *Das lange 19. Jahrhundert*, Stuttgart 2001, S. 98-138 (diskutiert Ausmaß und Grenzen der „Verbürgerlichung" und spricht in einem Ausblick auch die Kontinuität bürgerlicher Gesellschaft in Form der „Zivilgesellschaft" bis ins späte 20. Jahrhundert und darüber hinaus an).
- Schivelbusch, Wolfgang, *Geschichte der Eisenbahnreise*, München 1977 (faszinierende Kulturgeschichte des Herzstücks der Revolutionierung im Verkehrswesen).

4 Zeit der Revolutionen

Wenn es ein Ereignis gibt, das am Anfang der Epoche des 19. und 20. Jahrhunderts steht, dann die Französische Revolution von 1789. Denn sie markiert nicht nur den Durchbruch eines neuen Denkens über Staat, Herrschaft und Gesellschaft, das für ganz Europa bis heute von Bedeutung ist. Mit der Revolution von 1789 verbindet sich auch ein grundlegend neues Verständnis von Geschichte.

4.1. Revolution und modernes Geschichtsverständnis

Vor 1789: Verständnis von Geschichte als Kreislauf

Der lateinische Begriff der „revolutio", der ganz allgemein „Kreisbewegung" bedeutet, wurde schon seit dem Mittelalter auch im politischen Sinn verwendet. Gemeint war damit bis in die Frühe Neuzeit ein immerwährender Kreislauf des Aufstiegs und Falls von Herrschern, Herrscherdynastien und Herrschaftssystemen. Ihren anschaulichsten Ausdruck fand diese Vorstellung von Geschichte als einer zyklischen Abfolge des ewig Gleichen im Bild des Rades der Fortuna, des Glücksrads. In diesem Bild offenbart sich der Glaube an eine statische Welt. Geschichte war für die Menschen Europas bis in die Frühe Neuzeit keine Entwicklung hin zu etwas Neuem. Eine Revolution wurde verstanden als der Abschluss einer Kreisbewegung, die zum alten Zustand zurückführte.

Als eine Wiederherstellung alter Zustände verstanden die meisten Zeitgenossen auch noch die englische „Glorious Revolution" von 1688 und die „amerikanische Revolution" von 1776, die Unabhängigkeitserklärung der USA. In beiden Fällen wurde zwar bereits die Idee

Abb. 4.1: Das Rad der Fortuna (Darstellung um 1190)

Englische "Glorious Revolution" 1688 und „amerikanische Revolution" 1776

der Volkssouveranität gegen königliche Machtansprüche ins Feld geführt, in den USA die Volkssouveranität sogar dauerhaft in einer republikanischen Verfassung verwirklicht. Man kann darin ein Brechen mit Traditionen sehen, einen Aufbruch zu neuen Ufern. Das war allerdings nicht die subjektive Sicht der Masse der Beteiligten. In der dominanten zeitgenössischen Interpretation galt die „Glorious Revolution" vielmehr deshalb als „glorreich", weil sie traditionelle politische und religiöse Freiheiten der Bürger sicherte. Und auch die Mehrheit der frisch gebackenen US-Bürger verstand ihre Revolution zunächst im klassischen Sinn als eine zur „guten alten Zeit" zurückführende Kreisbewegung.

Frankreich 1789: Verständnis von Geschichte als Entwicklung

In Frankreich wurde dagegen die amerikanische Unabhängigkeitserklärung, wie schon die englische „Glorious Revolution", ganz anders interpretiert. Hier sah man in beiden Ereignissen nicht eine Rückkehr zu Altbewährtem, sondern den Aufbruch zu etwas völlig Neuem. Die Ersetzung von Gottesgnadentum durch Volkssouveranität, von Königs- durch Parlamentsherrschaft – das erschien im Frankreich des späten 18. Jahrhunderts erstmals nicht mehr als ein weiteres Kapitel des ewigen Kreislaufs, den man bis dahin unter Geschichte verstanden hatte. Vielmehr setzte sich hier zum ersten Mal ein Verständnis von Geschichte als Entwicklung zu etwas Neuem hin durch. Wer diese Entwicklung und damit die Revolution von 1789 begrüßte, bezeichnete sie als „Fortschritt". Aber auch wer sie ablehnte, tat das nun in der Überzeugung, dass mit ihr das Alte unwiederbringlich verloren gehen würde. Die Französische Revolution von 1789 wurde so zur ersten Revolution im modernen Sinn, weil sie von allen Zeitgenossen als unumkehrbarer Aufbruch zu neuen Ufern gesehen wurde.

Objektive Kennzeichen moderner Revolutionen:

Neben diesem wichtigen subjektiven Kennzeichen gibt es auch objektive Merkmale, die die Französische Revolution von früheren Umwälzungen abheben. Diese Merkmale unterscheiden die Ereignisse von 1789 auch von späteren Umstürzen, die keine Revolutionen im modernen Sinn sind.

Austausch von Führungseliten

Die Revolution von 1789 führte dazu, dass in Frankreich der Adel seine traditionelle Rolle als ausschlaggebende Führungselite verlor. Der Wandel von Führungseliten ist ein objektives Kennzeichen von modernen Revolutionen. Bei den Umwälzungen in England zwischen 1640 und 1688 wurde dagegen nur der König abgesetzt, schließlich die Königsdynastie ausgetauscht. Der englische Adel konnte seine Machtposition als Führungselite in Großbritannien im Lauf dieser Ereignisse sogar noch ausbauen. Auch die amerikanische Unabhängigkeitsbewegung beseitigte nur die monarchische Spitze. Einen Adel hatte es in den englischen Kolonien Nordamerikas ohnehin praktisch nicht gegeben; die alten Eliten gaben dort auch nach Gründung der USA weiter den Ton an.

Moderne Revolutionen zeichnen sich freilich nicht allein durch den Wandel von Führungseliten aus. Wenn das so wäre, hätte es allein in Südamerika während des 19. Jahrhunderts über 100 Revolutionen gegeben. Dabei handelte es sich aber nur um Staatsstreiche, bei denen der Wandel sich im Austausch von Führungspersonal erschöpfte. Meist putschte sich in schneller Folge eine Gruppe von Generälen nach der anderen an die Macht. Änderungen der politischen Organisationsform eines Staates waren damit nicht verbunden. In solchem dauerhaften Verfassungswandel liegt aber ein weiteres Element moderner Revolutionen. In Frankreich führte der Umsturz von 1789 in kürzester Zeit von einer absoluten Monarchie zu einem System mit Repräsentativverfassung. Die Radikalität dieser Veränderung der politischen Organisationsform war beispiellos. In England hatte der König nie absolutistisch regieren können. Als die Herrscherdynastie dort 1688 ausgewechselt wurde, nutzte das englische Parlament diese Gelegenheit nur dazu, die Machtbalance noch ein wenig zu seinen Gunsten zu verschieben. In Amerika konnte die Verfassung, die sich die USA gaben, teilweise auf den alten Formen kolonialer Selbstverwaltung aufbauen.

Änderung politischer Verfassung

Neue Legitimationsideologie

Zwar gab die amerikanische Verfassung mit ihrer Betonung von Volkssouveranität der Französischen Revolution das Vorbild einer neuen Ideologie zur Legitimation von Herrschaft, die ebenfalls Kennzeichen moderner Revolutionen ist. In Frankreich geschah die Ersetzung des Gottesgnadentums durch diese neue Legitimationsideologie nach 1789 allerdings radikal und einschneidend auf einen Schlag. Dagegen bauten die Väter der amerikanischen Verfassung wiederum auf dem auf, was sich in der kolonialen Selbstverwaltung unter britischer Oberhoheit bereits seit Jahrzehnten sehr sachte entwickelt hatte.

Wandel wirtschaftlich-sozialer Ordnung

Schließlich ist auch ein einschneidender Wandel der sozialen und wirtschaftlichen Ordnung Merkmal moderner Revolutionen. In Frankreich verloren Adel und Klerus 1789 innerhalb weniger Monate nicht nur ihre Stellung als politische Führungselite. Sie verloren auch alle rechtlichen und gesellschaftlichen Privilegien. Der gewaltige Kirchenbesitz wurde ebenso enteignet wie die Güter der Krone und derjenigen Adligen, die vor der Revolution ins Ausland geflohen waren. Vergleichbaren sozialen Wandel, der von Dauer blieb, hat es weder im 17. Jahrhundert in England noch während der amerikanischen Unabhängigkeitsbewegung gegeben.

> Moderne Revolutionen sind gekennzeichnet durch schnellen radikalen Austausch von Führungseliten, politischer Organisationsform (Verfassung), wirtschaftlich-sozialer Ordnung und Ideologien zur Herrschaftslegitimation, der von der Mehrzahl der Beteiligten subjektiv als unumkehrbare Weiterentwicklung zu etwas Neuem interpretiert wird.

Europäisches Revolutionszeitalter 1789-1918

Die Französische Revolution von 1789 war die erste einer ganzen Kette von Erschütterungen, die bis zum Ende des Ersten Weltkriegs das Gesicht Kontinentaleuropas einschneidend und nachhaltig verändern sollten. Während fast der gesamte Kontinent zu Beginn seines Revolutionszeitalters mehr oder weniger absolutistisch regiert wurde, besaßen die meisten europäischen Staaten an dessen Ende Repräsentativverfassungen. Herrschaft wurde 1789 in Europa überwiegend von Gott her legitimiert, 1918 dagegen aus dem Grundsatz der Volkssouveranität. Eine feudale Wirtschafts- und Sozialordnung machte weitgehend dem Markt und dem Leistungsprinzip Platz.

Bürgerliche Revolutionen

Im Zuge dieser Veränderungen hatte der Adel seine Rolle als Führungselite in den meisten Ländern an das Bürgertum abgetreten. Die Umwälzungen werden deshalb häufig als „bürgerliche Revolutionen" bezeichnet. Damit ist freilich nicht gesagt, dass das Bürgertum hauptsächlicher oder gar alleiniger Träger der Umstürze des europäischen Revolutionszeitalters war. Andere Gruppen waren daran ebenso beteiligt. Nicht selten hatten diese anderen Gruppen auch revolutionäre Zielvorstellungen, die nicht mit denen des Bürgertums übereinstimmten. Nach den bürgerlichen Gruppen am erfolgreichsten in der Durchsetzung ihrer Ziele waren die Arbeiterbewegungen.

Sozialistische Revolutionen

Sie strebten eine sozialistische oder kommunistische Weiterentwicklung der Wirtschafts- und Sozialordnung ebenso an wie die Ausgestaltung der Repräsentativverfassungen als Demokratien (was für viele Bürger des 19. Jahrhunderts keineswegs selbstverständlich war). Solche Forderungen nach Weiterführung der Revolution über die Ziele des Bürgertums hinaus wurden in ersten Ansätzen schon 1789 laut. Aber nicht vor 1917 kam es mit der russischen Oktoberrevolution zu einer erfolgreichen sozialistischen Revolution. Das daraufhin in Russland aufgebaute kommunistische System wurde während des 20. Jahrhunderts zum Konkurrenzmodell für das in den bürgerlichen Revolutionen des 19. Jahrhunderts geschaffene Europa.

4.2. Die Französische Revolution und Europa 1789-1815

Hintergründe der Französischen Revolution

Doch warum ereignete die erste dieser bürgerlichen Revolutionen sich 1789 in Frankreich? Dass die revolutionären Ideen in Europa gerade hier den fruchtbarsten Nährboden fanden, war paradoxerweise hauptsächlich die Folge eines bis zur letzten Konsequenz vorangetriebenen Absolutismus. Die französische Monarchie hatte seit dem 17. Jahrhundert eine hochzentralisierte Staatsverwaltung geschaffen, deren Effizienz in Europa ihresgleichen suchte. Der Aufbau dieser konkurrenzlos erfolgreichen absolutistischen Verwaltung wäre allerdings nicht möglich gewesen ohne eine Beamtenelite, für deren Auswahl Leistungsprinzipien entscheidend waren. Abgesehen von der Verwaltung ließen die französischen Könige aber die gesellschaftliche Privilegierung nach Geburt und Herkunft unangetastet. So waren Konflikte zwischen altem Adel und neuen Leistungseliten in der Verwaltung programmiert.

Ähnliche Widersprüche schuf der monarchische Absolutismus im wichtigsten Wirtschaftssektor Frankreichs, der Landwirtschaft. Um deren Ertrag zu steigern, war der Agrarsektor zunehmend in ein marktwirtschaftliches System hineingestoßen worden. An den feudalen Gesellschafts- und Rechtsstrukturen auf dem Land wurde aber nicht gerüttelt. Die Bauern sahen sich deshalb sowohl vom neuen Konkurrenzkampf am Markt wie von den alten Ansprüchen der adligen und kirchlichen Feudalherren unter Druck gesetzt. Dazu kamen dann noch hohe Steuern, die von den Königen zur Finanzierung zahlreicher Kriege erhoben wurden, und letzten Endes vor allem von der ländlichen Bevölkerung getragen werden mussten. Die Monarchie verlor deshalb auf dem Land zunehmend ihr Ansehen.

Exzessive Kriegführung und extravagante Repräsentation des Königtums trug schließlich bei zu einem raschen Wachstum der für Heer und Hof produzierenden Stadtbevölkerung. Deren große Mehrheit litt neben dem Steuerdruck auch unter hohen Lebensmittelpreisen. Zudem blieb die Masse der Städter sozial heimatlos, weil sie sich in das feudale Gesellschaftssystem nicht einfügen ließ, und politisch vollkommen rechtlos. Das absolutistische System erzeugte so aus sich selbst heraus einen fruchtbaren Nährboden für die auf radikalen Wandel abzielenden Ideen, die von Interpretationen der englischen „Glorious Revolution" und der amerikanischen Unabhängigkeitserklärung beeinflusst wurden.

Dass diese langfristig angestauten Probleme schließlich zu einem revolutionären Dammbruch führten, lässt sich durch das

Zusammenwirken von drei kurzfristig wirksamen Auslösern erklären. Erstens unterstützte Frankreich aus alter Großmachtrivalität zu England den Kampf von dessen amerikanischen Kolonien um Unabhängigkeit. Tausende Franzosen kämpften auf Seite der Kolonisten gegen die Engländer – und wurden von den Ideen der Volkssouveranität und des Widerstandsrechts gegen königliche Herrschaft beeinflusst. Nicht wenige davon fanden sich 1789 in den vordersten Reihen der Revolutionäre. Andererseits kostete das französische Engagement zugunsten der amerikanischen Unabhängigkeit viel Geld, erhöhte damit den Steuerdruck in der Heimat und verschärfte so die inneren Probleme. Kurzfristige Wirtschaftskrisen und Missernten in den 1780er Jahren trugen zweitens ebenfalls dazu bei. Drittens schwächte das unentschlossene Schwanken von König Ludwig XVI. zwischen Reformen und unnachgiebigem Festhalten am alten System das Prestige der Monarchie.

Auslöser der Revolution

1789 eröffnete Ludwig die seit 1615 nicht mehr einberufene Repräsentativversammlung der Generalstände aus Adel, Klerus und „drittem Stand". Doch statt wie vom König gewünscht eine Steuerreform zu beschließen, erklärte sich der dritte Stand zur Nationalversammlung. Damit begann die erste Phase des Umsturzes, die „revolution de la liberté". Gegen nur geringen Widerstand des Monarchen und der privilegierten Stände wurden im Rahmen dieser „Revolution der Freiheit" innerhalb weniger Monate die Feudalordnung abgeschafft, die Menschen- und Bürgerrechte erklärt und die Kirchengüter verstaatlicht. 1791 gab Frankreich sich eine neue Verfassung. Die Rechte des Königs wurden eng begrenzt. Neues Machtzentrum war das gewählte Parlament. Wählen durften alle männlichen Franzosen, die mindestens 25 Jahre zählten und über ein bestimmtes Vermögen verfügten – etwa 30 Prozent der Bevölkerung.

1789-1792: „revolution de la liberté"

Was die Revolution an dauerhaften Neuerungen bringen sollte, war damit bereits in kürzester Frist verwirklicht. Gegen diese Veränderungen regte sich aber auch Widerspruch, und über die weitere Entwicklung herrschte in Frankreich erst recht keine Einigkeit. Die Anhänger des Königtums, unterstützt von den europäischen Monarchien, wollten die Uhr am liebsten zurückdrehen. Aber auch unter den Anhängern der Revolution gab es Meinungsunterschiede. Die in Zünften organisierten städtischen Handwerker lehnten die von den neuen bürgerlichen Eliten geforderte Gewerbefreiheit ab. Die Bürger wollten wiederum keine Landreform, die die Bauern forderten. Differenzen gab es auch über Fragen der Religionspolitik. Während manchen schon die Verstaatlichung des Kirchenbesitzes, die Säkularisation, zu weit gegangen war, wollten radikale Revolutionäre die klare Trennung von Staat und Kirche (Säkularisierung), oder sogar eine Abschaffung des Christentums.

Säkularisation: Enteignung von Kirchenbesitz
Säkularisierung: Trennung von Staat und Kirche, Bedeutungsverlust der Religion im öffentlichen Leben

1792-1794: „Revolution de la egalité"

Die inneren Meinungsverschiedenheiten führten schließlich zur Radikalisierung der Revolution in einer zweiten Phase, der „revolution de la egalité". In dieser „Revolution der Gleichheit" wurde Frankreich 1792 Republik, der König im nächsten Jahr hingerichtet. Theoretisch war das Land nun eine Demokratie. Tatsächlich entwickelte sich jedoch bald eine Diktatur der Gruppe der Jakobiner unter Maximilian de Robespierre, deren Machtbasis die Pariser Unterschichten bildeten. Um die Revolution gegen ihre äußeren und inneren Gegner zu verteidigen, zentralisierte Robespierre politische Macht und Wirtschaft. Wo es im öffentlichen Interesse lag, konnte das Privateigentum aufgehoben werden. Das Christentum wurde vorübergehend abgeschafft. Gegen Andersdenkende in Paris und den Provinzen übten die Jakobiner blutigen Terror aus. Zehntausende Menschen wurden 1794 innerhalb weniger Monate auf der Guillotine hingerichtet. Die zunehmende Radikalisierung der Jakobinerherrschaft führte schließlich zum Zusammenschluss aller ihrer Gegner. Robespierre wurde gestürzt und selbst hingerichtet.

1795 leitete eine neue Verfassung die Phase des Direktoriums ein. Um einen erneuten Rückfall in die Dikta-

Abb. 4.2: „Robespierre guillotiniert den Henker, nachdem er sämtliche Franzosen hat guillotinieren lassen" (antijakobinische Karikatur 1794)

tur zu vermeiden, vertraute man die Regierung einem Kollektiv von fünf gleichberechtigten Direktoren an. Die Macht der Exekutive wurde zudem eingeschränkt. Mit dem Direktorium setzten die bürgerlichen Eliten ihren bestimmenden Einfluss durch, der während der Jakobinerherrschaft noch einmal von den Pariser Unterschichten herausgefordert worden war. Doch auch nach 1795 blieb die bürgerliche Dominanz weiter bedroht. Aufstände der vor allem adligen Anhänger des Königtums gefährdeten sie ebenso wie Unruhen, die von Jakobinern ausgingen. Die Armee, die alle Revolten niederschlug, wurde zum Garanten des Systems. Vor diesem Hintergrund vollzog sich der allmähliche Aufstieg des Militäroffiziers Napoleon Bonaparte.

Das Direktorium 1795-1799

1799 löste Napoleon an der Spitze eines Militärputschs das Direktorium auf und ernannte sich zunächst selbst zum „ersten Konsul". Fünf Jahre später krönte er sich zum Kaiser. Faktisch errichtete er damit eine Militärdiktatur. Durch Volksabstimmungen hat Napoleon seine Herrschaft aber immer wieder legitimieren lassen. Dieses Verhalten war bezeichnend für seinen Umgang mit den Ergebnissen der Revolution: Er akzeptierte das Prinzip der Volkssouveranität, setzte ihm aber gleichzeitig Grenzen. Napoleon verstand sich gleichzeitig als Beender und als Vollender der Revolution. Durch einen Vertrag (Konkordat) mit dem Papst schrieb er die Enteignung des Kirchenbesitzes fest, erteilte aber weitergehender Trennung von Staat und Kirche oder gar Abschaffung des Christentums eine Absage: Die katholische Kirche fand sich mit der Säkularisation ab, zur Säkularisierung kam es jedoch einstweilen nicht. Die Ablösung des Feudalsystems durch die auf Privateigentum beruhende marktwirtschaftliche Ordnung wurde mit der Einführung eines bürgerlichen Rechts (Code Civil) garantiert; weitergehende Reformen der Wirtschaftsordnung im jakobinischen Sinn aber wurden unterbunden. Napoleon beteiligte die neuen bürgerlichen Eliten in Verwaltung und parlamentarischen Mitbestimmungsorganen an der Herrschaft, verschmolz sie aber gleichzeitig mit dem alten Adel.

Konsulat und Empire 1799-1814/15

Napoleon: Beender und Vollender der Revolution

Auch bei der Verbreitung der Ideen der Französischen Revolution im übrigen Europa kam Napoleon eine bedeutende Rolle zu. Als jüngster General der Revolutionsarmee hatte er seit 1793 beträchtlichen Anteil an den militärischen Erfolgen Frankreichs, die dafür die Voraussetzungen schufen. Dabei hatte es zunächst eher so ausgesehen, als ob die Revolution auch an Widerständen von außen scheitern könnte. 1792/93 befand Frankreich sich in einem verzweifelten Verteidigungskampf gegen ein scheinbar übermächtiges Bündnis zahlreicher europäischer Staaten. Die außenpolitische Ag-

Revolutionskriege

1792/93: Frankreich in der Defensive

gressivität der Jakobiner, Angst vor einem Überspringen des revolutionären Virus auf die eigenen Untertanen und Solidarität mit dem französischen Königtum provozierten die benachbarten Monarchien zur Bildung einer antifranzösischen Koalition. Zeitweilig gehörten ihr Preußen, Österreich, Großbritannien, die Niederlande, Spanien und mehrere italienische Staaten an. Die französischen Truppen waren den angreifenden Heeren der Verbündeten anfangs weit unterlegen. Zudem unterstützten die äußeren Gegner auch innerfranzösische Aufstände. Eine Niederlage und damit das Ende der Revolution schien nur noch eine Frage der Zeit.

Seit 1793: Französische Offensive durch „levée en masse"

Das revolutionäre Frankreich antwortete 1793 mit der Ausrufung der Wehrpflicht für alle unverheirateten Männer im Alter zwischen 18 und 25 Jahren, der so genannten „levée en masse". Dieser Schritt revolutionierte die Kriegführung und war ein solcher Erfolg, dass die französischen Truppen binnen kurzem die Oberhand über die Gegner gewannen. Denn das neue französische Volksheer war den traditionellen Söldnerarmeen der Monarchien nicht nur zahlenmäßig überlegen. Die französischen Truppen waren auch besser motiviert und wurden von fähigeren Offizieren kommandiert, weil für Beförderungen in der Revolutionsarmee Leistung und nicht mehr adeliger Geburtsstand die entscheidende Rolle spielte.

Gegen wechselnde gegnerische Koalitionen errang Frankreich einen Sieg nach dem anderen. Bis 1802 hatte es Belgien, das Rheinland und Teile Norditaliens seinem Staatsgebiet einverleibt. Das restliche Nord- und Mittelitalien, die Niederlande und die Schweiz waren von ihm abhängig. Die besetzten und abhängigen Gebiete wurden wirtschaftlich ausgebeutet. Aber gleichzeitig übertrug man auch die Ergebnisse der Revolution auf sie. Die Säkularisation wurde in ihnen durchgeführt, die Feudalordnung abgeschafft, bürgerliches Recht und parlamentarische Mitbestimmungsorgane etabliert.

Export der Revolution

Ein englischer Karikaturist hat diese beiden Seiten der Folgen französischer Siege satirisch verzerrt, aber durchaus treffend dargestellt. Unten links flüchten die besiegten Befehlshaber von Truppen Preußens und des Deutschen Reichs vor den Franzosen. Diese werden als „Sans-culottes", das heißt „ohne Hosen", dargestellt – ursprünglich ein französisches Schimpfwort für die Anhänger der Revolution, mit dem diese sich dann selbst bezeichneten. Die Franzosen greifen oben Holland, dem oberitalienischen Savoyen und in der Mitte – dies eine unerfüllt bleibende Schreckensvision des Karikaturisten – auch der englischen Symbolfigur „John Bull" in die Taschen. Dem Papst nehmen sie unten rechts mit der Tiara, der päpstlichen Krone, und den Schlüsseln Petri die Herrschaftssymbole des Kirchenstaates. Andererseits lassen es sich die französischen Revolutionstruppen aber nicht nehmen, die anderen Europäer mit dem „Brot der Freiheit" zu füttern – obwohl diese zumindest nach Darstellung des Karikaturisten darüber überhaupt nicht erfreut sind und deshalb zwangsernährt werden müssen. Richtig ist daran jedenfalls, dass die Revolution auf den Bajonetten der französischen Soldaten in große Teile Europas exportiert wurde.

Abb. 4.3: „Sansculotten füttern Europa mit dem Brot der Freiheit" (englische Karikatur von James Gillray 1793)

Französische Kontinentalhegemonie seit 1805

Nach einer kurzen Friedensphase zwischen 1802 und 1805 kam es zu weiteren militärischen Auseinandersetzungen zwischen Frankreich und den anderen europäischen Mächten. Napoleon besiegte 1805 Österreich und Russland in der Dreikaiserschlacht bei Austerlitz und sicherte damit endgültig die französische Vormachtstellung auf dem Kontinent. 1806/07 schlugen die Franzosen dann auch Preußen vernichtend; im nächsten Jahr eroberten sie Spanien und Portugal. Das Resultat dieser zweiten Reihe militärischer Siege war die völlige Neuordnung Europas. Die Markierung neuer Grenzen durch die Hegemonialmacht Frankreich war zwar nur von relativ kurzer Dauer. In wenigen Jahren französischer Herrschaft oder französischen Einflusses wurden in vielen Regionen des Kontinents aber Veränderungen durchgeführt oder angestoßen, die das Ende absoluter und adliger Herrschaft wie feudaler Ordnung bedeuteten oder ankündigten. Selbst in Preußen und Österreich, wo die herrschenden alten Eliten die französische Hegemonie ebenso verabscheuten wie die revolutionären Ideen, begann man sich notgedrungen und selektiv mit diesen zu beschäftigen. Denn wer die militärische Überlegenheit Frankreichs ausgleichen wollte, musste zwangsläufig das revolutionäre Erfolgsrezept des Volksheeres kopieren. Das aber ging über kurz oder lang nicht ohne Veränderungen in politischer und sozialer Ordnung.

Niedergang französischer Hegemonie 1809/12-1815

Eben dieser Prozess des Lernens vom Modell des revolutionären Frankreich begann schon bald fühlbar die französische Vorherrschaft in Europa zu unterminieren. Sobald vor allem das neue Konzept des Volkskriegs von anderer Seite aufgegriffen wurde, kam Napoleons europäische Ordnung ins Wanken. Zum ersten Mal zeichnete sich das seit 1809 mit den Volksaufständen in Spanien und Tirol ab. Anders als in den offenen Feldschlachten gegen traditionelle Söldnerheere gelang den napoleonischen Armeen hier kein schneller und eindeutiger Sieg. Stattdessen entwickelte sich vor allem in Spanien ein zermürbender Guerillakrieg, der große französische Truppenkontingente jahrelang band und dennoch nicht gewonnen werden konnte. Das ursprüngliche Erfolgsrezept französischer Kriegsführung, die nationalrevolutionäre Mobilisierung von Bevölkerungsmassen, wandte sich gegen Frankreich.

Offensichtlich wurde der Niedergang der französischen Hegemonie 1812, als der Angriff der napoleonischen „Großen Armee“ auf Russland scheiterte. Napoleons erste klare Niederlage hatte weithin Signalwirkung. Preußen und nach einigem Zögern auch Österreich schlossen sich mit Russland zu einem antifranzösischen Bündnis zusammen. In der Völkerschlacht bei Leipzig besiegten 1813 nach französischem Vorbild mobilisierte Massenheere der drei Verbündeten eine von Napoleon neu aufgestellte Armee. Im selben Jahr wurden die Franzosen durch den von Großbritannien unterstützten spanischen Volksaufstand aus Spanien herausgedrängt. 1814 eroberte die antifranzösische Koalition schließlich Paris. Napoleon wurde von der eigenen Armee zur Aufgabe des Kaisertitels gezwungen. Sozusagen als Trostpreis erhielt er zunächst die Insel Elba als Fürstentum. Angesichts von

Gegensätzen zwischen den Siegern witterte er 1815 noch einmal eine Chance, kehrte nach Frankreich zurück und errichtete das Kaisertum neu. Doch diese „Herrschaft der hundert Tage" endete mit der Niederlage gegen britische und preußische Truppen in der Schlacht bei Waterloo in Belgien. Napoleon wurde von den Briten auf der Atlantikinsel Sankt Helena gefangengesetzt und starb dort wenige Jahre später.

4.3 Restaurationen und Revolutionen 1815-1849

1815: Territoriale Restauration Europas

Die Schlacht von Waterloo und der Wiener Kongress besiegelten 1815 die Auflösung der kurzlebigen territorialen Neuordnung Europas durch Napoleon. Frankreich verlor seine Rolle als Vormacht. Das europäische Gleichgewicht der fünf Großmächte Russland, Großbritannien, Preußen, Österreich und Frankreich wurde wiederhergestellt. Frankreich kam deshalb trotz seiner Niederlage glimpflich davon: Es blieb weitgehend in den Grenzen von 1789 erhalten. Auch sonst wurde vielfach die europäische Landkarte der vorrevolutionären Zeit restauriert. Allerdings geschah das nicht völlig. Russland, an dem Napoleon auf dem Kontinent zuerst gescheitert war, erhielt früher preußische und österreichische Gebiete in Polen. Preußen gewann im Gegenzug das Rheinland und Westfalen, Österreich bekam Norditalien. Die geistlichen Staaten und andere kleine Fürstentümer in Italien und besonders in Deutschland, die während der Revolutionskriege aufgelöst worden waren, wurden nicht wiederhergestellt. Schon daran zeigte sich, dass die Restauration des vorrevolutionären Europa ihre Grenzen hatte.

Nachwirken der Revolution

Viele Neuerungen der französischen Revolution blieben auch nach 1815 erhalten und wirkten weiter. Zwar hatte schon Napoleon manche revolutionäre Entwicklung gestoppt. Andere wurden 1815 rückgängig gemacht. Dennoch hatte die Revolution in großen Teilen Europas bleibende, wenn auch manchmal erst langfristig wirksame Folgen. Die Auflösung der feudalen Wirtschafts- und Gesellschaftsordnung war im Westen und der Mitte des Kontinents abgeschlossen oder aber eingeleitet worden. Wo das bürgerliche Recht des französischen Code Civil übernommen worden war, wie im Westen Deutschlands und in Italien, blieb es in Kraft. Anderswo wirkte der Code Civil als Vorbild für Rechtsreformen weiter. Das vor 1789 absolutistisch regierte Frankreich blieb auch nach der Wiederherstellung der Monarchie 1815 ein Verfassungsstaat. Eine Reihe europäischer Staaten führte zwischen 1814 und 1821 ebenfalls Verfassungen und Volksvertretungen ein, die sich mehr oder weniger stark am französischen Beispiel orientierten. Dazu gehörten Bayern, Baden und Württemberg, aber auch Spanien, Portugal, die Niederlande und sogar Norwegen. Wo die Fürsten sich solchen Zugeständnissen an die Idee der Volkssouveranität verweigerten, begann die Bevölkerung verstärkt Mitspracherechte einzufordern.

Unter den Großmächten öffnete sich neben Frankreich vor allem Großbritannien für diese Forderungen. In Russland, Preußen und Österreich sperrten die Monarchen sich dagegen rigoros jeder Entwicklung. Ihre Absicht, absolute Fürstenherrschaft aufrecht zu erhalten und zu restaurieren, wurde durch das Erbe der Revolutionszeit jedoch herausgefordert. Die in ganz Europa fortschreitende Säkularisierung und Aufklärung unterminierte die Legitimation von Herrschaft, die sich auf die Idee des Gottesgnadentums stützte. Die neuen bürgerlichen Eliten wurden gestärkt durch das Wachstum der Staatsbürokratien, die immer mehr akademisch gebildete Kräfte benötigten, und die beginnende Industrialisierung, von der das Wirtschaftsbürgertum profitierte. Vor allem aber schwächte das neue Nationalgefühl das Prinzip dynastischer Herrschaft. Der Geist des Nationalismus, von den Fürsten im „Befreiungskampf“ gegen Napoleon selbst beschworen, wandte sich jetzt gegen sie.

„Heilige Allianz“ 1815-1830

Gegen alle nationalen und liberalen Bewegungen, die das Prinzip der Volkssouveranität einforderten, gründeten Russland, Preußen und Österreich deshalb 1815 die „Heilige Allianz“. Die Idee des Gottesgnadentums betonend, sollte die Allianz die absolute Fürstenherrschaft in ganz Europa verteidigen helfen, auch mit militärischer Gewalt. Bald ergaben sich Gelegenheiten, diese Absicht in die Tat umzusetzen. Gegen den Deutschen Bund, die 1815 als Ersatz des 1806 aufgelösten alten Deutschen Reichs gegründete lockere Fürstenföderation, propagierten studentische Burschenschaften die Gründung eines liberalen deutschen Nationalstaats. 1817 feierten die Burschenschaften ein großes Fest auf der Wartburg als Demonstration gegen absolute Fürstenherrschaft und den Deutschen Bund. Zwei Jahre später wurden sie auf Veranlassung Österreichs und Preußens, die beide Mitglieder im Deutschen Bund waren, von einer Ministerkonferenz in Karlsbad schließlich verboten. Diese Karlsbader Beschlüsse von 1819 verordneten auch eine strenge Überwachung von Presse und Universitäten, die als Brutstätten nationalen und liberalen Gedankenguts galten. Deren Verbreiter wurden mit polizeistaatlichen Mitteln verfolgt. In Italien schlug die österreichische Armee 1820/21 im Auftrag der Heiligen Allianz nationalrevolutionäre Bewegungen nieder. Auch in Spanien griff die Allianz nach einer siegreichen Revolution gegen das dort regierende Königshaus ein. Truppen Frankreichs, dessen Monarch der Allianz beitrat, besetzten 1823 das Nachbarland und unterstützten den spanischen König gegen die Revolutionäre.

Trotz dieser Erfolge bei Restauration und Verteidigung des Absolutismus geriet die Heilige Allianz bald in Schwierigkeiten. Zunächst ließ sich ihr Plan nicht verwirklichen, in Südamerika einzugreifen, wo die spanischen Kolonien sich als Republiken für unabhängig erklärten. Nicht nur legten die USA mit der Monroe-Doktrin 1823 dagegen ein Veto ein. Auch Großbritannien, in dessen politischem System das Parlament immer mehr an Einfluss gegenüber der Monarchie gewann und das mit seiner Flotte den Atlantik kontrollierte, unterstützte die liberalen und nationalen Bewegungen. Schließlich brach die Heilige Allianz Ende der 1820er Jahre über dem griechischen Freiheitskampf gegen das Osmanische Reich auseinander. Zwar war der griechische Aufstand eine nationale Bewegung. Aber die Erhebung der christlich-orthodoxen Griechen gegen die muslimischen Osmanen fand viele Sympathien, darunter die des ebenfalls orthodoxen russischen Zaren. Machtpolitische Rivalitäten zwischen Russland und Österreich auf dem Balkan kamen hinzu. Österreich verurteilte schließlich den griechischen Aufstand, während Russland zusammen mit Großbritannien und Frankreich die Griechen militärisch unterstützte. Damit war die Solidarität zwischen den konservativen Kräften der Restauration zerbrochen.

Julirevolution in Frankreich 1830

Das vorläufige Ende der durch die Heilige Allianz charakterisierten Restaurationsepoche markierte im Juli 1830 der Ausbruch einer neuen Revolution in Frankreich. Ausgelöst wurde sie durch Versuche des französischen Königs, wieder zum absolutistischen Regime zurückzukehren. Nach einem Volksaufstand und Barrikadenkämpfen in Paris musste der König abdanken. Die siegreichen Revolutionäre riefen einen seiner entfernten Verwandten zum "Bürgerkönig“ aus. Eine neue Verfassung stärkte die Rechte des französischen Parlaments gegenüber der Monarchie. Das Wahlrecht wurde erweitert. Der Anlauf zur Restauration der Königsherrschaft endete mit dem Gegenteil: einem weiteren Machtverlust der Monarchie und dem erneuten Vordringen des Prinzips der Volkssouveranität.

Ausstrahlung auf Europa

Wie schon die von 1789 wirkte sich auch die französische Revolution von 1830 auf andere Teile Europa aus: „Wenn Paris niest, erkältet sich der Rest Europas“, kommentierte ein Zeitgenosse

[Wende 2000, S. 313]. Diesmal mussten die revolutionären Ideen nicht einmal mehr mit Bajonetten exportiert werden. Die bloße Nachricht von der Pariser Julirevolution reichte aus, um in vielen Staaten Europas ebenfalls Aufstände auszulösen. Die Barrikadenkämpfe in Paris wurden zum Signal für Unruhen im Deutschen Bund. Unter dem Druck von Straßendemonstrationen gestanden nach den süddeutschen Fürsten nun auch die der norddeutschen Mittelstaaten Verfassungen und Volksvertretungen zu. In der Pfalz wurde das Hambacher Fest 1832 zur Kundgebung liberaler und nationaler Gruppen aus ganz Deutschland. Vorher hatte sich bereits Belgien von den Niederlanden abgespalten und eine Verfassung angenommen, die das Königtum weitgehend auf repräsentative Funktionen beschränkte.

In Nord- und Mittelitalien brach ebenfalls, angeregt durch die Ereignisse in Frankreich, 1831 eine Welle von national-liberalen Revolutionsbewegungen aus. Diese wurden aber von österreichischen Truppen wie schon zehn Jahre zuvor niedergeschlagen. Ähnlich war die Entwicklung in Polen. Dort provozierte der Versuch Russlands, polnische Truppen gegen die französische und belgische Revolution einzusetzen, einen Aufstand gegen die Herrschaft des Zaren. Doch russisches Militär besiegte die polnischen Nationalisten, die nach Paris ins Exil gehen mussten. Auch in Österreich und Preußen stieß die revolutionäre Bewegung an ihre Grenzen. In den drei östlichen Großmächten ließ sich die absolute Monarchie einstweilen noch nicht erschüttern. In Westeuropa hatten die Anhänger der Volkssouveranität dagegen mittlerweile beträchtlichen Einfluss gewonnen. Zwischen West und Ost standen die kleineren Mitgliedsstaaten des Deutschen Bundes, in denen eine prekäre Machtbalance herrschte.

1833 versuchten Studenten in Frankfurt am Main, dem Sitz des Deutschen Bundes, mit einem Putsch diese Machtbalance zugunsten der revolutionären Kräfte zu kippen. Dieser „Frankfurter Wachesturm" scheiterte jedoch und provozierte eine harsche Reaktion der Monarchien. Wie schon nach 1815 wurden Vertreter nationaler und liberaler Bewegungen inhaftiert, die Universitäten scharf kontrolliert, die Presse zensiert. Wieder folgte auf eine revolutionäre Phase eine Phase der Restauration. Wie schon nach der ersten französischen Revolution gelang es den alten Gewalten aber nicht, die Uhr noch einmal zurückzudrehen. Sie konnten die Entwicklung lediglich anhalten, nicht dauerhaft aufhalten. Die Opposition ließ sich zwar in der Öffentlichkeit unterdrücken, sammelte sich aber im Untergrund. Es bedurfte nur günstiger Umstände und eines Funkens, um eine neue revolutionäre Welle zu entfachen.

Neue Restaurationsphase: „Vormärz"

1848er Revolution

Im März 1848 rollte diese Welle durch die Straßen Mitteleuropas. Die vorausgegangene Epoche der zweiten Restauration erhielt deshalb nachträglich das Etikett „Vormärz". Das Entstehen der neuen revolutionären Welle wurde begünstigt von Missernten und Konjunkturkrisen während der Jahre 1846/47, die die Herrschaft der alten Regime unpopulär machten und der Opposition in die Hände spielten. Den Funken lieferte einmal mehr Frankreich. Der 1830 dort eingesetzte „Bürgerkönig" geriet zwischen die Fronten verschiedener bürgerlicher Gruppen und der Arbeiterschaft. Ein Aufstand in Paris zwang ihn im Februar 1848 zur Abdankung. In Frankreich wurde die Republik ausgerufen.

Frankreich

Mitteleuropa, Italien, Ungarn

Angeregt vom französischen Vorbild folgten im März Unruhen in nahezu allen mitteleuropäischen Staaten. Zum ersten Mal kam es auch zu Barrikadenkämpfen in der preußischen Hauptstadt Berlin und in der österreichischen Metropole Wien. Überall beriefen die Fürsten unter Druck liberale „Märzministerien" ein und stimmten der Ausarbeitung von Verfassungen zu. Ähnliches geschah in dem zu Österreich gehörenden Ungarn und in den italienischen Staaten. Für Italiener und Ungarn stand danach im Vordergrund der Revolution das Bemühen, gegen die österreichische Vorherrschaft einen eigenen Nationalstaat durchzusetzen. In Mitteleuropa war die Frage, ob und wie die lockere Föderation des Deutschen Bundes zu einem Nationalstaat umgeformt werden könnte, ebenfalls von Bedeutung. Daneben sahen die deutschen Revolutionäre ihre Aufgabe aber vor allem in der erstmaligen Schaffung von Verfassungsstrukturen.

Im Mai 1848 traten verfassunggebende Nationalversammlungen für den Deutschen Bund in Frankfurt und für Preußen in Berlin zusammen. Im Juli wurde der verfassunggebende Reichstag für Österreich in Wien eröffnet. Von Anfang an waren die Verhandlungen dieser Gremien jedoch durch eine Vielzahl von Problemen belastet. Dadurch zogen sie sich immer länger hin. Währenddessen erholten die angeschlagenen alten Gewalten sich wieder. Im Winter 1848/49 fühlten sie sich in Preußen und Österreich stark genug, die gewählten verfassunggebenden Körperschaften aufzulösen. Dann erließen die Monarchen von sich aus Verfassungen, die der Bevölkerung auferlegt (oktroyiert) wurden. Die oktroyierten Verfassungen gestanden zwar Volksvertretungen zu. Diese Parlamente besaßen aber weniger Kompetenzen und wurden nach undemokratischerem Wahlrecht gewählt, als die aufgelösten revolutionären Gremien das in ihren Verfassungsentwürfen vorgesehen hatten. Als die Frankfurter Nationalversammlung im März 1849 schließ-

Abb. 4.4: „Wat heulst'n kleener Hampelmann?" fragt eine berlinernde Mutter Germania, Symbol der deutschen Nation, den Delegierten der Frankfurter Nationalversammlung Heinrich von Gagern. Der antwortet: „Ick hab Ihr'n Kleenen 'ne Krone jeschnitzt, nu will er se nich!" Im Hintergrund spielt der preußische König lieber mit dem Bären, Symbol Russlands, dem Bollwerk des Absolutismus in Europa. Von Gagerns Träume werden zusammenbrechen wie das Kartenhaus hinter ihm (Karikatur von Friedrich Schröder 1849).

lich dem preußischen König die erbliche Kaiserkrone eines „kleindeutschen" Reiches antrug, dem Österreich nicht angehören sollte, lehnte der König ab. Ein danach noch unternommener Versuch, den liberalen Frankfurter Entwurf einer Reichsverfassung gegen die alten Gewalten militärisch durchzusetzen, wurde von königstreuen preußischen Truppen niedergeschlagen.

Kein Erreichen revolutionärer Ziele

Gemessen an dem selbst gesetzten Ziel der Revolutionäre, aus eigener Kraft neue politische Ordnungen zu schaffen, war die Revolution von 1848 in Mitteleuropa damit gescheitert. Auch anderswo konnten die revolutionären Kräfte ihre Vorstellungen nicht durchsetzen. In Italien unterlag die Nationalbewegung den österreichischen Truppen. In Ungarn wurden die Revolutionäre von russischem und österreichischem Militär in die Zange genommen und besiegt. Selbst in Frankreich blieb die Republik nur von kurzer Dauer. Aus Furcht vor Sozialisten und Arbeiterschaft wählte ein Großteil der Bürger den Neffen Napoleons I. zum Präsidenten. Wie sein Onkel baute auch der Neffe seine Machtposition schrittweise aus, bis er sich 1852 nach einer Volksabstimmung als Napoleon III. zum Kaiser krönen ließ.

Gründe: Innere Gegensätze

Die Gründe für das – zumindest subjektive – Scheitern der Revolutionäre sind vielschichtig. Gegensätze in den Revolutionsbewegungen spielten eine große Rolle. Es gab sie nicht nur zwischen Bürgern und Arbeitern. Meinungsverschiedenheiten existierten auch innerhalb der bürgerlichen Gruppen, meist um die Ausgestaltung einer Verfassung. Schließlich verfolgten Anhänger der Revolution in Stadt und Land vielfach unterschiedliche Ziele.

Nationale Frage

In Deutschland und Italien hatten die Revolutionäre sich darüber hinaus die Sache doppelt schwer gemacht, weil sie zwei Aufgaben gleichzeitig bewältigen wollten, nämlich eine liberale Verfassung und einen Nationalstaat zu schaffen. Diese Doppelaufgabe überforderte sie offensichtlich. In Mitteleuropa führte die Verquickung der Verfassungsfrage mit der nationalen Frage zudem zu weiteren Spaltungen im Revolutionslager. Die so genannten „Großdeutschen" wollten ein Reich mit Einschluss Österreichs, die „Kleindeutschen" sahen in Österreich dagegen keinen Teil eines zukünftigen deutschen Nationalstaats. Die Lösung für die Frage nach dessen Grenzen entsprach einer Quadratur des Kreises.

Interventionen von außen

Als es 1848 zu einem militärischen Konflikt zwischen dem Deutschen Bund und Dänemark um Schleswig-Holstein kam, machten die übrigen Großmächte zudem klar, dass sie im Interesse der Erhaltung eines europäischen Gleichgewichts kein ganz Mitteleuropa umfassendes Deutsches Reich akzeptieren wollten. In diesem Fall wurden der Frankfurter Nationalversammlung noch – von außen – nur die machtpolitischen Grenzen ihrer Möglichkeiten aufgezeigt. Ein Jahr später wurde sie durch preußische Truppen aufgelöst. Auch das Schicksal der Revolutionen in Italien und Ungarn entschied sich letzten Endes durch militärische Interventionen von außen, als österreichische und russische Heere im Dienst der alten monarchischen Gewalten beide beendeten.

Stärke alter Gewalten

Die alten Gewalten erwiesen sich 1848/49 so zumindest auf den ersten Blick als stärker. In der bewaffneten Auseinandersetzung blieben sie den revolutionären Kräften überlegen. Sie konnten auf die Unterstützung und Rückendeckung durch Russland rechnen, wo es 1848 wie schon davor nicht zu Aufständen kam. Der Zar behielt die Zügel fest in der Hand. Auch den Monarchen in Preußen und Österreich gelang es, nach den kritischen Tagen des März die Kontrolle über den zentralen Machtfaktor Militär zu behalten oder jedenfalls bald wiederzugewinnen. Zudem taktierten sie politisch geschickt. Durch zwischenzeitiges Zurückweichen schwächten sie den revolutionären Schwung. Und um die Anhänger der Revolution mit der Monarchie zu versöhnen, fanden sie sich auch zu dauerhaften Zugeständnissen bereit.

Dennoch Wirkungen der Revolution

Die Ereignisse von 1848/49 blieben aber nicht wirkungslos. Obwohl die Revolutionäre ihre hohen selbst gesteckten Ziele nicht erreichten, waren die Resultate der Revolution doch beachtlich. Europa kam auf dem 1789 begonnenen Weg ein gutes Stück weiter. 1848 war die feudale Ordnung von Wirtschaft und Gesellschaft in Preußen, Österreich und Ungarn noch nicht überwunden. Nun wurde sie weitgehend abgeschafft. Vor der Revolution hatte es Verfassungen und Volksvertretungen nur in Westeuropa und den kleineren deutschen Staaten gegeben. Danach herrschte abgesehen vom osmanischen Sultan in Europa nur noch der russische Zar absolut. In Preußen, Österreich, Ungarn und den italienischen Staaten wurde 1849 wie in Westeuropa konstitutionell und mit Mitsprache von Parlamenten regiert. Zwar waren die meisten dieser neuen Verfassungen von Fürsten oktroyiert. Die Kompetenzen der parlamentarischen Mitbestimmungsorgane blieben entsprechend eng begrenzt. Doch die Idee, dass Herrschaft sich zumindest auch vom Volk her legitimierte, wie sie in Frankreich im Titel Napoleons III. als „Kaiser der Franzosen durch die Gnade Gottes und den Willen der Nation" zum Ausdruck kam, war damit außerhalb Russlands und des Osmanischen Reiches auf dem Kontinent allgemein akzeptiert. Und nachdem die neuen bürgerlichen Eliten ihre erste Enttäuschung überwunden hatten, kamen sie zu dem Schluss, dass selbst die oktroyierten Verfassungen durchaus Möglichkeiten boten, ihren Einfluss auszubauen.

4.4. Reformen und Revolutionen 1849-1918

Die neuen Verfassungen, ob oktroyiert oder nicht, eröffneten in vielen Ländern den bisher verschlossenen Weg einer Weiterentwicklung von Politik und Gesellschaft durch Reformen. Statt Konfrontation mit den alten Gewalten von Monarchie und Adel ergab sich nun für die neuen gesellschaftlichen und politischen Kräfte die Möglichkeit zur Kooperation. Die 1848/49 erwiesene militärische Stärke der alten Gewalten war ein gewichtiges Argument dafür, diese Möglichkeit zu nutzen.

Evolutionärer Abbau des alten Systems

Zwischen 1849 und dem Ersten Weltkrieg kam es so vor allem in West- und Nordeuropa zu einem langwierigen Reformprozess, dessen Resultat eine deutliche Machtverschiebung von den Monarchen weg und hin zu den Parlamenten war. In Großbritannien, Frankreich, den Niederlanden, Belgien, den skandinavischen Staaten und auch in Italien entwickelten sich parlamentarische Herrschaftssysteme. Diese Entwicklung verlief schrittweise und manchmal nicht ohne Rückschläge. Der Trend zur Aufwertung der Volksvertretungen ist aber unverkennbar. In vielen europäischen Staaten kam es auch zu Reformen, die den Kreis der Wahlberechtigten zu den Parlamenten ausweiteten. Angesichts dieser vielfältigen Tendenzen zur Parlamentarisierung und Demokratisierung schien es fast schon so, als sei das Prinzip der Volkssouveranität überall auf dem Vormarsch. Selbst in Russland, der alten Hochburg des Absolutismus, berief der Zar nach einem verlorenen Krieg gegen Japan und Aufständen im Land 1905 ein – wenn auch weitgehend machtloses – Parlament ein.

Grenzen der Reformen

Das Beispiel Russlands deutet freilich auch an, dass der evolutionäre Abbau des alten Systems seine Grenzen hatte. Selten gaben die alten Gewalten ihre Macht freiwillig ab, und nirgendwo trennten sie sich ganz von ihr. In der Regel bedurfte es massiven inneren oder äußeren Drucks, um Reformen herbeizuführen, und immer blieb bis zum Ersten Weltkrieg eine gewisse Balance zwischen Alt und Neu erhalten. Selbst im liberalen Musterland Großbritannien behielten Adlige noch 1914 Reste von Privilegien, etwa in Teilen der lokalen Gerichtsbarkeit. In Mittel- und Osteuropa standen Spitzenpositionen in Regierung, Verwaltung und Armee zu diesem Zeitpunkt gewöhnlich sogar weiterhin ausschließlich dem Adel offen. Das im Westen und Norden des Kontinents etablierte Übergewicht des Parlaments im politischen System, begründet durch das Prinzip der Volkssouveranität, gab es in Deutschland, Österreich-Ungarn und Russland nicht. Die nationalen Parlamente in Berlin und Wien wurden 1914 zwar demokratisch gewählt. Zu sagen hatten sie wie das russische aber herzlich wenig. Die Bevölkerung der drei konservativen Reiche im Osten und in der Mitte Europas, und damit mehr als die Hälfte aller Europäer, lebte bis zum Ersten Weltkrieg noch weitgehend unter dem alten System.

Neue Revolutionen

Für die Mehrheit der Bewohner des Kontinents bedurfte es erst weiterer Revolutionen, um die alten Gewalten abzulösen und die Ideen von 1789 zu verwirklichen. Das Zeitalter der europäischen Revolutionen war nach 1849 noch nicht zu Ende. Damals hatten die Monarchen ihre gewaltsame Entmachtung durch die Loyalität der Armee verhindern können. Seitdem konnten sie von innen erst besiegt werden, wenn ihnen diese Waffe durch militärische Niederlagen gegen äußere Feinde im Krieg aus der Hand geschlagen wurde. Der französische Kaiser Napoleon III. war der erste, dem das geschah. Indem er Konservative, bürgerliche Liberale und Sozialisten gegeneinander ausspielte, konnte er in der Innenpolitik seine Macht aufrecht erhalten. Mit der Niederlage im deutsch-französischen Krieg 1870/71 brach seine Herrschaft je-

Frankreich 1870/71 und die Pariser Kommune

doch wie ein Kartenhaus zusammen. Wie schon 1792 und 1848 wurde Frankreich zur Republik ausgerufen, blieb es aber nun auf Dauer. Mit der neuen Staatsform setzten sich auch die Idee der Volkssouveranität und das Bürgertum als Führungselite endgültig durch. Durch einen Aufstand, der als die Pariser Kommune bekannt geworden ist, versuchten Sozialisten den Umsturz noch weiterzutreiben. Doch der Versuch zu einer Umwälzung auch der sozialen Verhältnisse wurde von der republikanischen Regierung blutig unterdrückt.

Russland 1917

Diese Ereignisse bildeten das Vorbild für die russische Doppelrevolution von 1917 – wobei in Russland der sozialistische Umsturz zum ersten Mal gelang. Wieder schuf eine militärische Niederlage gegen äußere Feinde den Nährboden für die Destabilisierung des alten Systems. Schon 1905 hatte der mit einem Desaster endende Feldzug gegen Japan innere Aufstände provoziert, die der Zar nur mühsam unter Kontrolle bekam. Eine Kette von russischen Niederlagen im Ersten Weltkrieg beschwor dann das Ende der alten Gewalten herauf. Im Februar 1917 fegte eine erste Revolution die zaristische Herrschaft mitsamt den Resten der Feudalordnung hinweg. Weil die dann gebildete provisorische Regierung den Krieg weiterführte und die Sozialreformen fordernde Bevölkerung auf die Zeit danach vertröstete, konnten die sozialistischen Bolschewiki unter Lenin zunehmend Anhänger sammeln. In der Oktoberrevolution entmachteten sie die bürgerliche provisorische Regierung und das Parlament. Aus Russland wurde die Sowjetunion, die zum Modell kommunistischer Wirtschafts- und Gesellschaftsordnung werden sollte.

Deutschland und Österreich-Ungarn 1918

Das sowjetische Modell erwies sich freilich anderswo als weniger attraktiv als von den Bolschewiki erhofft. Die Niederlage des Deutschen Reichs und Österreich-Ungarns am Ende des Ersten Weltkriegs löste zwar auch dort Umstürze aus, die das Ende des alten Systems herbeiführten. Aus Monarchien, in denen die Parlamente nur eine untergeordnete Rolle spielten, wurden 1918 parlamentarische Republiken, in denen das Prinzip der Volkssouveranität alleinige Legitimationsgrundlage von Herrschaft war. Die Zeit, in der nur Adlige Zugang zu zentralen politischen Führungspositionen hatten, war damit auch in Mittel- und Osteuropa unwiderruflich vorbei. Doch alle 1918/19 unternommenen Versuche, die sozialen und wirtschaftlichen Verhältnisse darüber hinaus nach sozialistischen oder sowjetkommunistischen Mustern umzuwälzen, fanden im Deutschen Reich und den Nachfolgestaaten des sich auflösenden Österreich-Ungarn nur wenig Echo. Der Berliner Spartakusaufstand Karl Liebknechts und Rosa

Luxemburgs blieb 1919 ebenso erfolglos wie kurzlebige sozialistische Räterepubliken in München und Ungarn. Im Gegenteil führte unter anderem die Angst besonders der Bürger vor der sozialistischen Revolution dazu, dass der Wechsel von Eliten 1918/19 in Mitteleuropa weitgehend auf den politischen Bereich im engeren Sinn beschränkt blieb. In Justiz, Militär und Bürokratien blieb ein Personalwechsel dagegen großenteils aus. Für die neue bürgerlich-parlamentarische Ordnung sollte sich das bald als Belastung erweisen.

Wenn auch die mitteleuropäischen Revolutionen von 1918 deshalb teilweise unvollendet blieben, war die Zeit der alten Gewalten doch mit ihnen unwiderruflich vorbei. Diese Tatsache fand ihren symbolischen Ausdruck im Schicksal der Institution Monarchie. Bis zum Ersten Weltkrieg war diese Staatsform in Europa die Regel gewesen. Alle zwischen 1815 und 1914 neu gegründeten Staaten entstanden als Monarchien – häufig zur Freude der Nebenlinien winziger deutscher Fürstenhäuser, die künftig in Belgien, Bulgarien, Griechenland oder Rumänien Hof halten konnten. Die Revolutionen am Ende des Ersten Weltkrieges machten jedoch nicht nur aus Deutschland, Russland und Österreich Republiken. Seit 1918 wurden auch alle neu gebildeten europäischen Länder als Republiken gegründet. Nur wo Könige und Fürsten im europäischen Revolutionszeitalter des langen 19. Jahrhunderts sich dem evolutionären Weg zu Repräsentativverfassungen und Volkssouveranität nicht verweigert hatten, blieb die Monarchie erhalten – nun freilich in gleichsam ausgehöhlter Form, auf rein repräsentative Funktionen beschränkt, als bloße Hülle des alten Systems, das sonst gewaltsam gesprengt worden war.

Literatur

- Fahrmeir, Andreas, *Revolutionen und Reformen: Europa 1789-1850*, München 2010 (gut lesbare Überblicksdarstellung zur Französischen Revolution, den Revolutionskriegen, dem „Vormärz" und der Revolutionswelle von 1848/49 mit vielen neuen Aspekten).
- Langewiesche, Dieter, Revolution, in: *Fischer Lexikon Geschichte*, 3. überarbeitete Auflage, Frankfurt 2003, S. 315-337 (knapper Überblick zum Begriff und zu den Umbrüchen in England 1640/88, USA 1776, Frankreich 1789 und Russland 1917).
- Mayer, Arno J., *Adelsmacht und Bürgertum: Die Krise der europäischen Gesellschaft 1849-1914*, München 1988 (unterstreicht mit vielen Belegen die wirtschaftliche, gesellschaftliche, politische und kulturelle Stärke der alten Gewalten in Europa

noch bis 1918; für eilige Leser bietet das knappe erste Kapitel eine präzise Kurzfassung).

- Paulmann, Johannes, *Globale Vorherrschaft und Fortschrittsglaube: Europa 1850-1914*, München 2019, S. 296-314 (zum System der konstitutionellen Monarchien und ihrer Herausforderung durch Massenpolitik).
- Wassmund, Hans, *Revolutionstheorien*, München 1978 (übersichtliche Vorstellung der wissenschaftlichen Diskussionen zur vergleichenden Revolutionsforschung).
- Wende, Peter (Hg.), *Große Revolutionen der Weltgeschichte*, München 2000 (vorzügliche Einleitung des Herausgebers und Aufsätze verschiedener Autoren zu Umbrüchen seit der Antike mit Chronologien und Hinweisen auf weiterführende Literatur).

Zeit der Ideologien 1789-1918 5.

Das lange 19. Jahrhundert war eine Epoche, in der Weltanschauungen Hochkonjunktur hatten. Es wurde durch Ideologien geprägt, und es prägte Ideologien. Darunter war der Nationalismus, vielleicht die wirkungsmächtigste Weltanschauung der letzten 200 Jahre. In Verbindung mit Rassismus erreichte er den Höhepunkt seines Einflusses allerdings erst im frühen 20. Jahrhundert und wirkte direkt mehr auf Mentalitäten und internationale Beziehungen, dagegen eher diffus auf gesellschaftliche Ordnungskonzepte ein. Er wird deshalb in einem separaten Kapitel behandelt. Hier sollen stattdessen drei Ideologien im Mittelpunkt stehen, die zwischen 1789 und 1918 sehr konkret Ideen über soziale, politische und wirtschaftliche Ordnung der Staaten Europas beeinflussten: Liberalismus, Konservatismus und Sozialismus. Unbestreitbar übten sie ihren größten Einfluss im 19. Jahrhundert aus. Danach ging ihre Bedeutung merklich zurück. Mittelbar wirkten sie freilich im 20. Jahrhundert als Grundlage für die Entwicklung neuer Ideologien weiter. Und bis heute leben zumindest ihre Bezeichnungen in den Namen von Parteien zahlreicher europäischer Länder fort, obwohl die damit ursprünglich verbundenen Inhalte sich stark verändert haben. Freilich: Auch dieser Verwandlungsprozess begann schon lange vor 1918 und wird hier ebenfalls nachzuzeichnen sein.

Ideologien 5.1

Begriff

Der Begriff der Ideologie ist um 1800 entstanden. Ursprünglich bedeutete er „Wissenschaft von den Ideen“. Zunehmend wurde er dann aber zur Bezeichnung von Ideenkomplexen selbst verwendet. Im Deutschen haftet ihm heute häufig ein negativer Beigeschmack an, im Gegensatz zu dem wertneutraler verwendeten Wort Weltanschauung, dessen Bedeutungsgehalt allerdings meist derselbe ist. Warum aber entstand der neue Begriff überhaupt? Was macht das Besondere der Weltanschauungen aus, die sich seit dem frühen 19. Jahrhundert entwickelten? Was unterscheidet sie von den Ideenkomplexen der Zeit vor 1789?

„Historisierung“ von Ideen

Anders als die Ideen vor 1789 wurden die des langen 19. Jahrhunderts nicht nur allgemein theologisch oder philosophisch begründet, sondern auch durch historische Erfahrungen und Ereignisse geprägt – und sie interpretierten diese. Wie das Verständnis von Revolutionen „historisiert" sich auch das von Ideen spätestens seit dem 19. Jahrhundert: Sie werden nun gleichermaßen als Resultat und Motor eines zielgerichteten geschichtlichen Prozesses verstanden. „Die Entwürfe von Zukunft sind Bilder der Vergangenheit und Deutungen der Gegenwart zugleich" [Nipperdey 1983, S. 286]. Anders als das Christentum und selbst noch die Aufklärung sind die seit dem 19. Jahrhundert entstandenen Ideologien nicht mehr weitgehend unabhängig von Raum und Zeit; sie definieren und verorten sich vielmehr gerade durch den Bezug auf bestimmte historische Ereignisse.

Beispiel: Bewertung der Französischen Revolution

Besonders gilt das für die Französische Revolution. Wie an keinem anderen Ereignis schieden sich an ihr die Geister der Ideologen des 19. Jahrhunderts. Für sie alle signalisierte 1789 das Einläuten einer neuen Ära – allerdings auf sehr unterschiedliche Weise. Für die Liberalen war die Französische Revolution der Beginn einer besseren Zeit. Die Radikalisierung der Revolution, Robespierres von der Guillotine geprägte Terrorherrschaft 1793/94, interpretierten sie als ein Hinausschießen über das Ziel, den ersten in einer Reihe von vorübergehenden Rückschlägen. Letzten Endes, davon waren die Vertreter des Liberalismus überzeugt, würde der 1789 eingeschlagene Weg zu einer besseren Welt führen. In den Augen der Konservativen stand die französische Revolution dagegen für den Anfang vom Ende der Zivilisation. Die Terrorherrschaft der Jakobiner unter Robespierre erschien dem Konservatismus nicht als Verirrung, sondern als logische und unvermeidliche Konsequenz der Zerstörung der traditionellen Ordnung. Sozialisten schließlich sahen die Jakobinerherrschaft grundsätzlich ebenso positiv wie den Beginn der Revolution, als ersten Versuch der Aufrichtung einer Gesellschaft von Gleichen. Ihnen galt 1793/94 als die konsequente Weiterentwicklung der Ideen von 1789. Die Verdammung von beidem durch die Konservativen war für sie nicht im Geringsten nachvollziehbar; die von den Liberalen vorgenommene Trennung in „gute" Ideen von 1789 und „entartete" von 1793 interpretierten sie als Verrat an den Zielen der Revolution. Deren Verwirklichung schrieben sie sich selbst auf ihre Fahnen – oft im wahrsten Sinne des Wortes.

Abb. 5.1: Fahne der deutschen Sozialdemokratie (1873)

Noch etwas unterscheidet die seit dem 19. Jahrhundert entstandenen Weltanschauungen von früheren Ideen: Ideologien begründen organisierte politische Parteien. Und diese werden während der zweiten Hälfte des 19. Jahrhunderts in einer wachsenden Zahl europäischer Länder zu Massenbewegungen. „Politik hört auf, eine Sache nur von Hof und Regierung, von ständischen und kirchlichen Institutionen zu sein ... Die Gesellschaft selbst wird politisch, artikuliert sich in unterschiedlichen Richtungen und sucht die politischen Entscheidungen zu beeinflussen. Diese Bewegungen haben es gewiss mit Interessen zu tun, und es geht in ihnen immer um konkrete Sachverhalte und Maßnahmen, aber sie orientieren sich doch an Ideen. Der politische Kampf ist zunächst – und in den Augen der Zeitgenossen gar – ein Kampf der Ideen davon, wie Staat und Gesellschaft aussehen sollen“ [Nipperdey 1983, S. 286].

Moderne Ideologien begründen Parteien

Liberalismus 5.2

Die erste der drei großen Ideologien des 19. Jahrhunderts ist die liberale. Der Begriff tauchte zuerst 1812 in Spanien auf: „Los Liberales“, „die Freiheitlichen“, nannten sich dort die Anhänger einer Verfassung. Die spanische Verfassung von 1812 war den Ideen der Französischen Revolution verpflichtet: Beschränkung der absoluten Monarchie, Beseitigung adliger Privilegien, Brechung der Macht der Kirche. Damit sind bereits wesentliche Elemente einer Ideologie benannt, die seitdem in ganz Europa als Liberalismus auftrat.

Ursprung des Begriffs

In gesellschaftlicher Hinsicht zielte liberale Politik auf Freiheit von adliger und kirchlicher Herrschaft. Sämtliche Vorrechte, die Aristokraten und Klerus in der ständischen Gesellschaft genossen, wollten die Liberalen beseitigen. Steuerprivilegien ließen sich mit dem liberalen Leitbild ebenso wenig vereinbaren wie Sondergerichtsbarkeiten. Ihr gesellschaftliches Ideal war das der bürgerlichen Sozialordnung, geprägt durch staatsbürgerliche Gleichheit vor dem Gesetz. Von den drei Schlagworten der Revolution von 1789 fanden also die Forderungen nach Freiheit und (rechtlicher) Gleichheit ihre volle Unterstützung. Dem Verlangen nach „Brüderlichkeit“ standen sie dagegen eher reserviert gegenüber: Einer Politik sozialer und wirtschaftlicher „Gleichmacherei“ durch materielle Umverteilung, wie sie während der Jakobinerherrschaft 1793/94 propagiert worden war und später von Sozialisten gefordert wurde, lehnten nahezu alle Liberalen ab. Diese Politik ent-

Liberalismus und Gesellschaft

sprach nicht dem Leitbild der bürgerlichen Ordnung, das ja durchaus an sozialen Unterschieden festhielt, die aber nun eben nur noch durch Leistung bedingt sein sollten.

Liberalismus und Kirche

Um keinen Präzedenzfall für eine Politik der Umverteilung zu schaffen, nahmen Liberale auch meist Abstand davon, nach dem Vorbild der Revolution die Macht des Klerus durch Enteignung des Kirchenbesitzes – Säkularisation – zu brechen. Stattdessen versuchten sie dasselbe Ziel auf dem Weg der Säkularisierung, der Trennung von Staat und Kirche, zu erreichen. Als das Deutsche Reich während der 1870er und 1880er Jahre im sogenannten „Kulturkampf" Geistlichen politische Neutralität auf der Kanzel vorschrieb, die staatliche Aufsicht über kirchliche Schulen einführte und die standesamtliche Trauung verpflichtend machte, geschah das vor allem auf Drängen der Liberalen. Aber auch in vielen anderen europäischen Ländern waren liberale Ideen die entscheidenden Triebkräfte dafür, dass kirchlicher Einfluss auf das öffentliche Leben im Lauf des 19. Jahrhunderts immer weiter zurückgedrängt, Religion zunehmend zur Privatsache wurde.

Liberalismus und Staat

Wie um das Zurückdrängen kirchlichen Einflusses und adliger Privilegien bemühten Liberale sich um die Beschränkung fürstlicher Macht. Tatsächlich erwuchsen liberale Bewegungen meist zuerst aus der Abwehr von Zumutungen des Absolutismus. Allerdings ging es dem Liberalismus in aller Regel nicht um den Sturz von Fürsten und Monarchen. Die wenigsten Liberalen des 19. Jahrhunderts waren Republikaner. Von zentraler Bedeutung war für sie aber, die Freiheit der Bürger gegen fürstliche und staatliche Willkür zu sichern. Der Staat wurde dabei vor allem als etwas gesehen, das die bürgerliche Freiheit gefährdete. Deshalb galt es ihn zu kontrollieren und seine Macht einzuschränken. Staatliche Machtmittel zu nutzen, um Freiheiten zu schaffen und zu gewährleisten, kam nur wenigen Liberalen in den Sinn – und diesen meist auch erst gegen Ende des 19. Jahrhunderts. Die Erfahrungen der Zeit des Absolutismus, in der die Staatsmaschinerie Machtinstrument der Fürsten gewesen war, wirkten lange nach.

Verfassung: Grundrechte

Das politische Leitbild des Liberalismus war daher in den meisten Teilen Europas die konstitutionelle Monarchie. Eine Verfassung sollte die Macht des regierenden Fürsten und des Staates einschränken, indem sie individuelle Freiheitsrechte festschrieb. Die Erklärung der Menschenrechte während der Französischen Revolution wurde zum wichtigsten Vorbild dafür. Indirekt oder direkt beeinflussten auch der Grundrechtekatalog der amerikanischen Unabhängigkeitserklärung, die Philosophie der Aufklä-

Abb. 5.2: Erklärung der Menschenrechte (1789)

rung und Traditionen des englischen Rechts die europäischen Verfassungen des 19. Jahrhunderts. Alle pochten auf Werte wie Meinungs-, Presse- und Glaubensfreiheit.

Verfassung: Gewaltenteilung

Zur Kontrolle fürstlicher und staatlicher Macht verankerten die Liberalen in den von ihnen propagierten Verfassungen außer den Grundrechten noch weitere, weniger papierne Sicherheiten. Das Zauberwort hieß Gewaltenteilung. Diese konnte nach liberalem Verständnis viele Formen annehmen. Sie konnte etwa in einer föderalen Struktur verwirklicht werden, bei der Macht zwischen zentralen Instanzen und regionalen oder lokalen Organen geteilt wurde. Vor allem lokale Selbstverwaltung stand bei europäischen Liberalen des 19. Jahrhunderts hoch im Kurs, zumal sich dabei auf stadtbürgerliche Traditionen aufbauen ließ. Gewaltenteilung konnte aber auch bei den verschiedenen Funktionen staatlicher Gewalt ansetzen. So sollten unabhängige Gerichte die Wahrung der Grundrechte garantieren. Der Aufbau des Rechtsstaats in diesem Sinn war ein langwieriger Prozess. Im Großteil Europas erstreckte er sich über fast das ganze 19. Jahrhundert.

Rechtsstaat

Mindestens ebenso zentral für das Verfassungsverständnis des Liberalismus wie die Etablierung des Rechtsstaats war die Gewaltenteilung zwischen gesetzgebender und ausführender Gewalt, zwischen Legislative und Exekutive. Die Exekutive wurde im liberalen Modell der konstitutionellen Monarchie in der Regel den Fürsten zuerkannt, die Legislative dagegen einem Parlament. Darin erschöpfte sich der unter Liberalen über das Parlament existierende Konsens allerdings auch schon. Tatsächlich waren sie sich in vielen europäischen Ländern anfangs noch nicht einmal einig darüber, wie seine Rolle in der Gesetzgebung genau aussehen sollte. Manche Liberale wollten dem Parlament zunächst sogar nur die Kompetenz zugestehen, Steuern und den Staatsetat zu bewilligen. Ob es nur über Gesetze, die von der Exekutive vorgelegt wurden, entscheiden oder auch eigene Gesetzesinitiative besitzen sollte, blieb zwischen ihnen lange strittig. Bis zum Ersten Weltkrieg konnten viele Liberale etwa in Deutschland sich auch für ein parlamentarisches System, in dem die Regierung vom Parlament gewählt wurde, nicht sonderlich erwärmen, weil sie darin eine Einschränkung der Gewaltenteilung sahen.

Parlament

Liberale und Wahlrecht

Die Ausgestaltung des parlamentarischen Wahlrechts war im Liberalismus ebenfalls heftig umstritten. Die meisten Liberalen des 19. Jahrhunderts waren keine Demokraten. Das gleiche Wahlrecht sucht man in den von ihnen aufgestellten Grundrechtskatalogen häufig vergebens. Als Voraussetzungen für politische Mitbestimmung galten dem Liberalismus Selbstständigkeit und eigene Urteilskraft. Diese aber sprachen fast alle seine Vertreter Frauen nicht zu, und die meisten Liberalen waren in dieser Hinsicht auch gegenüber den besitzlosen und über wenig formale Bildung verfügenden Schichten skeptisch. Anfangs enthielten deshalb nur wenige der europäischen Verfassungen des 19. Jahrhunderts, die unter liberalem Einfluss entstanden, Bestimmungen über ein allgemeines gleiches Wahlrecht zu den gesetzgebenden Körperschaften. Oft favorisierten Liberale ein Zensuswahlrecht, bei dem das Stimmrecht an bestimmten Besitz gebunden war, oder ein Pluralwahlrecht, das zusätzliche Stimmen für Wähler mit hohem Einkommen und hoher formaler Bildung vorsah. Im späten 19. Jahrhundert nahm die Zahl von Parlamenten, die nach dem Prinzip „one man – one vote" gewählt wurden, in Europa zwar zu. Nicht selten führten das gleiche Wahlrecht allerdings – wie im Deutschen Reich 1871 – konservative Regierungen ein, die den Liberalen damit zu schaden hofften. Erst 1918 fanden sich alle Vertreter des Liberalismus in Europa dann wohl oder übel mit der Einführung des allgemeinen gleichen Männerwahlrechts ab. Auch für das Frauenwahlrecht, das vor 1914 allein in Norwegen und Finnland verwirklicht wurde, bedeutete der Erste Weltkrieg einen Fortschritt; in vielen Teilen Europas ließ seine Durchsetzung freilich noch bis nach 1945 auf sich warten.

Abb. 5.3: Die Mutter aller Parlamente: Das britische House of Commons (hier um 1880) war im 19. Jahrhundert ein von Liberalen in ganz Europa bewundertes Vorbild – als Instrument zur Einschränkung monarchischer Macht, aber auch für ein Parlamentswahlrecht, das bis in den Ersten Weltkrieg Besitzende bevorzugte und Frauen ganz ausschloss.

Liberalismus und Wirtschaft

Wie für Politik und Gesellschaft entwickelte die liberale Ideologie auch für den Bereich der Wirtschaft neue Leitbilder. Mit ihnen wird Liberalismus heute vor allem identifiziert. Anders als heute bei den so genannten „Neoliberalen" galt allerdings wirtschaftlichen Angelegenheiten nie das alleinige Interesse der Liberalen des späten 18. und 19. Jahrhunderts. Für viele von ihnen hatten ökonomische gegenüber politischen und gesellschaftlichen Fragen sogar eher nebensächliche Bedeutung. Dass weitgehende Freiheit von staatlichen Eingriffen ein Patentrezept für wirtschaftlichen Wohlstand sei, glaubten sie freilich durchaus. Eine Politik des „laissez-faire", des „Laufenlassens", garantierte in den Augen liberaler Ökonomen das „größtmögliche Glück der größtmöglichen Zahl". Damit verband sich zum Beispiel die Forderung nach Abschaffung der Zünfte, nach Gewerbe- und Niederlassungsfreiheit. Viele Liberale plädierten ebenso für die Aufhebung aller Zölle, um freien Handel zu ermöglichen, weil sie sich davon gleichfalls eine Vermehrung von Wohlstand durch Verbreitung technischen Fortschritts versprachen. Manche sahen durch eine solche Freihandelspolitik aber auch nur die Interessen der technisch Fortgeschrittensten gewahrt. In Kontinentaleuropa wurde sie deshalb von einigen Liberalen während des 19. Jahrhundert abgelehnt, während der Liberalismus im industriellen Pionier Großbritannien fast geschlossen freihändlerisch gestimmt war. Gelegentlich distanzierten Liberale sich auch von einem extrem individualistischen „Manchesterliberalismus", worunter die totale Konkurrenz aller gegen alle verstanden wurde, und befürworteten Kollektivzusammenschlüsse auf freiwilliger Basis, sogenannte „Assoziationen", wie etwa Konsumgenossenschaften. Grundsätzlich aber traten liberale Bewegungen für eine von Staatseingriffen möglichst freie Wirtschaftsordnung ein.

Liberalismus und bürgerliche Interessenpolitik

Dazu trug nicht zuletzt auch bei, dass Sprecher des Liberalismus oft Industrieunternehmer oder andere Angehörige des Wirtschaftsbürgertums waren, die sich vom „freien Spiel der Kräfte" materielle Vorteile versprachen. Und das war nicht der einzige Berührungspunkt liberaler Ideologie mit bürgerlichen Interessen. Wie die wirtschaftlichen blieben auch die sozialen und politischen Leitbilder des Liberalismus von Interesse nicht unberührt. Von dem Abbau adliger und klerikaler Privilegien profitierte schließlich das Bürgertum als neue Elite am meisten. Die Abneigung vieler Liberaler gegenüber dem allgemeinen gleichen Wahlrecht und ihre Vorliebe für Wahlsysteme, die Besitzende und Gebildete bevorzugten, war teilweise ebenfalls in konkreten Interessenlagen begründet. Einen beträchtlichen Teil der Wortführer des Liberalismus stellten schließlich Männer, die über reichlich Besitz oder hohe Bildung verfügten – und nicht selten über beides.

Liberale Zukunftserwartung der „klassenlosen Bürgergesellschaft"

Freilich war liberale Ideologie nie nur Ausdruck bürgerlicher Interessenpolitik. Denn sie wurzelte in der Erwartung, dass der Gegensatz zwischen bürgerlichem Gruppeninteresse und dem

Gemeinwohl sich zunehmend auflösen werde: Immer mehr und schließlich alle Glieder der Gesellschaft würden nicht allein im rechtlichen Sinn – als Staatsbürger –, sondern auch in wirtschaftlicher und sozialer Hinsicht dem Bürgertum angehören. Diese Zukunftserwartung war ein Erbe der Aufklärung. Wie die Aufklärer des 18. glaubten die Liberalen des 19. Jahrhunderts an die Notwendigkeit einer Befreiung des Individuums von „Unmündigkeit". Die Voraussetzung dafür sahen sie in der Verbreitung von Bildung und Besitz: Wie Bildung die geistige, so könne Besitz materielle Unabhängigkeit und Selbstständigkeit gewährleisten. Über solche Voraussetzungen von „Mündigkeit" verfüge einstweilen jedoch nur die Mittelschicht, eben das Bildungs- und Besitzbürgertum. Die breiten Massen der Unterschicht würden dagegen von Adel und Klerus materiell ausgebeutet und in geistiger Abhängigkeit gehalten. Nur den bürgerlichen, „mittelständischen" Existenzen das volle Wahlrecht zuzusprechen, oder ihren Stimmen im Parlament zumindest mehr Gewicht zu verleihen, hatte im Rahmen liberaler Theorie von daher eine gewisse innere Berechtigung. Wenn aber die alte privilegierte Oberschicht aus Adel und Klerus entmachtet und aufgelöst werde, könne sich auch in der von ihr bisher unmündig gehaltenen, ausgebeuteten Unterschicht Bildung und Wohlstand verbreiten. Am Ende der Entwicklung werde dann eine sozial homogene Gesellschaft aus geistig und materiell Selbstständigen stehen – eine „klassenlose Bürgergesellschaft".

Diese Zukunftserwartung schien zumindest im frühen 19. Jahrhundert gar nicht so utopisch. Tatsächlich nahm die Zahl der materiell selbstständigen Existenzen, im Sinn von auf eigene Rechnung wirtschaftenden Unternehmern, Handwerkern, Händlern und Bauern, vor 1850 und oft auch noch danach in vielen Ländern Europas eher zu als ab. Und das Bildungsniveau stieg das ganze Jahrhundert über beständig an. Es gab also durchaus Anhaltspunkte für die liberale Erwartung der Entwicklung zu einer „klassenlosen" Gesellschaft aus in jeder Hinsicht „mündigen", weil unabhängigen Bürgern. Doch zumindest was materielle Unabhängigkeit anging, sollte sich das mit der Industrialisierung ändern. Denn in der Industriegesellschaft ging die Zahl der Selbstständigen zurück, während die der abhängig Beschäftigten zunahm. In Großbritannien setzte dieser Wandel zuerst ein, machte sich im kontinentalen West- und Mitteleuropa ab etwa 1850 bemerkbar und wurde am Ende des Jahrhunderts zunehmend auch in den übrigen Teilen des Kontinents spürbar. Er erschütterte die Fundamente der liberalen Zukunftserwartung.

Liberalismus als vorindustrielle Ideologie

Statt einer „klassenlosen Bürgergesellschaft" schien nun eine industrielle Klassengesellschaft zu entstehen.

Spaltung des Liberalismus durch die „soziale Frage"

Der Liberalismus war als eine vorindustrielle Ideologie entstanden. Durch die Industrialisierung geriet er in eine Krise. Soziale Gegensätze verschwanden nicht, wie erwartet, mit der Zeit von selbst. Manche Liberale begannen daran zu zweifeln, ob das Prinzip des „laissez-faire" wirklich zu gleichmäßigerer Verteilung materieller Güter und zur Hebung des allgemeinen Wohlstands führte. Unter den Bedingungen der Frühindustrialisierung schien ihnen eine von Staatseingriffen möglichst freie Wirtschaftsordnung stattdessen die Unterschiede zwischen Arm und Reich zu vergrößern, ja unter den abhängig Beschäftigten sogar zu Massenelend zu führen. Die „soziale Frage" spaltete schließlich die liberale Bewegung in zwei Gruppen. Die entschiedenen Wirtschaftsliberalen hielten am „laissez-faire"-Prinzip fest. Die Sozialliberalen befürworteten dagegen, neben der Unterstützung von privaten Konsumgenossenschaften und „Produktiv-Assoziationen", nun auch stärkere staatliche Eingriffe in den Wirtschaftskreislauf: die Einrichtung von Sozialversicherungen, verbindliche Regelungen von Arbeitszeit, Arbeitsbedingungen und vieles mehr.

Spaltung über Wahlrechts- und Verfassungsfrage

Doch das Zerrinnen der Erwartung einer „klassenlosen Bürgergesellschaft" zur Utopie beschwor nicht nur eine Spaltung über die „soziale Frage" herauf. Das Prinzip der Volkssouveranität war Teil liberaler Ideologie. Zu diesem Prinzip stand die Einschränkung von Wahlrecht und parlamentarischer Macht tendenziell im Widerspruch: Schließlich konnte das Volk nicht wirklich Souverän sein, wenn beträchtliche Teile selbst der männlichen Bevölkerung von der Wahl der Volksvertretung ausgeschlossen blieben und diese Volksvertretung nicht das staatliche Machtzentrum war. Solange die Einschränkungen nur vorübergehend gelten sollten, bis zum Erreichen der „Mündigkeit" aller Staatsbürger, waren die Einschränkungen freilich zu ertragen. Doch als die Hoffnungen auf eine klassenlose Bürgergesellschaft infolge der Industrialisierung wie Seifenblasen platzten, stellte sich die Wahlrechts- und Verfassungsfrage für viele Liberale neu. Die einen hielten noch bis 1918 an der Privilegierung von Besitz und Bildung in einem Parlament mit nur beschränkter Macht fest. Diese Gruppe bezeichnet man im deutschen Sprachraum als Konstitutionelle, wegen ihres Festhaltens am System der konstitutionellen Monarchie mit strikter Gewaltenteilung zwischen parlamentarischer Legislative und monarchischer Exekutive. Ihnen gegenüber standen die Demokraten oder Radikalen: Sie setzten sich stattdessen für eine parlamentarische Verfassung, mit Abhängigkeit der Exekutive vom Parlament, und ein allgemeines gleiches Wahlrecht ein.

Spaltung liberaler Parteien

Die Spaltung des Liberalismus als Ideologie spiegelte sich vor allem seit dem letzten Drittel des 19. Jahrhunderts in politischen Spaltungen liberaler Parteien. Dabei verbanden sich mit den Meinungsverschiedenheiten über soziale, Wahlrechts- und Verfassungsfrage auch noch andere Differenzen. So kam es unter den Liberalen in Preußen 1866 zur Spaltung darüber, ob man dem Ausbau parlamentarischer Macht oder der deutschen nationalen Einigung Priorität geben sollte. Nach der Reichseinigung 1871 wucherte der Spaltpilz unter anderem auch wegen Auseinandersetzungen zwischen Befürwortern und Gegnern einer Freihandelspolitik weiter. Zeitweilig gab es deshalb im Deutschen Reich vier und mehr liberale Parteien. In Frankreich und Italien existierten ebenfalls mehrere liberale Gruppen nebeneinander. In nahezu sämtlichen europäischen Staaten waren die Liberalen von allen politischen Richtungen des späten 19. Jahrhunderts am stärksten zersplittert. Sogar in Großbritannien, wo ein absolutes Mehrheitswahlrecht solcher Zersplitterung eigentlich entgegenwirkte, kam es 1885/86 zur Spaltung der Liberal Party. Anlass dafür war eine Kontroverse um die Selbstregierung Irlands; im Hintergrund standen aber auch hier soziale und Wahlrechtsfrage.

Niedergang des europäischen Liberalismus

Solche ideologischen und organisatorischen Spaltungsprozesse trugen zum Niedergang des Liberalismus in Europa bei. Zwischen etwa 1850 und 1880 hatte er sich auf dem Höhepunkt seines Einflusses befunden. Wo es in Europa während dieser Zeit schon eine öffentliche Meinung gab, die sich in Presse und Politik frei äußern konnte, wurde sie meist von den Liberalen gemacht. Liberale Parteien dominierten die europäischen Parlamente oder spielten in ihnen zumindest eine wichtige Rolle. Liberaler Druck hatte die absolute Monarchie ebenso wie adlige und kirchliche Privilegien in West- und Mitteleuropa zurückgedrängt; bis 1918 sollten diese ganz beseitigt sein. Doch ab ungefähr 1880 verdichteten sich die Anzeichen für Verfall und Niedergang des Liberalismus zunächst in seinen kontinentaleuropäischen Hochburgen, etwas später auch in Großbritannien. Die liberale Bewegung zerfiel nicht nur in einzelne Richtungen und miteinander konkurrierende Parteien. Diese Parteien vermochten bei Wahlen auch zusammengenommen immer weniger Stimmanteile zu gewinnen, so dass sie in den europäischen Parlamenten eine zunehmend geringere Rolle spielten. Nach 1918 beschleunigte sich diese Entwicklung noch einmal beträchtlich. In Deutschland verschwanden Liberale bis 1933 fast völlig aus dem nationalen Parlament, und nach 1945 gelang ihnen nur ein bescheidenes Comeback. Aber auch in den übrigen größeren Ländern Europas hörten liberale Parteien bereits in der Zeit zwischen den Weltkriegen auf, mehr als marginalen Einfluss auf Politik zu haben – selbst wenn diese Länder ein funktionierendes parlamentarisches System beibehielten, wie Großbritannien oder Frankreich.

Ursachen des Niedergangs

Oberflächlich betrachtet war das eine Folge des Aufstiegs anderer Parteien und Massenbewegungen, deren Parolen scheinbar zugkräftiger waren: der Sozialisten und Kommunisten, der Konservativen, konfessioneller Gruppen, in Deutschland und Italien auch der Faschisten. Tatsächlich liegen die Ursachen für den Niedergang des Liberalismus aber tiefer. Überspitzt gesagt ist der Liberalismus nie eine Massenbewegung gewesen. Seine bis in die 1870er Jahre starke Stellung verdankte sich vor allem der erfolgreichen Mobilisierung bürgerlicher Eliten. Die Unterstützung zahlenmäßig relativ kleiner, aber einflussreicher Gruppen vor allem aus dem Bildungs- und Wirtschaftsbürgertum reichte meist aus, um die öffentliche Meinung zu beherrschen und die noch kleineren adligen Eliten zurückzudrängen. Wo es vor den 1870er Jahren schon Parlamente in Europa gab, war das Wahlrecht meist dermaßen eingeschränkt oder die Wahlbeteiligung so gering, dass die Mobilisierung der bürgerlichen Schichten zur Gewinnung einer großen Zahl der Mandate genügte. Doch dann wurde das Wahlrecht in immer mehr Staaten Europas zunehmend ausgeweitet, und die Wahlbeteiligung stieg steil an. In absoluten Zahlen verloren die Liberalen meist zumindest bis 1918 noch nicht einmal Wählerstimmen. Aber die neuen Parteigruppen, die Sozialisten, die Konservativen und andere gewannen hinzu. Das gelang den liberalen Parteien dagegen langfristig nicht. Ihr Niedergang war, wenigstens bis zum Ersten Weltkrieg, das Resultat von Stagnation in einer Zeit massenhafter politischer Mobilisierung.

Sieg in der Niederlage

Warum aber konnten die Liberalen für ihre Anliegen keine Massen neuer Wähler begeistern? So paradox es zunächst klingen mag, lag das nicht daran, dass ihre Parolen zu wenig zugkräftig, sondern dass sie im Gegenteil gerade zu zugkräftig waren. Denn viele der seit Anfang des 19. Jahrhunderts vom Liberalismus vertretenen Ziele – Gleichheit vor dem Gesetz, Rechtsstaat, Verfassungen, individuelle Freiheitsrechte – hatten am Ende des Jahrhunderts unter Europäern soviel an Attraktivität gewonnen, dass sie sich allgemeiner Akzeptanz erfreuten, oder jedenfalls einer Akzeptanz weit über den Kreis liberaler Parteien und ihrer Anhänger hinaus. Um diese Ziele zu wählen, musste man kein

Kreuzchen mehr bei einer liberalen Partei machen. Bezeichnenderweise beschleunigte sich der Niedergang des Liberalismus als politischer Bewegung 1918 noch einmal gewaltig, als die alte Welt der Adelsherrschaft, des Absolutismus und der Ständegesellschaft in ganz Europa endgültig überwunden worden war. Die liberalen Parteien hatten sich gerade durch ihre Erfolge überflüssig gemacht, die liberale Ideologie sich durch ihre Diffusion in andere Ideologien aufgelöst. Am Ende der Geschichte des Liberalismus stand so ein Sieg in der Niederlage.

Konservatismus 5.3

Francois René Vicomte de Chateaubriand war ein ausgesprochen vielseitiger Mann. Liebhaber der französischen Literatur kennen ihn als Autor eines halben Dutzends romantischer Novellen und Romane sowie zahlreicher Essays. Freunde der französischen Küche verbinden seinen Namen mit einem ziemlich gehaltvollen Steak. Aus historischer Sicht kann er mit einigem Recht beanspruchen, einer der Begründer des Konservatismus zu sein.

Entstehung des Begriffs

Chateaubriand war ein Adliger, ein entschiedener Anhänger der Monarchie, der sich 1789 gegen die Französische Revolution stellte und deshalb ins Exil zuerst in die USA und dann nach Großbritannien gehen musste. Er kehrte nach Frankreich zurück, als Napoleon die Macht übernommen hatte, und arbeitete eine Zeit lang in dessen Regierung. Doch Chateaubriands Hoffnung, dass Napoleon das alte System wieder herstellen würde, erfüllte sich nicht. Enttäuscht wandte er sich daraufhin der alten französischen Königsdynastie der Bourbonen zu. Als diese 1815 wieder ihre Herrschaft aufrichten konnte, bedrängte Chateaubriand sie, auf keinen Fall Zugeständnisse an den liberalen Zeitgeist zu machen. Kompromisse mit den Ideen der Revolution seien vollkommen fehl am Platz. Stattdessen müsse man nun alle Energie auf die Konservierung, die Bewahrung des wieder hergestellten alten Systems verwenden. Um diesen politischen Kurs auch in der Öffentlichkeit zu propagieren, gründete Chateaubriand 1818 die Zeitung „Le Conservateur“ – „Der Bewahrer“. Der Titel der Zeitung gab der konservativen

Abb. 5.4: Chateaubriand

Ideologie ihren Namen. Von Frankreich aus verbreitete sich der Begriff „Konservatismus" – oder, etwas umständlicher, „Konservativismus" – schnell durch ganz Europa.

Reaktion auf Liberalismus

Wie das Beispiel seines Taufpaten Chateaubriand zeigt, wurde der Konservatismus des 19. Jahrhunderts nicht zuletzt durch die Auseinandersetzung mit dem Liberalismus geprägt. Was die Liberalen forderten, verweigerten die Konservativen. Liberale Politik wollte das Neue. Die Politik der Konservativen hielt am Alten fest. Das Alte war zunächst die Ständegesellschaft, die ständische und monarchische Ordnung. In der Auseinandersetzung mit ihren liberalen Gegnern wurden die Konservativen allerdings gezwungen, sich und anderen klar zu machen, was eigentlich die zentralen Werte dieser alten Ordnung gewesen waren. Und daraus entwickelten sich Kategorien einer Ideologie, die von der Vergangenheit abgelöst und als Richtlinien einer zukünftigen Ordnung, auch unter anderen Rahmenbedingungen als denen der ständischen Gesellschaft, verstanden werden konnten.

Gesellschaft wichtiger als Individuum

Drei Kategorien sind von zentraler Bedeutung in dieser konservativen Ideologie. Zunächst einmal ist dem Konservatismus die Gesellschaft wichtiger als das Individuum. Ausgangspunkt dieser Kategorie war die Ablehnung des Individualismus der Aufklärung und der Liberalen. Für die Konservativen leitete sich aus der sozialen Natur des Menschen ein Vorrang der Gesellschaft ab: Der Mensch lebe schließlich in Gruppen, in Familien, in Zünften, in religiösen Gemeinschaften. Die Gesellschaft verglichen Konservative des 19. Jahrhunderts gerne mit einem Organismus: Alle Organe hätten darin ihre verschiedene, aber gleichermaßen wichtige Aufgabe. Wenn eines seinen Platz verlasse, breche der ganze Organismus zusammen. Das Ganze und seine Teile seien zu ihrem Funktionieren aufeinander angewiesen. Die Emanzipation, die Befreiung des Individuums zur Selbstständigkeit, wie sie den Liberalen vorschwebte, machte aus konservativer Sicht deshalb nicht den geringsten Sinn. Aus dieser Perspektive war das, was die Menschen brauchten, nicht Freiheit, sondern Ordnung.

Ordnung statt Freiheit

Ordnung statt Freiheit – das war die zweite Kategorie konservativer Ideologie. Die Alternativen erschienen glasklar: Die Menschheit konnte wählen zwischen liberaler Freiheit und konservativer Ordnung; einen dritten Weg gab es nicht. Freiheit, davon waren Konservative des 19. Jahrhunderts überzeugt, führte immer zur Unordnung, zum Chaos. Die Liberalen mochten anderer Meinung sein, weil sie in der aufklärerischen Tradition standen, nach der der Mensch gut sei. Doch Konservative glaubten es besser zu wissen: Der Mensch sei nicht gut, sondern fehlerhaft, neidisch, egoistisch. Für Chateaubriand und seine Gesinnungsgenossen waren Erfahrung und Interpretation der Französischen Revolution von entscheidender Bedeutung für dieses Menschenbild. Aus den liberalen Anfängen von 1789 seien schließlich Diktatur und Terror geworden, aus der anfänglichen Forderung nach Freiheit schließlich die Unterdrückung der Freiheit im Namen der Gleichheit.

Autorität statt Majorität

Dagegen helfe letzten Endes nur die Aufrechterhaltung der Autorität in allen gesellschaftlichen Bereichen. Autorität statt Majorität, das war die dritte Kategorie konservativer Ideologie. Das Prinzip der Majorität, der Mehrheitsentscheidung, basierte auf dem nach konservativem Verständnis grundfalschen Prinzip der Gleichheit aller Menschen. Konservative verzeichneten dabei, häufig bewusst, die liberale Forderung nach Rechtsgleichheit in totale „Gleichmacherei". Weil die Menschen aber weder gleich noch gut seien, könnten Mehrheitsentscheidungen und Diskussionen nie dem Wohl der Allgemeinheit, sondern nur dem einzelner Interessengruppen auf Kosten anderer dienen. Das allgemeine Wohl garantieren konnten nach konservativem Verständnis nur Autoritäten – mochten sie durch Gott, durch Tradition oder durch einmalige Übereinkunft begründet worden sein. Deshalb erschienen väterliche Autorität in der Familie und politische Autorität des Monarchen ebenso unverzichtbar wie soziale Autorität des Adels und religiöse Autorität des Klerus.

Konkrete Ziele: „Christlicher Staat"

Die konkreten Ziele konservativer Bewegungen ergaben sich daraus. Eines der wichtigsten war die Aufrechterhaltung des „christlichen Staats". Während Liberale Religion zur Privatsache machen wollten, bestanden Konservative auf ihrer öffentlichen Bedeutung. Sie stimmten darin mit den Vertretern konfessioneller Parteien überein, mit denen sie in dieser und anderen Fragen oft Bündnisse eingingen. Kirchliche Autoritäten sollten auch im weltlichen Bereich Einfluss behalten, christliche Werte weiterhin eine wichtige Rolle in Politik und Gesellschaft spielen. Ein Echo dieser Auffassung hallt bis heute in Debatten über die Integration von nichtchristlichen Migranten nach. Während des 19. Jahrhunderts begründete das Konzept des „christlichen Staats" ähnlich die ablehnende Haltung vieler Konservativer gegenüber der Judenemanzipation, der Verleihung voller Bürgerrechte an Juden.

Vor allem aber opponierten Konservative gegen die liberale Forderung nach Trennung von Staat und Kirche. Zu Recht argwöhnten sie, dass mit dem „Bündnis von Thron und Altar" der alten monarchischen Ordnung eine zentrale Stütze entzogen wurde.

Nur unter außergewöhnlichen Umständen fanden sich Konservative dazu bereit, eine solche Säkularisierung zu unterstützen. Das prominenteste Beispiel dafür war Otto von Bismarck, der erste Kanzler des Deutschen Reiches von 1871. Bismarck war erzkonservativ. Dennoch machte er sich das liberale Programm des „Kulturkampfs" gegen vor allem die katholische Kirche während der 1870er Jahre zu eigen. Der Grund dafür war Zweifel an der Loyalität der Katholiken und ihrer Organisationen gegenüber dem neu gegründeten Reich mit seiner protestantischen Bevölkerungsmehrheit. Bismarck vermutete nicht ganz grundlos Sympathien der deutschen Katholiken für die ebenfalls katholischen Habsburger, die 1866 im preußisch-österreichischen Krieg aus dem Deutschen Bund herausgedrängt worden waren. Zudem hielt er die primäre Loyalität der katholischen Reichsbürger für „ultramontan" ausgerichtet, das heißt auf den Papst in Rom „jenseits der Berge", nämlich der Alpen. Bismarcks Einsatz im Kulturkampf war also weniger durch Sympathien für das liberale Programm einer Trennung von Staat und Kirche begründet als durch Zweifel an der Treue der Katholiken gegenüber seinem Herrn, dem preußischen König und deutschen Kaiser.

Stärkung der Monarchie

Denn die Stellung der Monarchie zu verteidigen, galt Konservativen in ganz Europa als noch wichtiger. Männer wie Chateaubriand setzten sich in diesem Sinn kompromisslos für die Wahrung der absoluten Fürstenherrschaft ein. Eine zunehmende Zahl von Vertretern des Konservatismus konnte sich freilich auch mit konstitutionellen Systemen anfreunden. Für einige, wie etwa Bismarck, war das eine pragmatische Anpassung an den Zeitgeist: Die konstitutionelle Monarchie erschien ihnen

Abb. 5.5: „Einer Meinung – (wenigstens diesmal)": Bismarck und der Papst stemmen sich nach Abschwellen des Kulturkampfs gemeinsam gegen das Eindringen der Fackeln „Demokratie", „Nihilismus" (=Anarchismus) und „Sozialismus" – wobei der Zeichner offen lässt, ob die Fackelträger das Innere anzünden oder erleuchten wollen (englische Karikatur 1879).

gegenüber der parlamentarischen noch als das geringere Übel, von einer Republik ganz zu schweigen. Andere Konservative fanden sich mit dem Konstitutionalismus aber auch schon frühzeitig deshalb ab, weil die Einschränkung fürstlicher Gewalt adligen Interessen entgegenkam.

Interessen des Adels

Obwohl Konservatismus sich ebenso wenig wie Liberalismus in Interessenpolitik erschöpfte, war die Wahrnehmung adliger Interessen ein wichtiges, wenn nicht das wichtigste Ziel konservativer Politik im Europa des 19. Jahrhunderts. Die Verteidigung dieser Interessen gegen den fürstlichen Absolutismus hatte konservative Strömungen schon begründet, bevor nach 1789 der Liberalismus als neuer Gegner entstand. Seitdem mussten aristokratische Privilegien jedoch zunehmend weniger gegen absolute Herrschaftsansprüche der Fürsten, mehr und mehr jedoch gegen liberale Reformprojekte verteidigt werden. Zudem geriet auch die wirtschaftliche Grundlage von adliger Existenz durch liberale Politik in Gefahr. Nicht nur wurden mit dem Abbau der Ständegesellschaft steuerliche Privilegien beseitigt. Die Öffnung der europäischen Agrarmärkte für Importe aus Übersee durch eine liberale Freihandelspolitik bedrohte auch die Einkünfte aus der Landwirtschaft, die in fast allen europäischen Ländern im 19. Jahrhundert noch die Haupteinnahmequelle des Adels bildeten.

Konservative Strategien: Rückzugsgefechte der Eliten oder Wandel zur Massenbewegung

Um dieser vielfältigen Bedrohung entgegenzutreten, standen europäischen Konservativen verschiedene Strategien zur Verfügung. Auch der Konservatismus spaltete sich daher in vielen europäischen Ländern ideologisch wie parteipolitisch, ohne dass diese Spaltungen allerdings so weit gingen wie bei den Liberalen. Im Wesentlichen kristallisierten sich zwei Gruppen heraus. Die eine neigte dazu, sich kompromisslos dem liberalen Zeitgeist entgegenzustellen. Für diese Strategie standen Männer wie Chateaubriand. Sie verwickelten sich jedoch mehr und mehr in letztlich aussichtslose Rückzugsgefechte. Vergleichsweise vielversprechender war dagegen die alternative Strategie, konservative Strömungen zu Massenbewegungen zu verwandeln. Vor allem die englischen Konservativen, denen das unter den Bedingungen eines politischen Massenmarktes sehr früh gelang, wirkten hier als Vorbild.

Konservatismus als Agrarbewegung

Um als Partei massenhaften Anhang zu gewinnen, gab es für die Konservativen verschiedene Möglichkeiten. Eine war, sich als Agrarbewegung zu profilieren. Die wirtschaftlichen Interessen der meisten Aristokraten, die ihre Einkünfte hauptsächlich aus der Landwirtschaft bezogen, legten das nahe. Zudem stand mit der bäuerlichen Bevölkerung ein großes Potential an Wählern bereit, die von der Industrialisierung verunsichert waren und sich durch liberale Freihandelspolitik vielfach ebenso in ihrer Existenz bedroht fühlten wie adlige Großgrundbesitzer. In allen europäischen Ländern setzten Konservative deshalb früher oder später einmal auf diese Karte. Im Deutschen Reich wurde der in den 1890er Jahren gegründete Bund der Landwirte sogar zur faktischen Parteiorganisation der Deutschkonservativen Partei. Allerdings nahm mit fortschreitendem Industrialisierungsgrad die Größe der agrarischen Bevölkerung ab – und damit auch die Zahl der potentiellen Wähler aus diesem Sektor. Vor allem in den zuerst industrialisierten Ländern in Nordwest- und Mitteleuropa reichte Konservativen daher eine Profilierung als Agrarbewegung auf Dauer nicht aus, wollten sie sich in hochgradig politisierten Massengesellschaften auf Dauer als Kraft von Bedeutung etablieren.

Antikapitalistischer und antiindustrieller Konservatismus

Statt als rein landwirtschaftliche konnte der Konservatismus sich auch als allgemein antiindustrielle und antikapitalistische Interessenvertretung präsentieren. Wie der Liberalismus war der Konservatismus eine im Grunde vorindustrielle Ideologie. Seine eigentliche Trägerschicht, der grundbesitzende Adel, wurde durch den Aufstieg des industriellen Wirtschaftsbürgertums als gesellschaftliche Führungselite herausgefordert. Aber auch andere soziale Gruppen sahen sich durch den Siegeszug des kapitalistischen Industriesystems bedroht. Dazu gehörten neben der landwirtschaftlichen Bevölkerung auch Handwerker und Kleinhändler. Und nicht zuletzt stand die schnell wachsende Zahl der Industriearbeiter in einem Gegensatz zum kapitalistischen Wirtschaftsbürgertum. Mit antikapitalistischen und antiindustriellen Parolen warben Konservative nicht ohne Erfolg um diese Gruppen. In Großbritannien etwa bezeichnete man als „Tory workers" jene Industriearbeiter, die die Conservative Party – die „Tories" – wählten. In Deutschland stellte Bismarck Anfang der 1860er Jahre bei Gesprächen mit dem Sozialistenführer Ferdinand Lassalle Sozial- und Wahlrechtsreformen in Aussicht, um Arbeiterstimmen zu gewinnen. Während der 1880er Jahre warb er erneut mit Gesetzen zur Sozialversicherung der Arbeiter um deren Sympathie für die konservative Sache.

Auf Dauer verliefen solche Bemühungen allerdings nicht besonders glücklich für die Konservativen. In Deutschland blieb konservativen Parteien vor 1918 fast jeder Erfolg unter Industriearbeitern versagt. Diese sammelten sich, wie in den meisten sich industrialisierenden Staaten Europas, stattdessen bei den Sozialisten. In Großbritannien konnten zunächst die Liberalen eine

Mehrheit der Arbeiter für sich gewinnen, bis diese nach 1900 dann größtenteils ebenfalls im Rahmen der Labour Party eine andere politische Heimat fanden. Von der Stammwählerschaft konservativer Parteien trennten die meisten Industriearbeiter dagegen tiefe Interessengegensätze. Zum einen hatten die Industriearbeiter als Konsumenten Interesse an billigen Nahrungsmitteln. Bauern und grundbesitzender Adel waren dagegen an möglichst hohen Preisen für Agrarprodukte interessiert. Zum anderen bestanden nicht nur zwischen Arbeitern und – häufig liberalem – Wirtschaftsbürgertum Klassengegensätze, sondern auch zwischen Arbeitern und konservativer Klientel: Denn selbstständige Handwerker und Händler waren ebenso Arbeitgeber wie adlige Großgrundbesitzer, die ihre landwirtschaftlichen Betriebe im Lauf des 19. Jahrhunderts zudem mehr und mehr nach kapitalistischen Grundsätzen führten. Die Attraktivität der Konservativen für abhängig Beschäftigte in der Industrie, aber auch im übrigen Gewerbe und in der Landwirtschaft blieb deshalb chronisch gering.

Konservatismus als Antisozialismus

Für die Konservativen ergab sich freilich die Möglichkeit, aus der Not eine Tugend zu machen und sich als antisozialistische und Arbeitgeberpartei zu profilieren. Damit waren sie in manchen europäischen Ländern auch erfolgreich. Vor allem in Großbritannien gelang es der Conservative Party frühzeitig, große Teile des Bürgertums anzuziehen. Im Deutschen Reich und in anderen Ländern auf dem Kontinent wanderten Teile des Bürgertums ebenso als Wähler zu konservativen Gruppen ab.

Konservatismus und Nationalismus

Speziell in Deutschland verband sich die Abwanderung bürgerlicher Wählergruppen zu den Konservativen auch mit einer Hinwendung des Konservatismus zum Nationalismus. Die Mehrheit der preußischen Konservativen hatte während der 1860er Jahre Bismarcks Politik der Gründung des Deutschen Reichs zunächst nicht mitgetragen. Ihre Loyalität galt, wie bei den meisten anderen Konservativen in Deutschland, vorrangig dem Einzelstaat. In den 1870er Jahren änderte sich das jedoch zunehmend und kam schließlich in der Neugründung einer Deutschkonservativen Partei zum Ausdruck.

Auch in anderen europäischen Staaten präsentierten Konservative sich im späten 19. Jahrhundert vielfach als lautstarke Nationalisten. Mehr als ihre liberalen und sozialistischen Konkurrenten redeten sie, aus Überzeugung und aus wahltaktischem Kalkül, vor 1914 einer aggressiven Außenpolitik gegenüber den Nachbarstaaten das Wort. Zum Ausbruch des Ersten Weltkriegs trug in mehreren Ländern Mittel- und Osteuropas auch die Hoffnung konservativer Eliten bei, durch einen militärischen Erfolg nach außen die eigene Stellung im Innern festigen zu können. Diese Hoffnung erfüllte sich nicht. Stattdessen bereiteten die Erschütterungen des Krieges den Boden für eine weitere Wandlung des Konservatismus vor, die allerdings nicht mehr Thema dieses Kapitels ist.

5.4. Sozialismus

Die letzte der drei großen Ideologien des 19. Jahrhunderts ist der Sozialismus. Zwar waren manche seiner Elemente, wie beim Liberalismus und Konservatismus auch, schon vor 1789 vorhanden. Wie liberales Gedankengut in der Philosophie der Aufklärung und konservative Ideen in adliger Kritik am Absolutismus, kamen einzelne sozialistische Strömungen bereits in der utopischen Literatur der Frühen Neuzeit zum Ausdruck. Der Begriff Sozialismus verbreitete sich aber erst um 1830. Bis zum Ersten Weltkrieg wurde er synonym mit Kommunismus benutzt, häufig aber auch noch danach. Während sich das Wort Sozialismus vom lateinischen „socius" (Genosse, Gefährte) ableitet, kommt Kommunismus von „communitas", für Gemeinschaft. Folgerichtig akzentuierten Sozialisten die Bedeutung des Kollektivs. Sie distanzierten sich von der liberalen Betonung der Freiheit des Individuums. Gleichzeitig grenzten sie sich aber auch vom konservativen Ideal einer hierarchisch und autoritär strukturierten Gesellschaft ab.

Begriff

Abb. 5.6: Drei Staatsformen – konservative Aristokratie, Liberalismus, Sozialismus (anonyme Karikatur 1895)

Eine Ende des 19. Jahrhunderts entstandene Serie von Zeichnungen, in der die von den drei Ideologien angestrebten Staats- und Gesellschaftsformen in Form von Schweineherden karikiert werden, illustriert gut die aus sozialistischer Sicht bestehenden Unterschiede. Aus dieser Sicht krankte die aristokratisch-konservative Ständeherrschaft an den großen sozialen Unterschieden zwischen einer kleinen Gruppe von hochgemästeten Privilegierten und der großen Masse von ausgemergelten Hungerleidern, die vom Futtertrog ausgesperrt blieben. Das liberale Prinzip der „freien Konkurrenz“ führe dagegen nur zum chaotischen Kampf aller gegen alle. Allein die nach dem Grundsatz „Jedem sein Teil“ organisierte sozialistische Gemeinschaft vermöge eine geordnete und gerechte Verteilung gesellschaftlicher Ressourcen zu gewährleisten.

Sozialistische Ideale und Ziele

Wie die Liberalen, aber im Gegensatz zu den Konservativen sahen sich auch die Sozialisten den Ideen von 1789 verpflichtet. Während an der Spitze der liberalen Agenda jedoch Freiheit stand, war für Sozialisten Brüderlichkeit der oberste Wert. Und wo die Liberalen Gleichheit vor allem im rechtlichen Sinn interpretierten, nämlich als Gleichberechtigung aller Staatsbürger, verstanden Sozialisten Gleichheit vor allem materiell und wirtschaftlich. Sozialismus im weiteren Sinn umfasst daher alle Bemühungen, die wirtschaftliche Lage der Unterschichten zu verbessern. Im engeren Sinn wurde Sozialismus während des 19. Jahrhunderts allerdings zunehmend mit einer Politik identifiziert, die dieses Ziel durch die Abschaffung von Privateigentum und dessen Umwandlung in kollektives Eigentum anstrebte.

Sozialisten traten freilich nicht nur rigoros für wirtschaftliche, sondern auch für politische Gleichstellung aller Staatsbürger ein. Anders als die Liberalen, von denen sich viele nur langsam zum allgemeinen und gleichen Wahlrecht bekannten, waren sie durch die Bank von jeher Demokraten. Das galt zumindest für die Gleichberechtigung aller Männer an der Wahlurne, nicht so sehr dagegen mit Blick auf die Frauen. Erst als diese sich nach 1900 in den Reihen der sozialistischen Parteien selbst massenhaft engagierten, bröckelten die hier wie auch in den anderen beiden großen Ideologien ursprünglich vorhandenen Vorurteile über weibliches Urteilsvermögen in der Politik. Dann allerdings wurden aus Sozialisten in Europa die ersten nachdrücklichen Befürworter des Frauenwahlrechts.

Vergleich der Elemente von Liberalismus, Konservatismus und Sozialismus

	Liberalismus	Konservatismus	Sozialismus
Zentraler Wert	Freiheit	Ordnung	Brüderlichkeit
Religion	Trennung von Staat und Kirche	Bündnis von „Thron und Altar"	Trennung von Staat und Kirche
Gesellschaft	Betonung des Individuums	Betonung der Autorität	Betonung der Gemeinschaft
Wirtschaft	Freie Konkurrenz	Privilegierung traditioneller Eliten	„Jedem sein Teil"
Politik	Konstitutionelle Monarchie oder Demokratie	Monarchie und Aristokratie	Demokratie oder proletarische Diktatur
Utopie	klassenlose Bürgergesell-schaft	Wiederherstel-lung der Ständegesellschaft	Gesellschaft von Gleichen

Frühsozialismus

Theorie und Praxis des Sozialismus haben sich im Lauf des 19. Jahrhunderts entwickelt und verändert. Tatsächlich kann man in fast allen Ländern Europas bis etwa zur Mitte des Jahrhunderts kaum von einer Praxis als politischer Bewegung sprechen. In dieser Phase des Frühsozialismus war sozialistische Ideologie eine Sache einzelner Individuen oder kleiner Gruppen. Von den konservativen Regierungen der Zeit kriminalisiert, konnten sie lediglich im Untergrund bescheidene Aktivitäten entfalten. In einigen Staaten des Kontinents, so vor allem in Russland, änderte sich an diesen Rahmenbedingungen politischen Engagements für Sozialisten sogar bis zum Ersten Weltkrieg nicht allzu viel. In West- und Mitteleuropa kam es dagegen 1848/49 zu ersten Gründungen von sozialistischen Parteigruppen. Diese wurden freilich bald, nach dem Scheitern der Revolutionsbewegungen, wieder verboten. Erst seit den 1860er Jahren entstanden dann dauerhafte Massenorganisationen. Davor war Sozialismus weniger eine Sache praktischer Politik als die einer Handvoll von Philosophen.

Christlicher Sozialismus: Saint-Simon

Einer der ersten, wenn nicht der erste dieser frühsozialistischen Philosophen war der Franzose Claude Henri de Saint-Simon. Ein Adliger wie sein konservativer Zeitgenosse Chateaubriand, vertrat und lebte Saint-Simon doch gänzlich andere Prinzipien als dieser. 1789 schlug er sich auf die Seite der Revolutionäre. Während Chateaubriand die traditionelle christliche Religion als Stütze der Monarchie und der alten Ständeordnung instrumentalisierte, plädierte

Saint-Simon für ihre Umwandlung und Ersetzung durch den Sozialismus. Diesen bezeichnete er im Titel seines letzten Buchs als „Nouveau Christianisme" – das „neue Christentum". Schließlich hätten, argumentierte er, schon Jesus und seine Jünger in vollkommener Gütergemeinschaft und ohne privates Eigentum gelebt.

Saint-Simons christlicher Sozialismus hat die meisten seiner Gesinnungsgenossen des frühen 19. Jahrhunderts stark beeinflusst. Aber auch danach blieben Verbindungslinien zur Religion bestehen. Obwohl oder gerade weil Sozialisten anders als Liberale und Konservative mit dem Anspruch auftraten, das Christentum zu ersetzen, nahm der Sozialismus mehr als die rivalisierenden Ideologien Formen einer politischen Religion an. Wie das Christentum verhieß er seinen Anhängern ein am Ende der Zeit stehendes Paradies – in Form der keine materielle Not und keine Konflikte mehr kennenden kommunistischen Gesellschaft. Wie sonst im 19. Jahrhundert nur noch Nationalisten betrieben Sozialisten einen wahren Personenkult, der der Verehrung von Propheten im Christentum gleichkam: So hing in sozialistisch gesinnten Haushalten des deutschen Kaiserreichs um 1900 ein Bild des SPD-Vorsitzenden August Bebel an prominenter Stelle, etwa am Esstisch oder über dem Kamin – während Katholiken dort ein Bild des Papstes und national gesinnte Protestanten ein Porträt des Kaisers hängen hatten.

Genossenschaften: Robert Owen

Unter den frühsozialistischen Propheten unternahm der Brite Robert Owen die ersten Anläufe, Utopien in Form von Genossenschaften auch in die gesellschaftliche Praxis umzusetzen. Owen, der im Sozialismus wie Saint-Simon eine neue, das Christentum ersetzende Religion sah, hatte sich aus einfachen Verhältnissen zum erfolgreichen Industriellen hochgearbeitet. Mit den Profiten aus seiner Textilfabrik finanzierte er genossenschaftliche Kommunen. Deren Mitglieder lebten und arbeiteten in großen Gemeinschaftshäusern zusammen und besaßen kein Privateigentum. Keines dieser frühsozialisti-

Abb. 5.7: Wandschmuck aus einer deutschen Arbeiterwohnung im späten 19. Jahrhundert, mit einem Porträt des SPD-Vorsitzenden August Bebel

schen Experimente mit Genossenschaften war allerdings mehr als einige Jahre lang erfolgreich.

Staatssozialismus: Louis Blanc

Die Ideen zur wirtschaftlichen Konkretisierung frühsozialistischer Utopien in Genossenschaften ergänzte vor allem der Franzose Louis Blanc zur politischen Seite hin durch das Konzept des Staatssozialismus. Aus dem Scheitern der von Owen und anderen gegründeten Produktivgenossenschaften zog Blanc den Schluss, dass Kollektive der Unterschichten zur Verbesserung ihrer Lage stärkere Unterstützung bräuchten, die letzten Endes nur einer bieten könne: der Staat. 1848 konnte er als Minister der provisorischen Revolutionsregierung in Paris seine Ideen durch die Einrichtung von Nationalwerkstätten kurzfristig realisieren. Diese Werkstätten, die mit staatlichen Subventionen frühere Arbeitslose beschäftigten, sollten als Modelle für von den Arbeitern selbst verwaltete Betriebe dienen. Doch schon nach wenigen Wochen wurden sie von der bürgerlichen Regierungsmehrheit wieder geschlossen. Ein Arbeiteraufstand dagegen scheiterte. Blanc musste ins Exil gehen. Seine Idee, dass der Staat das Instrument sein könne, um auf politischem Weg die wirtschaftlichen Ziele des Sozialismus zu erreichen, fand jedoch großes Echo. Als sich während der 1860er Jahre in Deutschland die erste sozialistische Massenbewegung zu bilden begann, setzte ein großer Teil von ihr unter Führung von Ferdinand Lassalle auf die Strategie des Staatssozialismus. Und auch in vielen anderen europäischen Ländern wurde eine „Eroberung des Staates" auf die eine oder andere Weise zum Ziel sozialistischer Parteien.

Sozialistischer Anarchismus

Nicht alle Sozialisten verschrieben sich allerdings der Strategie, eine sozialistische Gesellschaft mit Hilfe staatlicher Macht zu verwirklichen. Einigen erschien im Gegenteil sogar die Etablierung von Sozialismus nur bei Abschaffung des Staates möglich. Denn der Staat sei immer ein Instrument zur Ausübung von Herrschaft einer Gruppe von Menschen über andere. Herrschaft aber produziere Ungleichheit. Eine sozialistische Gesellschaft von Gleichen setze deshalb Herrschaftslosigkeit (Anarchie) voraus und sei mit der Existenz eines Staates nicht zu vereinen. Manche Vertreter des sozialistischen Anarchismus nahmen an, dass Staaten mit fortschreitendem freiwilligen Zusammenschluss der Menschen zu Genossenschaften von selbst absterben würden. Andere hielten es dagegen für nötig, die Staatsgewalt aktiv zu bekämpfen. Der Russe Michail Bakunin befürwortete als Kampfmittel auch Attentate und terroristische Akte. Unter den europäischen Sozialisten waren die Anarchisten immer in der Minderheit, und nach 1918 verloren sie noch mehr an Einfluss. Anarchistische Strömungen spielten gegenüber den Staatssozialisten zumindest in Südeuropa aber eine gewisse Rolle.

Gewerkschaften

Neben Staatssozialisten und Anarchisten, die sich beide auf verschiedene Weise mit der Genossenschaftsidee verbanden, muss schließlich noch eine andere Richtung erwähnt werden: die Gewerkschaften. Diese waren zwar häufig nicht im engeren Sinn sozialistisch. Die meisten Gewerkschaften wollten das Ziel, die wirtschaftliche Lage der Unterschichten zu verbessern, nicht durch Überwindung des kapitalistischen Privateigentums erreichen. Sie setzten stattdessen in der Regel auf einen Zusammenschluss der abhängig Beschäftigten, um höhere Löhne und bessere Arbeitsbedingungen zu erstreiten. Man kann die Gewerkschaften aber schon allein deswegen nicht ignorieren, weil sie in der Mehrheit der europäischen Länder wesentlich mehr Mitglieder hatten als die im engeren Sinn sozialistischen Organisationen.

Das Verhältnis zwischen sozialistischen Parteien und Gewerkschaften war kein ganz einfaches. Einerseits arbeiteten beide häufig eng zusammen. Die Parteien rekrutierten ihre Mitglieder meist aus den Reihen der Gewerkschaften. Zudem konnten sie in vielen politischen und wirtschaftlichen Fragen auf gewerkschaftliche Unterstützung bauen. Andererseits kam es zwischen sozialistischen Parteiideologen und pragmatischen Gewerkschaftsführern oft zu Meinungsverschiedenheiten. Nicht wenige Gewerkschafter sahen in dem Ziel, eine sozialistische Gesellschaft von Gleichen zu etablieren, nur ein Luftschloss. Im Gegenzug bemängelten Parteiideologen häufig die fehlende gewerkschaftliche Bereitschaft zur entschiedenen Konfrontation mit den kapitalistischen Unternehmern. Tatsächlich lehnten Gewerkschaften eine prinzipiell auf Konflikt ausgerichtete Politik ab. Ein prächtiges Mitgliedszertifikat der Gewerkschaft englischer Maschinenarbeiter aus der Mitte des 19. Jahrhunderts illustriert das sehr anschaulich: Während links oben ein Arbeiter das von Mars, dem Gott des Krieges, angebotene Schwert ablehnt, akzeptiert rechts davon ein weiterer eine Ehrung durch die Friedensgöttin. Gewerkschafter waren der Zusammenarbeit mit Arbeitgebern nicht abgeneigt, mit denen sie nicht selten der Stolz auf geleistete Arbeit und technischen Fortschritt in der eigenen Branche verband. Auf dem Mitgliedszertifikat tauchen sogar auf Ehrenplätzen, in den ovalen Vignetten zwischen den beiden Götterfiguren, von links nach rechts die Unternehmer und Erfinder Crompton, Watt und Arkwright auf.

Marxismus

An solchen gewerkschaftlichen Einstellungen stießen sich viele Sozialisten, die von der Notwendigkeit einer restlosen Überwindung des Kapitalismus überzeugt waren, auch und besonders der

Abb. 5.8: Mitgliedszertifikat der englischen Maschinenarbeitergewerkschaft (1851)

wohl bekannteste – Karl Marx. Der erst im Vorfeld der Revolution von 1848 politisch aktiv hervorgetretene Marx war, entgegen landläufiger Meinung, nicht der Begründer des Sozialismus. Anders als er selbst in aller Unbescheidenheit behauptete, hat er aus der Ideologie auch keine Wissenschaft gemacht. Seine Verbindung des Sozialismus mit einer Geschichtstheorie hat allerdings große Wirkung gehabt. Marx interpretierte Geschichte als eine Ge-

Abb. 5.9: Karl Marx

schichte von „Klassenkämpfen". So sei die Antike von Kämpfen zwischen Sklavenhaltern und Sklaven, die Zeit seit der Völkerwanderung von Kämpfen zwischen Feudalherren und Knechten geprägt gewesen. Und mit dem 1789 einsetzenden Zeitalter der bürgerlichen Revolutionen, das Marx – etwas kurzsichtig – 1848 bereits für weitgehend abgeschlossen hielt, werde Europa nun erschüttert von einem Endkampf zwischen dem kapitalistischen Bürgertum, der Bourgeoisie, und der Industriearbeiterschaft, dem Proletariat. Durch Verelendung und Entfremdung von den Produkten seiner Arbeit gewinne das Proletariat immer mehr an Zahl und an Klassenbewusstsein. Schließlich müsse es zu Machtübernahme und Diktatur des Proletariats kommen. Die Enteignung der Kapitalisten und die Überführung der Produktionsmittel in kollektives Eigentum werde dann eine sozialistische Gesellschaft herbeiführen; mit dem Ende aller Klassengegensätze und –kämpfe ziehe ein irdisches Paradies auf.

Revolutionäre und Reformisten

Allerdings äußerte Marx sich in seinen Prophezeiungen etwas unklar dazu, wie die proletarische Machtübernahme genau geschehen sollte. In der sozialistischen Bewegung kam es über die Frage des Weges zum Sozialismus zu einer tiefen Spaltung. Der Streit zwischen Revolutionären und Reformisten überlagerte und verdrängte zunehmend die alten Differenzen zwischen Anhängern des Staatssozialismus und des Anarchismus. Die Revolutionäre erwarteten eine gewaltsame Übernahme der Staatsgewalt. Diese sollte ihrer Vorstellung nach die Voraussetzung zu einer schnellen Umgestaltung von Wirtschaft und Gesellschaft im sozialistischen Sinn sein. Die Reformisten glaubten dagegen an eine lange Periode des Hineinwachsens in eine sozialistische Wirtschafts- und Gesellschaftsordnung. Die Machtübernahme werde nicht mit Gewalt, sondern über die Gewinnung von Mehrheiten in Wahlen und Parlamenten auf friedlichem Weg erfolgen.

Zunächst waren all diese Überlegungen und Auseinandersetzungen freilich noch bloße Sandkastenspiele. In keinem europäischen Staat gelang vor dem Ersten Weltkrieg eine sozialistische Revolution. Und nirgendwo gewannen Sozialisten vor 1918 parlamentarische Mehrheiten, die einen Anspruch auf alleinige Übernahme der Regierungsgewalt hätten begründen können. Allerdings wurde die Frage nach einer Entscheidung für den revo-

Aufstieg des Sozialismus zur Massenbewegung

Abb. 5.10: Postkarte der SPD zu den Wahlen zum deutschen Reichstag 1912, bei der die Mehrheit des regierenden „schwarz-blauen Blocks" aus Konservativen und katholischer Zentrumspartei verloren ging und die SPD mit 35 Prozent der abgegebenen Stimmen stärkste Partei und Fraktion im Berliner Reichstagsgebäude wurde

lutionären oder reformistischen Weg immer drängender. Seit den 1860er Jahren konnten sich in immer mehr Ländern Europas nicht nur sozialistische Parteien bilden. Diese wuchsen auch zunehmend zu Massenbewegungen heran. Unter den Bedingungen des allgemeinen gleichen Wahlrechts stellten sozialistische Parteien in Schweden und dem Deutschen Reich unmittelbar vor dem Ersten Weltkrieg schon die stärksten Fraktionen in den nationalen Parlamenten. Hier, wie auch in Frankreich und Italien, waren sozialistische Minister und Regierungsbeteiligungen beileibe keine nur theoretische Möglichkeit mehr.

Anhänger vor allem Industriearbeiter

Diesen Aufstieg zur Massenbewegung verdankte der Sozialismus hauptsächlich breiter Unterstützung aus der Industriearbeiterschaft. Die sozialistischen Parteien des späten 19. Jahrhunderts werden deshalb auch zu Recht als Arbeiterbewegungen bezeichnet. Hier und da wurden sie zwar zu verschiedenen Zeiten ebenfalls von kleinen Beamten, Angestellten und Handwerkern gewählt. In Italien und Spanien vermochten sozialistische Parteien auch Landarbeiter für sich zu gewinnen. Die Masse ihrer Mitglieder und Wähler stellten jedoch in der Regel Industriearbeiter.

Was machte den Sozialismus für diese attraktiv? Die meisten Historiker stimmen mittlerweile darin überein, dass die Annahme von Karl Marx, nach der proletarisches Klassenbewusstsein im 19. Jahrhundert hauptsächlich durch Verelendung und Entfremdung von den Produkten der eigenen Arbeit erzeugt wurde, falsch ist. Die Arbeiter, die sich in sozialistischen Parteien und Gewerkschaften organisierten, waren im Gegenteil fast immer besser bezahlt als diejenigen, die das nicht taten. Sie verfügten auch über eine bessere Ausbildung und waren daher in weniger arbeitsteiligen Berufen tätig, in denen die Entfremdung vom Endprodukt relativ geringer war als bei den Unorganisierten. Sozialistische Parteien und Gewerkschaften wurden außerdem erst zu Massenbewegungen, als die Phase frühindustriellen Elends vorbei war und abhängig Beschäftigte in der Industrie sich bereits eines wachsenden, wenn auch noch bescheidenen Wohlstands erfreuten.

Warum Arbeiter, aber auch kleine Beamte, Angestellte und selbstständige Handwerker sozialistische Bewegungen unterstützten, konnte sehr verschiedene Gründe haben. Vielen fehlte soziale Sicherheit, was besonders die große Popularität von Genossenschaften und staatssozialistischen Strömungen erklärt. Viele vor allem gewerkschaftlich Organisierte hofften ihre materiellen Interessen gegenüber den Arbeitgebern durch einen Anschluss an mächtige Kollektive effektiver vertreten zu können. Für nicht wenige gaben auch das Bemühen um eigene Würde oder fehlende Anerkennung durch die bürgerliche Gesellschaft, die sich neben der Verweigerung des Wahlrechts in Hunderten anderer Dinge ausdrücken konnte, den Ausschlag für ein Engagement in sozialistischen Bewegungen. Alle diese Motive schlossen sich gegenseitig ebenso wenig aus wie den Glauben daran, durch Abschaffung des Privateigentums eine bessere Welt zu schaffen. Allerdings waren sie mit dieser im engeren Sinn sozialistischen Überzeugung nicht unbedingt verbunden.

Ursachen für Reformismus und Radikalismus

Auch dass manche sozialistischen Arbeiterbewegungen zu einem eher radikalen oder revolutionären Kurs tendierten, während bei anderen eine mehr reformistische Einstellung vorherrschte, hatte kaum etwas mit Verelendung oder Entfremdung zu tun. Wenn es überhaupt einfache Formeln gibt, die eine Radikalisierung sozialistischer Bewegungen erklären können, dann dürften diese weniger aus der wirtschaftlichen Lage der Arbeiter selbst als aus ihrem politischen Umfeld abzuleiten sein. Je mehr Arbeiterbewegungen diskriminiert und Sozialisten wie Kriminelle verfolgt wurden, desto früher bildeten sie politische Parteien und desto mehr neigten sie zu revolutionärem Radikalismus. Wenn die Staatsgewalt dagegen Arbeiterorganisationen tolerierte und Unternehmer zur Kooperation mit ihnen bereit waren, dominierte sozialistischer Reformismus. Wo sozialistischen Parteien die wenigsten Hindernisse in den Weg gelegt wurden, entwickelten sie sich in Europa paradoxerweise am spätesten.

Großbritannien

Für letzteres Extrem ist die Entwicklung in Großbritannien typisch. Gewerkschaften wurden hier sehr früh bereits 1824 zugelassen, als sie in fast allen anderen europäischen Ländern noch verboten waren. Britische Unternehmer akzeptierten Arbeitervertretungen vergleichsweise bereitwillig als Verhandlungspartner. Unter solchen Bedingungen entwickelte sich hier die bis zum Ersten Weltkrieg mitgliederstärkste Gewerkschaftsbewegung Europas. Während des gesamten 19. Jahrhunderts scheiterten jedoch alle Versuche zur Gründung einer starken Partei der Arbeiter – unter anderem daran, dass deren Interessen durch liberale und konservative Partei gleichermaßen berücksichtigt wurden. Erst nach 1900 entstand aus einem Zusammenschluss von kleineren sozialistischen Gruppen die spätere Labour Party. Diese bildete aber selbst dann noch geraume Zeit bei Wahlen gemeinsame Listen mit den Liberalen und setzte als Weg zum Sozialismus ausschließlich auf Reformen.

Deutschland

Die Entwicklung der sozialistischen Bewegung in Deutschland kann dagegen als Beispiel dafür stehen, wie eine uneinheitliche und schwankende Haltung des Staates ein Gemisch von reformistischen und radikal revolutionären Tendenzen entstehen ließ. Hier entstanden sozialistische Parteien bereits sehr früh während der 1860er Jahre, als ein Großteil der Liberalen im Interesse der nationalen Einigung mit dem konservativen Bismarck gemeinsame Sache machte. Zwischen 1878 und 1890 galt im Deutschen Reich das von Bismarck inspirierte und einer breiten Koalition von liberalen und konservativen Parteien unterstützte Sozialistengesetz. Sozialistische Vereine wurden verboten, Hunderte sozialistischer Parteiführer aus dem Land gewiesen. Gleichzeitig versuchte Bismarck die Arbeiter mit der Einführung eines Sozialversicherungssystems für den Staat zu gewinnen und der SPD abspenstig zu machen. Doch diese Strategie erreichte das genaue Gegenteil: Bei den Wahlen zum Reichstag, an denen die sozialdemokratischen Kandidaten noch teilnehmen durften, stieg die Zahl der für sie abgegebenen Stimmen immer weiter an. Die deutsche Sozialdemokratie wurde vor 1914 zur mitgliederstärksten Arbeiterpartei der Welt. Die Erfahrung der Verfolgung während des Sozialistengesetzes verstärkte in ihr radikale und revolutionäre Tendenzen. Allerdings führten die Aufhebung des Sozialistengesetzes und die verhältnismäßig offenere Haltung des Staates, der Unternehmer und besonders der Liberalen gegenüber SPD und den ihr verbundenen Gewerkschaften seit 1890 zu einem Aufschwung des Reformismus in der deutschen Arbeiterbewegung. Vor dem Ersten Weltkrieg war sie charakterisiert durch heftige innere Auseinandersetzungen und einen auffälligen Widerspruch zwischen revolutionärer Theorie einerseits, einer eher reformistischen politischen Praxis andererseits.

Abb. 5.11: Gedenkblatt der SPD zur Aufhebung des Sozialistengesetzes 1890

Russland

Die deutsche sozialistische Arbeiterbewegung und der Umgang mit ihr stand so etwa in der Mitte zwischen den Extremen Großbritannien und Russland. Während in Großbritannien ein sehr tolerantes politisches Klima vorherrschte, setzten die politischen Eliten im Zarenreich gegenüber dem Sozialismus auf rigorose Unterdrückung. Sozialisten orientierten sich in Russland deshalb notgedrungen auf eine Arbeit in kleinen Zirkeln radikal revolutionärer Verschwörer. Weil ihnen alle anderen Möglichkeiten politischer Aktivität verschlossen waren, machten sie lange Zeit allein durch terroristische Attentate auf sich aufmerksam. Daher hatte es durchaus eine gewisse Logik, dass die erste sozialistische Machtübernahme in Europa mit der Oktoberrevolution 1917 in Russland geschah.

Die Reaktion auf dieses Ereignis spaltete die bereits arg fragmentierten sozialistischen Bewegungen in Europa endgültig und unwiderruflich in zwei Gruppen. Der Erste Weltkrieg hatte die in vielen Ländern angelegten Risse schon vertieft und vermehrt. Die Gegensätze zwischen Radikalen und Reformisten, zwischen Anhängern eines revolutionären und eines evolutionären Wegs zum Sozialismus wurden nun unüberbrückbar. Die sozialistischen Bewegungen zerfielen in Kommunisten einerseits, soziale Demokraten andererseits.

Spaltung des Sozialismus in Kommunismus und soziale Demokratie

Die Jahre des Ersten Weltkriegs beschleunigten aber auch den Prozess der Verwandlung und Neuformulierung von Ideologien allgemein. Die Spaltung des Sozialismus wurde in ihnen ebenso angestoßen, wie sie den Niedergang von Liberalismus und traditionellem Konservatismus beschleunigten. Auswirkungen des Krieges begründeten nicht nur den Kommunismus. Sie gaben auch der Demokratie Auftrieb und provozierten schließlich die Entstehung von faschistischen und autoritären Bewegungen. Die Auseinandersetzungen dieser neuen Ideologien miteinander sollten die Geschichte des 20. Jahrhunderts prägen.

Niedergang alter und Aufstieg neuer Ideologien

Literatur

- Gall, Lothar, Liberalismus und „bürgerliche Gesellschaft“, in: Ders. (Hg.), *Liberalismus*, 2. erweiterte Auflage Königstein/Taunus 1980, S. 162-186 (zeigt am deutschen Beispiel zentrale Entwicklungen auf, von denen viele sich auf den Liberalismus in den meisten europäischen Ländern verallgemeinern lassen. Der Sammelband enthält weitere Aufsätze zu liberaler Theorie im Allgemeinen und liberaler politischer Praxis in den größeren europäischen Nationalstaaten, von denen allerdings zumindest die letzteren mittlerweile in vielem veraltet sind).
- Geary, Dick (Hg.), *Labour and Socialist Movements in Europe before 1914*, Oxford 1989 (während die ältere Literatur sich den sozialistischen Bewegungen meist „von oben“, über die ideologischen Debatten ihrer Führer, genähert hat, konzentrieren sich die Überblicke zu den größeren europäischen Ländern und die kurze Einleitung des Herausgebers in diesem Band auf den Blick „von unten“, indem sie Zusammenhängen zwischen politischer oder wirtschaftlicher Aktion und sozialer Lage der Arbeiter nachspüren).
- Heywood, Colin, Society, in: T.C.W. Blanning (Hg.), *The Nineteenth Century. Europe 1789-1914*, Oxford 2000, S. 47-77 (thematisiert vor allem das Verhältnis von liberaler, sozialistischer und konservativer Ideologie zu gesellschaftlichen Gruppen und gibt Hinweise auf neuere Forschungstrends).
- Joll, James, The Socialist Challenge, in: Ders., *Europe since 1870. An international history*, überarbeitete Auflage London 1990, S. 49-77 (zur Geistes- und Organi-

sationsgeschichte sozialistischer Bewegungen in Europa zwischen den 1860er Jahren und dem Ersten Weltkrieg).

- Kondylis, Panagiotes, *Konservativismus. Geschichtlicher Gehalt und Untergang*, Stuttgart 1986 (gut lesbare, aber sehr umfangreiche vergleichende Ideengeschichte).
- Langewiesche, Dieter (Hg.), *Liberalismus im 19. Jahrhundert. Deutschland im europäischen Vergleich*, Göttingen 1988 (enthält zahlreiche Aufsätze zu Liberalismus in verschiedenen europäischen Ländern; eine knappe Einleitung des Herausgebers fasst die Ergebnisse im Hinblick auf Besonderheiten vor allem des deutschen Liberalismus zusammen).
- Nipperdey, Thomas, *Deutsche Geschichte 1800-1866*, München 1983, S. 286-300, 313-320, 718-749 (verständlich geschriebene Überblicke zu Ideen-, Sozial- und Politikgeschichte liberaler, konservativer und sozialistischer Bewegungen am deutschen Beispiel in den ersten zwei Dritteln des 19. Jahrhunderts).
- Schieder, Theodor, Politische Bewegungen und Parteien. Konservativismus, Liberalismus, Sozialismus, in: Ders. (Hg.), *Handbuch der europäischen Geschichte*, Band 6, Stuttgart 1968, S. 35-52 (Zusammenfassung des älteren Forschungsstandes zur Ideen- und Parteigeschichte der drei Bewegungen zwischen 1850 und 1914 in den größeren europäischen Staaten).

Kampf der Ideologien 1918-1991 6.

Alliierte Intervention im russischen Bürgerkrieg 1918/20

Im März 1918 besetzten britische Marinesoldaten den Eismeerhafen Murmansk im Norden Russlands. Die Besetzung war eine Reaktion auf die Oktoberrevolution im vorangegangenen Jahr, die aus dem russischen Zarenreich die kommunistische Sowjetunion gemacht hatte. Während das Russland des Zaren an der Seite von Großbritannien und Frankreich im Ersten Weltkrieg gegen die Mittelmächte Deutschland und Österreich-Ungarn gekämpft hatte, stellten die neuen kommunistischen Machthaber, die Bolschewiki, die Feindseligkeiten ein. Anfang März 1918 unterzeichnete die Sowjetunion mit den Mittelmächten den Separatfrieden von Brest-Litowsk. Drei Tage später landeten die Briten in Murmansk.

Vordergründig ging es ihnen darum, dort lagerndes alliiertes Kriegsmaterial sicherzustellen, damit dieses nicht den Deutschen in die Hände fiel. Bald nach ihrer Ankunft mussten die britischen Truppen aber feststellen, dass das Material bereits von den Bolschewiki nach Süden abtransportiert worden war. Dennoch blieben sie, wurden bald von US-amerikanischen und französischen Truppen verstärkt und eröffneten Feindseligkeiten gegen die Kommunisten. Als die Mittelmächte im November 1918 die Waffen streckten, verstärkten die Alliierten ihr Engagement noch. Bis 1920 unterstützten sie die Gegner der Kommunisten im russischen Bürgerkrieg mit Militärberatern, Finanzhilfe und über 100.000 Mann eigenen Truppen. In Großbritannien rief Winston Churchill dazu auf, den Bolschewismus „in der Wiege zu erdrosseln“. Der französische Oberkommandierende der alliierten Streitkräfte plädierte für einen „Kreuzzug“ der Demokratien gegen den Kommunismus.[8] Ein Kampf der Ideologien hatte begonnen. Mit Unterbrechungen sollte er bis 1991 andauern, bis zum Zerfall der Sowjetunion und dem Scheitern des Kommunismus in Osteuropa.

Sicherlich: Man sollte den ideologischen Charakter der Konflikte des 20. Jahrhunderts auch nicht über Gebühr betonen. In Bevölkerung und politischen Eliten der Demokratien wurde die Idee eines „Kreuzzugs“ gegen den Kommunismus nicht ausnahmslos gut geheißen. Der Aufschwung von faschistischen und autoritären Staaten machte die ideologischen Fronten während der 1930er und 1940er Jahre zudem um einiges komplizierter. Nationale Machtpolitik spielte wie bereits im 19. Jahrhundert auch nach 1918 eine

Unterschiedliche Rolle von Ideologien im 19. und 20. Jahrhundert

große Rolle. Dennoch war das 20. Jahrhundert ungleich mehr von Ideologien und vom Kampf zwischen ihnen geprägt. Solche Kämpfe hatte es zwar schon früher gegeben. Die Auseinandersetzungen zwischen Liberalismus, Konservatismus und Sozialismus fanden aber hauptsächlich innerhalb von Staaten statt. Nur gelegentlich und auch nur in der ersten Hälfte des 19. Jahrhunderts war von außen in diese inneren Kämpfe eingegriffen worden: bei konservativen Interventionen durch die Heilige Allianz und während der Revolutionen von 1848/49. Dagegen blieben die zwischenstaatlichen Kriege im langen 19. Jahrhundert weitgehend unbeeinflusst von Ideologien. Noch im Ersten Weltkrieg kämpften die liberalen Staaten Großbritannien und Frankreich Seite an Seite mit dem erzkonservativen russischen Zarenreich – bis zur Oktoberrevolution und der alliierten Intervention gegen sie.

In dem damit 1917/18 eingeläuteten kurzen 20. Jahrhundert wurden internationale Beziehungen massiv von Ideologien beeinflusst. Bei allen Konflikten, die in diesem Jahrhundert unter Beteiligung einer Mehrheit der europäischen Mächte stattfanden, waren die Frontlinien durch ideologische Gegensätze geprägt. Das galt für den von 1936 bis 1939 tobenden spanischen Bürgerkrieg und den Zweiten Weltkrieg ebenso wie für den Ost-West-Konflikt, der die zweite Jahrhunderthälfte prägte. Vor 1918 hatten Liberalismus, Konservatismus und Sozialismus innerhalb der europäischen Staaten miteinander konkurriert. Im 20. Jahrhundert kämpften dagegen Staatenblöcke, die sich den neuen Ideologien des Kommunismus, des Faschismus und der Demokratie verschrieben hatten, um die Vorherrschaft auf dem Kontinent. In diesem Kapitel sollen zunächst Kennzeichen, Entstehung und Unterschiede dieser drei neuen Ideologien skizziert werden, bevor ein Abriss ihrer Konflikte miteinander folgt.

6.1. Demokratie

Im heutigen Europa erscheint die Demokratie als eine Selbstverständlichkeit. In allen Staaten des Kontinents ist das Bekenntnis zu demokratischen Prinzipien üblich. Auch wenn deren Umsetzung in politische und gesellschaftliche Praxis mal mehr, mal weniger geglückt wirken mag: Seit 1991 ist die Demokratie zumindest in Europa konkurrenzlos. Im Lauf des 20. Jahrhunderts hat sie sich gegen die alternativen Konzepte kommunistischer, faschistischer und autoritärer Systeme zur Ordnung von Gesellschaft, Wirtschaft und Politik siegreich durchgesetzt.

Vordergründiger Triumph der Demokratie 1918

Allerdings schien es 1918 schon einmal so, als ob die Demokratie in Europa weitgehend konkurrenzlos sei und der Kontinent einer glänzenden demokratischen Zukunft entgegen gehe. Doch dieser schöne Schein trog. Damals verwandelten sich in einer Mehrheit der europäischen Staaten die demokratischen Strukturen innerhalb kurzer Zeit in autoritäre. Denn die Demokratie war und ist ebenso wenig eine Selbstverständlichkeit wie ein überzeitliches Ideal. Vielmehr ist sie eine historisch gewordene Weltanschauung, deren Zukunft offen ist.

Zentrale Elemente: Allgemeines gleiches Wahlrecht

Was sind die zentralen Elemente dieser Weltanschauung, und wo lagen ihre Wurzeln? Grundlegende Bedingung für das Entstehen von modernen Demokratien war die Durchsetzung des allgemeinen gleichen Wahlrechts. Während mit einem solchen Wahlsystem hier und da in Europa schon seit 1848 experimentiert worden war, wies die Entwicklung seit etwa 1870 verstärkt dorthin. Doch erst das Ende des Ersten Weltkriegs markierte in dieser Hinsicht in vielen europäischen Ländern einen wahren Dammbruch. Freilich ist das allgemeine gleiche Wahlrecht nur eine notwendige, aber keine hinreichende Voraussetzung für die Klassifizierung eines politischen Systems als demokratisch. Seit dem 20. Jahrhunderts gab es nur wenige Diktaturen, die auf die regelmäßige Abhaltung von Wahlgängen verzichteten. Sogar unter dem Nationalsozialismus gab es allgemeine gleiche Wahlen zum deutschen Reichstag – freilich mit NSDAP-Einheitslisten.

Politischer und gesellschaftlicher Pluralismus

Unverzichtbares Element demokratischer Systeme ist neben dem Wahlrecht die Möglichkeit, auch wirklich zwischen Alternativen wählen zu können. Voraussetzung für solchen politischen Pluralismus war die Existenz miteinander rivalisierender Parteien, die sich in den meisten Ländern Europas während des 19. Jahrhunderts organisierten. Das soziale Äquivalent ist ein gesellschaftlicher Pluralismus, der ursprünglich vielfach in enger Verbindung mit den Parteien stand. So existierten in Deutschland bis 1933 häufig nebeneinander Turn- oder Gesangsvereine sozialdemokratischer, katholisch-konfessioneller, nationaler und kommunistischer Ausrichtung. Bei Berufsverbänden oder Medien ist eine mehr oder weniger parteipolitische Orientierung auch heute nicht ungewöhnlich.

Parlamentarismus

Von entscheidender Bedeutung für die Herausbildung der Demokratie war schließlich auch der Aufstieg der gewählten Personen und Gremien zum politischen Machtzentrum. Dieser Bedeutungsgewinn des Parlaments vollzog sich meist schrittweise. Die parlamentarischen Gremien entwickelten sich häufig aus Repräsentativversammlungen der ständischen Gesellschaft. In England hatte das Parlament bereits im 17. Jahrhundert eine starke Stellung gegenüber der fürstlichen Gewalt gewonnen. Auf dem europäischen Festland war die Parlamentarisierung der politischen Systeme dagegen erst eine Folge der Revolutionen des langen 19. Jahrhunderts. Oft ging sie der Demokratisierung des Wahlrechts voraus, wie in Italien und Großbritannien. Manchmal war es allerdings auch umgekehrt, wie im deutschen Fall. Am Ende des Ersten Weltkriegs schlossen revolutionäre Umwälzungen – oder eilends zu ihrer Verhinderung beschlossene Reformen – die Umgestaltung fast aller europäischen Staaten zu mehr oder weniger demokratisch strukturierten Gebilden vorläufig ab.

Begrenzung der Staatsmacht

In der Regel enthielten die Verfassungen dieser Demokratien, trotz der Machtkonzentration auf ein allgemein und gleich gewähltes Mehrparteienparlament, Bestimmungen zur Begrenzung der Staatsmacht. Üblich waren Gewaltenteilung, eine Rechtsstaatlichkeit sichernde unabhängige Justiz und individuelle Freiheitsrechte. Die Wurzeln demokratischer Systeme im Liberalismus sind hier besonders offensichtlich. Im demokratischen Prinzip der Rechtsgleichheit aller Staatsbürger werden gleichfalls liberale Eierschalen deutlich. Häufig ist deshalb auch von der „liberalen Demokratie" die Rede – nicht zuletzt um diese von lediglich nominell demokratischen Systemen abzugrenzen. Doch so treffend das in mancher Hinsicht sein mag, erscheint es aus historischer Perspektive insgesamt unpassend. Denn der klassische Liberalismus hatte gerade zu der grundlegenden Voraussetzung demokratischer Gesellschaften, dem allgemeinen gleichen Wahlrecht, ja ein zumindest ambivalentes Verhältnis. Und für die Einstellung vieler Liberaler des 19. Jahrhunderts zum Parlamentarismus galt das gleiche.

Rechtsgleichheit

Verschmelzung von Liberalismus und Sozialismus

Erst die Verschmelzung von Elementen des klassischen Liberalismus mit denen des reformorientierten Sozialismus hat die Demokratie des 20. Jahrhunderts entstehen lassen. Diese Fusion bereitete sich im späten 19. Jahrhundert bereits vor, wurde aber durch den als Katalysator wirkenden Ersten Weltkrieg entscheidend beschleunigt. Eine Verbindung liberaler und sozialistischer Vorstellungen fand auch im Bereich wirtschaftlicher Ordnungskonzepte statt. Die Idee der Demokratie verbindet sich zwar mit einer auf Privateigentum beruhenden Marktwirtschaft. Anders als in der liberalen Ideologie beschränkte die Rolle des Staates in den Demokratien des 20. Jahrhunderts sich aber immer weniger darauf, nur Rahmenbedingungen für ein freies Spiel der Kräfte zu schaffen. Dem Staat wurde nun verstärkt das Recht zu Eingriffen

Sozialstaat

in die Wirtschaft zugebilligt, um sozialen Ausgleich herzustellen, wenn der Markt allzu große Ungleichheit produzierte. Ein Grund dafür war der politische Aufstieg der Arbeiterbewegungen. Dazu kam 1918 die Notwendigkeit, die gewaltigen Kriegsfolgen sozial zu bewältigen. Der weitere Ausbau des demokratischen Sozialstaates wurde dann allerdings auch beeinflusst von der Herausforderung der Demokratie durch Faschismus, Autoritarismus und Kommunismus.

Faschismus und Autoritarismus 6.2

Aufstieg der Diktaturen zwischen den Weltkriegen

Wo die Demokratie in industriell weiter entwickelten Staaten auf evolutionärem Weg entstand, arrangierten auch konservative Kräfte sich mit ihr. Das war vor allem im Nordwesten Europas der Fall. In Großbritannien und Frankreich, Irland, der Schweiz, den skandinavischen und Beneluxstaaten blieb die Demokratie in der Zeit zwischen den beiden Weltkriegen so stabil und erhalten. Dagegen scheiterte sie, wo der Übergang zur demokratischen Regierungsweise revolutionär erfolgte oder die industrielle Entwicklung noch nicht weit fortgeschritten war. Anfang der 1920er Jahre gab es in Europa 29 Staaten. Mit Ausnahme der Sowjetunion waren zu diesem Zeitpunkt alle mehr oder weniger demokratisch verfasst. Bis zum Beginn des Zweiten Weltkriegs hatten sich 15 davon jedoch in Diktaturen verwandelt. Süd-, Mittel- und Osteuropa wurden zu diesem Zeitpunkt fast flächendeckend diktatorisch regiert. Nur in der Tschechoslowakei, dem industriell am weitesten entwickelten Staat Ostmitteleuropas, konnte sich die Demokratie erhalten, bis das Land 1938/39 vom nationalsozialistischen Deutschen Reich zerschlagen und besetzt wurde.

Italienischer Faschismus seit 1922

Einer der ersten Staaten, die sich in der Zwischenkriegszeit auf die abschüssige Bahn von der Demokratie zur Diktatur begaben, war Italien. 1922 wurde dort Benito Mussolini Ministerpräsident. In den folgenden Jahren gestalteten Mussolini und seine Anhänger Italien zum faschistischen Staat um. Der Begriff „Faschismus“ leitet sich von dem Wort „fascio“ ab, was italienisch soviel wie „Bund“ bedeutet. Das klingt sozialistisch – und war es ursprünglich auch. Mussolini war vor 1914 ein Anführer des revolutionären Flügels der italienischen Sozialisten. Bei Ausbruch des Ersten Weltkrieges plädierte er vehement für einen Kriegseintritt Italiens. Deshalb wurde er aus der sozialistischen Partei ausgeschlossen. In der Folgezeit bemühte er sich, schließlich an der

Spitze einer eigenen faschistischen Partei, um die Verbindung von Nationalismus und Sozialismus.

Verhältnis von Faschismus und Autoritarismus

Mussolini als „Duce" (Führer) des italienischen Faschismus wurde zum Vorbild für Adolf Hitler und die deutschen Nationalsozialisten. Ob man beide Systeme als faschistisch bezeichnen kann, ist zwar etwas umstritten. Die meisten Experten gehen aber davon aus, weil die strukturellen Gemeinsamkeiten die durchaus vorhandenen Unterschiede zwischen Deutschland unter Hitler und Italien unter Mussolini überwiegen. Auch andere diktatorische Regime im Europa der Zwischenkriegszeit als faschistisch zu bezeichnen, sind Experten hingegen eher abgeneigt. Für diese wird meist das Etikett der autoritären Diktatur verwendet. Autoritäre Regime gebärdeten sich im Innern weniger radikal und nach außen weniger aggressiv als faschistische. Allerdings waren nicht nur die Entstehungsbedingungen von beiden vergleichbar. Auch was ihre zentralen Merkmale angeht, können Faschismus und Autoritarismus als eng miteinander verwandt gelten. Die Übergänge zwischen ihnen sind letztlich fließend: So ist das faschistische Italien unter Mussolini in vielem zeitgenössischen autoritären Systemen ähnlicher gewesen als dem nationalsozialistischen Deutschland, das in seiner Radikalität am ehesten ein einzigartiges Phänomen darstellt.

Zentrale Elemente: Politischer (und gesellschaftlicher) Zentralismus

Was waren die zentralen Kennzeichen von Faschismus und Autoritarismus? Beiden gemeinsam und sie von der Demokratie unterscheidend war ihr politischer Zentralismus. Obwohl weiter Parlamente bestanden, wurden in den meisten der zu Diktaturen mutierten Staaten Europas oppositionelle Parteien verboten, jede gegen die Regierung gerichtete politische Aktivität kriminalisiert, Justiz und Medien kontrolliert. Vor allem Faschisten, und insbesondere die deutschen Nationalsozialisten, steuerten darüber hinaus auch gesellschaftlichen Zentralismus an. Zu diesem Zweck bemühten sie sich um die Zerschlagung aller sozialen Milieus und die Einebnung aller gesellschaftlichen Gegensätze. Konflikte wie die zwischen Kapital und Arbeit, Stadt und Land oder auch verschiedenen religiösen Glaubensgemeinschaften sollten in der Harmonie einer „Volksgemeinschaft" aufgehoben werden. Als Verkörperung dieser „Volksgemeinschaft" galten die Organisationen der konkurrenzlos alle Bereiche der Gesellschaft erfassenden faschistischen Partei. Auch einige autoritäre Regime waren Einparteiendiktaturen. Doch dahinter standen häufig Bündnisse verschiedener gesellschaftlicher Gruppen, die konservative Eliten aus Adel, Großgrundbesitz und Kirchen zumindest mit einschlossen. Diese alten Eliten wollten überkommene soziale Verhältnisse

Abb. 6.1: Uniformierte Diktatoren: Hitler und Mussolini (1941)

eher bewahren als tiefgreifend umgestalten. Während faschistische Heißsporne Bevölkerungsmassen zu mobilisieren versuchten, waren die alten Eliten mehr daran interessiert, die Massen – und nicht selten auch die Faschisten – unter Kontrolle zu halten, zu „zähmen".

„Führerprinzip"

Weiteres zentrales Merkmal von Faschismus wie Autoritarismus war die Idee eines streng hierarchischen Aufbaus von Staat und Gesellschaft. In Italien unter Mussolini wie in Deutschland unter Hitler schlug sich dieser Anspruch in der Formel vom „Führerprinzip" nieder. Politik und Gesellschaft sollten mit Befehlsketten von oben nach unten straff durchorganisiert werden. Das offensichtliche Vorbild dafür war das Militär. Hitler und Mussolini hatten wie viele andere Faschisten im Ersten Weltkrieg gekämpft. Beide betrachteten diese Zeit in der Armee als die schönste ihres Lebens. Beide traten in der Öffentlichkeit gerne in Uniform auf. Abgesehen von solch seltsamen subjektiven Vorlieben sollten das in vielen autoritären Regimen ebenso angestrebte „Führerprinzip" und der damit verbundene Personenkult auch ganz konkrete machtpolitische Funktionen erfüllen, nämlich die Konzentration von Entscheidungskompetenzen und Loyalitäten auf den Diktator.

Die Realität sah freilich vielfach anders aus. Im nationalsozialistischen Deutschland herrschte ein – allerdings vielleicht auch von Hitler bewusst geschürter – Kompetenzwirrwarr verschiedenster Partei- und Staatsstellen. In Italien wurde die Konzentration von Macht und Loyalität auf den „Duce" durch die Weiterexistenz der Monarchie ebenso eingeschränkt wie durch die relative Unabhängigkeit von Armee und Kirche. Ähnliches konnte für die autoritären Regime gelten.

Potentielle Allgegenwart der Staatsmacht

Selbst was das Kriterium potentieller Allgegenwart der Staatsmacht angeht, waren die Unterschiede zwischen faschistischen und autoritären Diktaturen wohl weniger ausgeprägt als lange angenommen. Von besonderer Bedeutung ist dabei das Wort „potentiell". Sogar die gefürchtete Geheime Staatspolizei im nationalsozialistischen Deutschland, die Gestapo, verfügte weder über das Personal noch über die technischen und finanziellen Mittel, um eine totale Überwachung der Bevölkerung nach dem Muster von George Orwells Roman „1984“ zu verwirklichen. Neben Denunziationen, die bei ihr in großer Zahl einliefen, baute die Gestapo weniger auf totale Kontrolle als vielmehr auf ihren Ruf als gefürchtetem und vermeintlich allwissendem Terrorapparat. Die Regimekonformität der großen Mehrheit aller Deutschen im Nationalsozialismus war nicht das direkte Resultat brutaler Verfolgung oder tatsächlich praktizierter lückenloser Überwachung. Wenn nicht ohnehin eine mehr oder weniger große Übereinstimmung der Menschen mit den Zielen des Regimes bestand, war sie vielmehr meist eine Folge der Abschreckung durch die begrenzte Demonstration der Möglichkeiten staatlicher Gewalt. Nicht regelmäßiges nächtliches Klopfen an der Haustür und darauf folgende peinliche Befragung im nächsten Gestapo-Keller disziplinierte die Deutschen unter Hitler. Dafür genügte schon die stetig präsente Angst vor dem Klopfen – auch wenn es bei den meisten nie kam.

Ab- und Ausgrenzung nach nationalistischen (und rassistischen) Kriterien

Unterstützt wurden diese emsigen Bemühungen um Integration durch Angst und Terror, durch politischen und gesellschaftlichen Zentralismus oder Militarismus schließlich auch durch Ab- und Ausgrenzung. Alle autoritären und faschistischen Diktaturen der Zwischenkriegszeit waren rabiat nationalistisch. Die Faschisten, und insbesondere die deutschen Nationalsozialisten, waren allerdings rabiater. Noch deutlichere Differenzen gab es, was Ausgrenzung nach rassistischen Kriterien angeht. Einige der autoritären Diktaturen betrieben in den 1930er Jahren eine rechtliche Diskriminierung der in ihrem Herrschaftsbereich lebenden Juden. Andere europäische Diktatoren taten freilich nichts dergleichen. Und keine europäische Diktatur praktizierte eine solch mörderisch antisemitische Politik wie der deutsche Nationalsozialismus, selbst der italienische Faschismus nicht. Zwar führte auch Mussolinis Regime 1938 aus eigenem Antrieb antisemitische Gesetze ein. An der Ermordung der europäischen Juden beteiligten sich die italienischen Faschisten aber nicht. Erst als Mussolinis Herrschaftsbereich gegen Ende des Zweiten Weltkriegs auf eine faschistische Republik von Hitlers Gnaden in Norditalien zusammengeschrumpft war, wurden Juden von dort aus in die nationalsozialistischen Vernichtungslager deportiert.

Korporative Marktwirtschaft

Zu den Merkmalen faschistischer und autoritärer Diktaturen der Zwischenkriegszeit gehört schließlich auch ihre marktwirtschaftliche Ordnung. Diese hatten sie mit der Demokratie, aus der sie entstanden waren, gemein. In Italien, Deutschland und einigen anderen Staaten wurde die marktwirtschaftliche Ordnung allerdings noch durch das spezifische Konzept des Korporatismus ergänzt. Vertretungen von Arbeitnehmern und Arbeitgebern wurden dabei in speziellen Organisationen mit staatlicher Beteiligung, den Korporationen, zusammengeschlossen. Wem auch immer diese korporatistischen Experimente nutzten: Die abhängig Beschäftigten waren jedenfalls nicht darunter. Sie profitierten in den Diktaturen allenfalls kurzfristig von der Beseitigung von Arbeitslosigkeit durch eine Rüstungskonjunktur, die freilich letzten Endes nur destruktive Folgen hatte, und besonders im deutschen Fall von einer ebenso kurzatmigen Raubwirtschaft, die auf Kosten von Juden und im Zweiten Weltkrieg besetzten Gebieten ging. Ob die Unternehmerseite aus der korporativen Marktwirtschaft faschistischer und autoritärer Prägung Gewinn ziehen konnte, ist seit langem heftig umstritten.

Ziemlich deutlich sind dagegen die Motive ihrer Urheber. Erklärtes Ziel des Korporatismus war die Überwindung des Klassengegensatzes zwischen Arbeit und Kapital. Die Demokratien verfolgten dasselbe Ziel gleichzeitig mit dem Ausbau des Sozialstaats auf anderem Weg. Beides verweist auf die große Bedeutung, die dem Gegensatz zwischen Arbeit und Kapital während der ersten Hälfte des 20. Jahrhunderts in den Köpfen der Zeitgenossen zukam. Die liberale marktwirtschaftliche Ordnung des 19. Jahrhunderts schien Demokraten und Faschisten gleichermaßen dringend reformbedürftig. Dahinter stand letzten Endes die grundsätzliche Infragestellung der auf Privateigentum basierenden Marktwirtschaft überhaupt durch die seit 1917 in der Sowjetunion etablierte kommunistische Alternative.

Kommunismus 6.3

Planwirtschaft und Gemeineigentum

Wichtigste Kennzeichen des seit 1917 zunächst nur in der Sowjetunion, nach 1945 mit sowjetischer Hilfe auch im östlichen Europa etablierten Kommunismus waren Planwirtschaft und Gemeineigentum. Großindustrie und Banken wurden sofort mit der kommunistischen Machtübernahme verstaatlicht. Die Popularität dieser Maßnahmen war immens, schien doch der Gegensatz von Kapital und Arbeit damit zugunsten der abhängig Beschäftigten entschieden. Im Agrarsektor ließen sich die Kommunisten dagegen mit der Umwandlung von privatem Eigentum in genossenschaftliche Kollektive in der Regel mehr Zeit, weil sich dagegen beträchtlicher Widerstand aus der bäuerlichen Bevölkerung erhob. Zudem ergaben sich durch Kollektivierung und Planwirtschaft immer wieder Schwierigkeiten bei der Versorgung der Bevölkerung mit Nahrungs- und Konsumgütern. Deshalb sahen kommunistische Regierungen sich wiederholt gezwungen, in Phasen sogenannter „neuer ökonomischer Politik" vorübergehend privat- und marktwirtschaftliche Elemente wiederzubeleben.

Politischer und gesellschaftlicher Zentralismus

Abgesehen von der grundsätzlich konträren Wirtschaftsordnung ähnelten kommunistische Systeme im Europa des 20. Jahrhunderts den autoritären und faschistischen Regimen in vielem. Auch sie waren charakterisiert durch politischen und gesellschaftlichen Zentralismus. In der Sowjetunion herrschte unangefochten die Kommunistische Partei. In den nach 1945 zu sowjetischen Satellitenstaaten werdenden Ländern Osteuropas kontrollierten die Kommunisten mit ihren Organisationen ebenfalls Politik und Gesellschaft. Andere Parteien existierten nur in Abhängigkeit von ihnen. Es gab zwar Volksvertretungen und Wahlen, aber keine Wahlalternativen: Die Abgeordneten der Parlamente wurden über Einheitslisten gewählt.

Machtzentrum: Führungsgremium der Kommunistischen Partei

Zudem war nicht die Volksvertretung das Machtzentrum, sondern das Führungsgremiun der Kommunistischen Partei. Bezeichnenderweise wurde diese in der ersten Verfassung der Sowjetunion noch nicht einmal erwähnt: Formell demokratische Strukturen dienten in den kommunistischen Systemen nur als Fassade. Partei und Gesellschaft waren streng hierarchisch aufgebaut. Anders als in faschistischen und einigen autoritären Staaten konzentrierte die Macht sich im Kommunismus allerdings letzten Endes meist weniger bei einzelnen Personen als bei kleinen Gruppen. Diese Führungsgruppen vertrat zwar nach außen meist ein „starker Mann". Ein Personenkult um einen „Führer", wie er um Mussolini und Hitler betrieben wurde, entwickelte sich in der Sowjetunion aber nur zwischenzeitlich um Stalin, und auch in den nach 1945 kommunistisch gewordenen Staaten Osteuropas blieb er die Ausnahme.

Dagegen war die Staatsmacht ebenso potentiell allgegenwärtig wie in faschistisch und autoritär regierten Ländern. Auch die Bevöl-

Abb. 6.2: Stalin

kerung kommunistischer Staaten wurde von Geheimpolizeien, die sich auf Netzwerke von Denunzianten und Spitzeln stützten, durch Angst und Terror zur Konformität erzogen.

Potentielle Allmacht des Staats

Geheimpolizeien spielten auch eine wichtige Rolle bei der Ausgrenzung bestimmter Bevölkerungsgruppen, der im Kommunismus wie im Faschismus eine Doppelfunktion zukam: als gesellschaftliche Integrationsklammer und als Ausdruck ideologischer Ziele. Während Ausgrenzung in autoritären und faschistischen Regimen nach nationalen und rassistischen Kriterien erfolgte, geschah sie im Kommunismus nach dem Kriterium der Klasse. Mit der kommunistischen Machtübernahme und bis in die 1930er Jahre hinein wurden „Kapitalisten" und als Großbauern etikettierte Landwirte, die sogenannten „Kulaken", in der Sowjetunion nicht nur enteignet – wovon andere Sowjetbürger auf ähnliche Weise profitierten wie viele Deutsche von der „Arisierung" jüdischen Eigentums im Nationalsozialismus, was in beiden Fällen zur Akzeptanz der neuen Systeme beitrug. Die „Klassenfeinde" wurden auch über Jahre zu Bürgern zweiter Ordnung gemacht. Millionen von ihnen deportierte der sowjetische Staat in Zwangsarbeitslager. Viele starben dort oder wurden schon während der Enteignungskampagnen gegen „Kapitalisten" und „Kulaken" ermordet.

Ausgrenzung nach Klassenkriterien

Vom Ende des Ersten bis zum Ende des Zweiten Weltkriegs 6.4

Waren die sowjetischen Kampagnen gegen „Kapitalisten" und „Kulaken" schon monströs genug, so wurden sie in den fragmentarischen und deshalb vielfach aufgebauschten Nachrichten darüber, die ins Ausland durchsickerten, noch monströser. Das Resultat war eine wahre Woge antikommunistischer Hysterie, die zwischen 1917 und 1920 durch Europa schwappte. Während ein Thron nach dem anderen stürzte und Gewerkschaften Generalstreiks ausriefen, wurde auf dem Kontinent nahezu überall die „rote Gefahr" beschworen. Selbst im beschaulich bleibenden England begann es in Kriminalromanen von sinistren Bolschewiken zu wimmeln, die sich mit Tweedsakko und Knickerbockern als harmlose englische Landadlige tarnten, um die kommunistische Machtübernahme in Großbritannien vorzubereiten.

Antikommunistische Hysterie 1917/20

So absurd überzogen solche Ängste waren, hatten sie doch einen wahren Kern. Tatsächlich verstanden die Bolschewiki und ihr Führer Lenin die russische Oktoberrevolution nur als erste in einer Reihe von Umstürzen, die den Kommunismus in der ganzen

Abb. 6.3: „Genosse Lenin reinigt die Welt von Unrat" (sowjetisches Plakat um 1920) – der „Unrat" sind Könige, ein Kapitalist und ein Priester

Welt etablieren würden. Seit 1917 riefen sie die Arbeiter anderer Länder unablässig zur Vollendung dieser „Weltrevolution" auf. Auch deshalb intervenierten Briten, Franzosen und Amerikaner im russischen Bürgerkrieg gegen die „Roten" und unterstützten deren Gegner, die „Weißen". Das Ziel, den für ansteckend gehaltenen kommunistischen Bazillus im Keim zu ersticken, wurde damit freilich nicht erreicht. Im Gegenteil: Nicht nur besiegten die „Roten" die „Weißen", deren letzte Truppen britische und französische Schiffe evakuieren mussten. Die Bolschewiki wurden durch die alliierte Intervention auch in ihrer Überzeugung bestärkt, dass die Auseinandersetzung zwischen Kommunismus und Kapitalismus ein Kampf auf Leben und Tod sei. Mit der Gründung einer Kommunistischen Internationale (Komintern), die kommunistische Parteien aus der ganzen Welt in einer Organisation vereinte, intensivierten sie 1919 den Einsatz für die „Weltrevolution". Die erhofften Erfolge blieben dennoch aus. Zwar bildeten sich im selben Jahr in Ungarn und Bayern kommunistische Republiken nach sowjetischem Vorbild. Ihre Existenz blieb aber nur von kurzer Dauer. In Norditalien wurden revolutionäre Unruhen durch die Faschisten zerschlagen. Auch einer von deutschen Kommunisten 1923 im Ruhrgebiet gebildeten „Roten Armee" war kein Erfolg beschieden. Und in Bulgarien und Estland scheiterten Revolutionen nach russischem Muster ebenfalls.

Komintern 1919

Stalin 1924: „Sozialismus in einem Land"

Nach dem Tod Lenins verkündete sein Nachfolger Stalin 1924 deshalb den „Aufbau des Sozialismus in einem Land". Unter Historikern ist umstritten, ob die Bolschewiki sich damit angesichts des Scheiterns kommunistischer Bewegungen im übrigen Europa vom Ziel der Weltrevolution abwendeten. Jedenfalls handelte es sich um eine neue Strategie: Die Sowjetunion sollte zu einem

Musterstaat aufgebaut werden, der auf friedliche Weise für die kommunistische Ideologie warb. Teilweise ging diese Rechnung in den 1920er und 1930er Jahren auch durchaus auf. Während die Wirtschaft im übrigen Europa zwischen den beiden Weltkriegen stagnierte oder sogar schrumpfte, verzeichnete die Sowjetunion hohe wirtschaftliche Wachstumsraten zumindest in der Industrie. Ermöglicht wurde dies freilich – neben einem verhältnismäßig niedrigen Ausgangsniveau industrieller Entwicklung – durch die erbarmungslose Ausbeutung menschlicher Arbeitskraft bis zur völligen Erschöpfung der Beschäftigten. Diese Kehrseite des frühen kommunistischen „Wirtschaftswunders" übersahen die meisten Beobachter im übrigen Europa jedoch lange Zeit. Erfolg und vermeintliche Effizienz von Plan- und Gemeinwirtschaft in der Sowjetunion gaben daher in den Demokratien dem Ausbau des Sozialstaats, in den Diktaturen korporativen Experimenten zusätzlichen Auftrieb.

Deutsch-sowjetischer Vertrag von Rapallo 1922

Politisch blieb die Sowjetunion anfänglich isoliert. Durchbrochen wurde diese Isolation zuerst vom Deutschen Reich. Als Verlierer des Ersten Weltkriegs durch den Friedensvertrag von Versailles in seiner Souveranität vielfach eingeschränkt, versuchte Deutschland seine Handlungsfreiheit wiederzugewinnen, indem es die Sowjetunion gegen die Westmächte ausspielte. 1922 vereinbarten beide Länder im Vertrag von Rapallo die Aufnahme diplomatischer Beziehungen und Wirtschaftskontakte. Ausgerechnet konservative deutsche Militärs, denen in Versailles der Aufbau bestimmter Waffengattungen verboten worden war, praktizierten darüber hinaus auch eine pragmatische Kooperation mit der sowjetischen Roten Armee: So wurden etwa Piloten aus Deutschland auf sowjetischen Militärflugzeugen ausgebildet. Für die führenden Politiker der demokratischen Weimarer Republik hatte allerdings die Zusammenarbeit mit den westeuropäischen Demokratien Vorrang. Im Locarno-Abkommen garantierte Deutschland 1925 die Unverletzlichkeit seiner nach dem Ersten Weltkrieg fest gelegten Grenzen zu Frankreich und Belgien. In den folgenden Jahren schien es so, als ob die durch den Weltkrieg aufgerissenen Gräben zugeschüttet werden könnten. 1929 war sogar ein Zusammenschluss der Demokratien in „Vereinigten Staaten von Europa" denkbar.

Locarno-Abkommen 1925

Folgen der Weltwirtschaftskrise seit 1929

Doch in der Weltwirtschaftskrise, die im selben Jahr einsetzte, zerstoben solche demokratischen Blütenträume. Dramatisch fallende Aktienkurse und eine Welle von Firmenpleiten in den USA lösten die Krise aus. Der Rückruf amerikanischer Kredite, mit denen der Wiederaufbau Europas nach den Zerstörungen des

Ersten Weltkriegs zu großen Teilen finanziert worden war, exportierte sie über den Atlantik. In den meisten europäischen Ländern kam es zu einer gewaltigen wirtschaftlichen Rezession; die Arbeitslosenzahlen stiegen in schwindelnde Höhen. Deutschland war besonders stark betroffen. Die wirtschaftliche Krise bildete den Hintergrund für den schleichenden Zerfall der ersten deutschen Demokratie und Hitlers Aufstieg zur Macht. Aber auch in vielen anderen europäischen Staaten trug die Weltwirtschaftskrise wesentlich zum Verfall demokratischer Systeme bei. In den zehn Jahren vor 1929 hatten erst fünf Länder Europas sich auf die abschüssige Bahn zur Diktatur begeben. Während des folgenden Jahrzehnts, zwischen dem Einsetzen der Krise und dem Zweiten Weltkrieg, gingen zehn weitere diesen Weg.

Die einschneidendsten Konsequenzen für Europa hatte der Verfall der Demokratie in Deutschland. Der 1933 an die Macht kommende Hitler brach die Kontakte der Weimarer Republik sowohl zu den demokratischen Westmächten wie zur kommunistischen Sowjetunion ab. Nach einem kurzen bündnispolitischen Verwirrspiel bildete sich 1936/37 eine enge Allianz der beiden faschistischen Diktaturen Deutschland und Italien heraus. Die von Mussolini und Hitler vereinbarte „Achse Berlin-Rom“ erhielt im Antikominternpakt, dem auch Japan beitrat, zunächst eine Stoßrichtung gegen den Kommunismus.

„Achse Berlin-Rom“ und Antikominternpakt 1936/37

Der 1936 beginnende spanische Bürgerkrieg wurde zum ersten, wenn auch nur indirekten Kräftemessen von Faschisten und Kommunisten. Während die linke republikanische Regierung in Madrid Hilfe von der Sowjetunion erhielt, unterstützten Deutschland und Italien die rechten Aufständischen unter dem General Francisco Franco. Die demokratischen Mächte Großbritannien und Frankreich blieben dage-

Abb. 6.4: Propagandaplakat der spanischen Republikaner (1936) – dargestellt ist die rechte nationalistische Junta, personifiziert durch einen General, einen Kardinal, marokkanische Söldner Francos und einen Kapitalisten mit Parteiabzeichen der deutschen Nationalsozialisten

gen neutral. Nach fast drei Jahren erbitterten Kampfes, der etwa einer Million Menschen das Leben kostete, hatten die Rechten den Bürgerkrieg gewonnen. Franco errichtete eine autoritäre Diktatur, die spanische Faschisten mit katholisch-konfessionellen Gruppen und Monarchisten zu einer Einheitspartei verschmolz und bis in die 1970er Jahre Bestand hatte.

Außenpolitische Ziele Hitlers und Mussolinis

Der militärische Erfolg im spanischen Bürgerkrieg bestärkte die faschistischen Diktatoren in ihrer von vornherein extrem aggressiven Außenpolitik. Während Mussolini eine Erweiterung des italienischen Kolonialreichs in Afrika und mehr Einfluss auf dem Balkan anstrebte, wollten Hitler und die Nationalsozialisten noch wesentlich höher hinaus. Ihre Politik zielte auf nicht weniger als eine hegemoniale Stellung Deutschlands in Europa, einschließlich der Eroberung von „Lebensraum im Osten", und letzten Endes in der Welt. Zunächst musste die nationalsozialistische Außenpolitik allerdings die Fesseln des Versailler Vertrags abschütteln. Stück für Stück gelang die Revision des Vertrags. Eine sofort nach Hitlers Machtübernahme 1933 begonnene fieberhafte Aufrüstung wurde 1935 von der Wiedereinführung der allgemeinen Wehrpflicht begleitet. Im folgenden Jahr besetzte die deutsche Armee das im Versailler Friedensvertrag entmilitarisierte Rheinland. Gleichzeitig kündigte Hitler das Abkommen von Locarno. Im Frühjahr 1938 folgte der „Anschluss" Österreichs an Deutschland.

„Appeasement"-Politik

Großbritannien und Frankreich nahmen die wiederholten Vertragsbrüche hin. Diese Politik des „Appeasement" der demokratischen Mächten gegenüber dem nationalsozialistischen Deutschland hatte mehrere Ursachen. Englische und französische Regierung sahen in einer Beschwichtigung Hitlers lange Zeit das geringere Übel zur Alternative militärischer Konfrontation. Auch den Demokratien bereitete die Weltwirtschaftskrise Probleme; von Aufrüstung und Krieg fürchteten sie deren Verschärfung. Ein Großteil ihrer militärischen Kapazitäten war zudem seit dem Ende des Ersten Weltkriegs zur Bekämpfung von Aufständen in den Kolonien gebunden. Vor allem aber schätzten sie Hitler falsch ein. In London und Paris herrschte weithin die Ansicht, der nationalsozialistische Diktator strebe nur die nationale Selbstbestimmung der Deutschen an. Und zumindest viele britische Politiker glaubten in den 1930er Jahren selbstkritisch, dass der Versailler Vertrag Deutschland dieses Recht übermäßig beschnitten habe.

Münchner Konferenz Herbst 1938

Deshalb fanden sie sich im Herbst 1938 auf einer Konferenz in München schließlich sogar bereit, Hitlers von Mussolini unterstützte und angeblich letzte Forderung nach Abtretung der sudetendeutschen Gebiete von der Tschechoslowakei zu akzeptieren. Einige Monate wiegten die demokratischen Mächte sich in der Hoffnung, damit den Frieden in Europa gerettet zu haben. Doch im März 1939 besetzten deutsche Truppen das restliche Tschechien, während Hitler nun Gebietsforderungen an Polen stellte. Die desillusionierten Demokratien brachen daraufhin die „Appeasement"-Politik ab und bereiteten sich auf eine militärische Auseinandersetzung vor. Am 1. September 1939 begann mit dem deutschen Angriff auf Polen der Zweite Weltkrieg.

1939-1941: Europäischer Krieg

Der Weltkrieg blieb bis 1941 tatsächlich ein im Wesentlichen europäischer Krieg der faschistischen Diktaturen gegen die Demokratien. Die kommunistische Sowjetunion war in diesem ersten Kriegsabschnitt der lachende Dritte. Wenige Tage vor dem Angriff auf Polen hatte Hitler mit Stalin einen Nichtangriffspakt abgeschlossen, dessen geheimes Zusatzprotokoll eine Aufteilung Osteuropas in deutsche und sowjetische Einflusssphären festlegte. Während deutsche Armee und Luftwaffe die polnische Hauptstadt Warschau in Schutt und Asche bombten, begann die Sowjetunion ihren Teil der vereinbarten Beute einzukassieren. 1939 und 1940 besetzte sie Ostpolen, Teile Rumäniens und Finnlands und verleibte die drei baltischen Staaten, die zwanzig Jahre zuvor zum ersten Mal ihre Unabhängigkeit gewonnen hatten, ihrem Staatsgebiet ein.

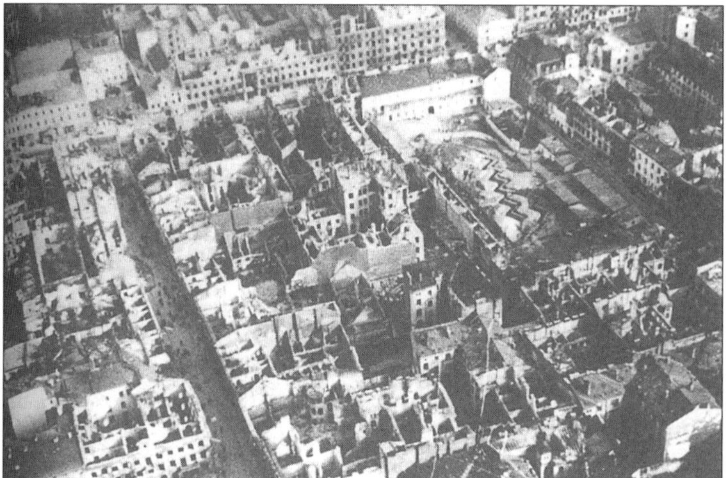

Abb. 6.5: Das zerstörte Warschau, September 1939

Deutsche „Blitzkrieg"-Erfolge

Währenddessen eilten deutsche Panzer von Sieg zu Sieg. Eine Reihe von kurzen, für das nationalsozialistische Deutschland erfolgreichen Feldzügen charakterisierte die Phase des europäischen Krieges. Im September 1939 überrannten die deutschen Truppen innerhalb eines Monats Polen. Im Frühjahr 1940 besetzten sie die neutralen Staaten Dänemark und Norwegen, um die Zufuhr kriegswichtiger Erze aus Skandinavien zu sichern und diese den gegnerischen Demokratien vorzuenthalten. Noch bevor Norwegen ganz erobert war, überfiel die deutsche Armee die ebenfalls neutralen Beneluxländer, umging auf diese Weise die französischen Grenzbefestigungen und besiegte Frankreich innerhalb von sechs Wochen. Das demokratische Großbritannien stand damit in Europa Mitte 1940 allein gegen diktatorische Regime, die den Kontinent beherrschten. Dennoch lehnte es ein Friedensangebot Hitlers ab, zumal die US-amerikanische Regierung zusagte, als „Arsenal der Demokratie" die britischen Kriegsanstrengungen wenigstens durch Waffenlieferungen zu unterstützen.

Italien trat 1940 auf deutscher Seite in den Krieg ein, musste jedoch gegen britische Truppen in Nordafrika und nach einem Überfall auf Griechenland Niederlagen einstecken. Deutsche Truppen kamen dem italienischen Bündnispartner daraufhin zur Hilfe. Gemeinsam eroberten die beiden faschistischen Diktaturen im Frühling 1941 Jugoslawien und Griechenland. Hitler hatte damit sein erstes Ziel erreicht, für das Deutsche Reich eine dominante Stellung in Europa zu gewinnen. Nun wandte er sich dem nächsten zu: der Eroberung von „Lebensraum" im Osten.

1941: Deutscher Angriff auf die Sowjetunion

Im Juni 1941 griffen deutsche Truppen, unterstützt von Italien und den autoritär regierten Staaten Rumänien, Ungarn und Slowakei, ohne Kriegserklärung die Sowjetunion an. Zuerst schien auch dieser Feldzug, mit äußerster Brutalität als „Weltanschauungskrieg" geführt, nach dem Muster der vorangegangenen „Blitzkriege" ein Erfolg für das nationalsozialistische Deutschland und seine Verbündeten zu werden. Ende 1941 kam die deutsche Offensive jedoch vor Moskau zum Stehen. Zur selben Zeit attackierte das mit den faschistischen Diktaturen verbündete Japan die amerikanische Pazifikflotte in Pearl Harbor auf Hawaii. Deutschland und Italien erklärten der USA den Krieg. Aus dem europäischen Konflikt war damit endgültig ein Weltkrieg geworden; aus dem Kampf der faschistischen gegen die demokratischen Mächte Europas hatte sich 1941 eine globale Auseinandersetzung zwischen den zwei Zweckbündnissen der Faschisten mit Japan einerseits, der Demokratien USA und Großbritannien mit der kommunistischen Sowjetunion andererseits entwickelt.

Kriegseintritt der USA

Zweckbündnis der Demokratien mit dem Kommunismus

1942/43 globale Kriegswende

Bis 1942/43 hing der Krieg in der Schwebe, blieb sein Ausgang ungewiss. Dann aber kam es an mehreren Kriegsschauplätzen zu vorentscheidenden Erfolgen für das Zweckbündnis der Demokratien mit der Sowjetunion. An der Front in Osteuropa, wo die heftigsten Kämpfe stattfanden, wurde die letzte große deutsche Offensive durch die vernichtende Niederlage von Stalingrad beendet. Seit 1943 rückte die sowjetische Rote Armee an der Ostfront nur noch vor. In Nordafrika wurden die faschistischen Achsenmächte von britischen und amerikanischen Truppen ebenfalls geschlagen. 1943 landeten Amerikaner und Briten in Italien, das bald darauf aus dem Krieg ausschied. Parallel dazu gewannen die Demokratien auch im Luft- und Seekrieg die Oberhand. Die Zerstörung englischer Städte wie Coventry und von Teilen Londons durch die deutsche Luftwaffe 1940/41 zahlten britische und amerikanische Bomber nun in Köln, Hamburg, Dresden und anderswo mit horrenden Zinsen zurück. Und während noch bis 1942 deutsche U-Boote im Nordatlantik jeden Monat mehr Transportschiffe mit amerikanischen Waffenlieferungen nach Großbritannien versenkten, als in US-Werften gebaut werden konnten, kehrte sich dieses Verhältnis danach um. Die wirtschaftliche wie technologische Überlegenheit der Demokratien wurde immer er-

Abb. 6.6: Deutsche U-Boote als Särge (amerikanische Karikatur 1943)

drückender: So verwandelte unter anderem der erfolgreiche Einsatz von Radar zur Ortung deutscher U-Boote diese in den letzten Kriegsjahren, wie ein amerikanischer Karikaturist 1943 sarkastisch spottete, geradezu in schwimmende Särge für die Besatzungen. Gleichzeitig drängten die USA auch Japan im Pazifik immer weiter zurück.

Kriegsende

Spätestens Mitte 1944, als in Frankreich gelandete britische und amerikanische Truppen die Deutschen in Westeuropa ebenso zurückzutreiben begannen, wie das die Rote Armee schon seit längerem im Osten tat, war der Ausgang des Konflikts eindeutig abzusehen. Eins nach dem anderen zogen die mit Deutschland verbündeten autoritären Regime die Konsequenzen und gaben den Kampf auf. Die Nationalsozialisten jedoch mobilisierten in ideologischer Verblendung die letzten Reserven zum „totalen Krieg". Erst als strikte Durchhaltebefehle der deutschen Führung die Eroberung Berlins durch die Rote Armee nicht mehr verhindern konnten, beging Hitler Selbstmord. Seine Paladine machten den westlichen Demokratien noch Angebote zum Aufbau einer gemeinsamen Front gegen den Kommunismus. Briten und Amerikaner lehnten ab. Daraufhin kapitulierte das Deutsche Reich am 8. Mai 1945 endlich. Eine Epoche, in der Faschismus und Autoritarismus die Geschichte Europas wesentlich beeinflusst hatten, war zu Ende.

Der Kalte Krieg 6.5

Einige Tage vor der deutschen Kapitulation trafen die Truppen der westlichen Demokratien und die kommunistische Rote Armee bei Torgau an der Elbe aufeinander. Ein Armeefotograf arrangierte ein Bild, auf dem amerikanische und sowjetische Soldaten sich die Hand gaben (siehe nächste Seite). An dem gestellten Foto war nur eins echt: die Kluft zwischen beiden Gruppen. Sie sollte sich innerhalb weniger Jahre nach dem Ende des Zweiten Weltkriegs beträchtlich vertiefen. Die ideologischen Differenzen in dem Zweckbündnis aus Demokratie und Kommunismus waren zu groß, als dass daraus eine dauerhafte Zusammenarbeit hätte entstehen können.

Interpretationen der Entstehung des Kalten Krieges

Freilich wäre auch durchaus ein friedliches Nebeneinander beider Ideologien in Europa denkbar gewesen. Wie und warum es stattdessen zum so genannten Kalten Krieg zwischen ihnen kam, der den Kontinent und einen großen Teil der Welt mehr als vierzig Jahre lang in zwei feindliche Lager spaltete, ist unter Experten

Abb. 6.7: Gestellter Händedruck an der Elbe, 25. April 1945

umstritten. Eine erste Interpretation sah und sieht den Hauptgrund dafür in einer aggressiven Natur der kommunistischen Ideologie. Die Sowjetunion habe nach 1945 den Kommunismus in ganz Europa verbreiten wollen. Die westlichen Demokratien hätten sich daraufhin zu ihrer Verteidigung unter dem Schutz und der Führung der USA zusammengeschlossen, so dass die sowjetische Herrschaft nur in Osteuropa etabliert werden konnte. Dieser Sichtweise steht die so genannte revisionistische Interpretation gegenüber. Danach ging die zur Spaltung Europas führende Aggression nicht vom Kommunismus, sondern vielmehr von den westlichen Demokratien aus. Diese hätten versucht, den Kommunismus zurück zu drängen und die kapitalistische Marktwirtschaft in ganz Europa zu verbreiten. Aus der revisionistischen Perspektive hat die Sowjetunion lediglich den kommunistischen Machtbereich in Osteuropa gegen die westeuropäischen Demokratien und vor allem gegen die USA verteidigt. Eine dritte Interpretation weist dagegen die Verantwortung für die Ausweitung der ideologischen Differenzen zwischen Ost und West zum Kalten Krieg beiden Seiten gleichermaßen zu. Erst die wechselseitige Wahrnehmung als aggressiv habe den weltanschaulichen Gegensatz zwischen Demokratie und Kommunismus zur Konfrontation eskalieren lassen.

Tatsächlich dürfte die dritte Interpretation Entstehung und Verlauf des Kalten Krieges wohl am besten erklären. Die Sowjetunion, im Zweiten Weltkrieg gegen das nationalsozialistische Deutschland nur um ein Haar dem Untergang entgangen und stark kriegszerstört, war nach 1945 zunächst vor allem darum bemüht, ihr strategisches Vorfeld abzusichern. Deshalb übte sie in den am Ende des Krieges von der Roten Armee kontrollierten Ländern Osteuropas massiven Druck aus, um dort die Herrschaft ihr ideologisch verbundener kommunistischer Parteien zu etablieren. Großbritannien und die USA sahen darin jedoch eine aggressive Politik und antworteten mit gleicher Münze, wenn auch auf subtilere Weise. Im Gegensatz zur Sowjetunion waren die USA nicht direkt von Kriegshandlungen auf ihrem Gebiet betroffen gewesen, und ihre Wirtschaft boomte. Der amerikanische Außenminister Marshall konnte den kriegszerstörten europäischen Ländern daher 1947 großzügige finanzielle Hilfen zum Wiederaufbau in Aussicht stellen. Diese Marshallplan-Hilfen wurden jedoch an die Bedingung einer marktwirtschaftlichen Orientierung gebunden. Das wiederum war für die Sowjetunion nicht akzeptabel, und sie verbot ihren osteuropäischen Satellitenstaaten die Annahme der amerikanischen Gelder. In westeuropäischen Ländern wie Frankreich und Italien schieden die Kommunisten währenddessen aus Regierungskoalitionen aus.

Kommunistische Umgestaltung in Osteuropa

Marshallplan 1947

Die Erweiterung der Kluft zwischen Ost und West hatte auch Konsequenzen für Deutschland. Die Siegermächte des Zweiten Weltkriegs hatten es auf der Potsdamer Konferenz 1945 zwar in Besatzungszonen aufgeteilt, sich aber zunächst auf Grundsätze einer einheitlichen Besatzungspolitik geeinigt. Doch diese Einheit stand bald nur noch auf dem Papier. Angesichts differierender Ziele und Interessen der Besatzungsmächte in Wirtschaft und Politik entwickelten die Zonen sich zunehmend auseinander. 1949 kam es schließlich zur Gründung zweier deutscher Staaten: der sich an die Sowjetunion anlehnenden Deutschen Demokratischen Republik (DDR) und der nach Westen orientierten Bundesrepublik Deutschland.

Teilung Deutschlands

Gründung von BRD und DDR 1949

Das Verhältnis zwischen Ost und West kühlte sich dadurch weiter ab. Die Ausweitung des Konflikts zwischen beiden Lagern auf Asien löste schließlich eine erste „Eiszeit“ aus. 1949 gelangten in China nach langen inneren Kämpfen die Kommunisten an die Macht. Zwischen 1950 und 1953 kam es dann im Koreakrieg zu einem blutigen Schlagabtausch zwischen unter UN-Mandat ope-

Erste „Eiszeit“

rierenden Truppen der USA und anderen demokratischen Staaten einerseits, dem von China und der Sowjetunion unterstützten kommunistischen Nordkorea andererseits. Vor diesem Hintergrund wurden die Demokratien wie schon nach dem Ersten Weltkrieg erneut von einer Welle antikommunistischer Hysterie überschwemmt. Die durchaus realen, aber in der wechselseitigen Wahrnehmung ins Gigantische verzerrten Gegensätze zwischen Demokratie und Kommunismus führten zwischen 1948 und 1955 schließlich zur Bildung zweier militärischer und wirtschaftlicher Blöcke. Im Westen entstand der Nordatlantikpakt (NATO), dem außer den USA unter anderem Großbritannien, Frankreich, Italien, die Beneluxländer und die Bundesrepublik Deutschland beitraten. Dieses militärische Bündnis wurde ergänzt durch einen Europäischen Wirtschaftsrat, der zunächst die Mittel aus dem Marshall-Plan verteilte, und andere ökonomische Zusammenschlüsse. In Osteuropa schlossen sich währenddessen die kommunistisch gewordenen Staaten Bulgarien, Rumänien, Ungarn, die Tschechoslowakei, Polen und die DDR unter Führung der Sowjetunion zum Warschauer Pakt und einem Rat für gegenseitige Wirtschaftshilfe zusammen.

Blockbildung: NATO und Warschauer Pakt

„Gleichgewicht des Schreckens“

Zwischen den beiden Blöcken begann ein emsiges Wettrüsten. Allerdings war keine Seite wirklich in der Lage, die andere in diesem Rüstungswettlauf zu schlagen. Stattdessen herrschte seit 1949 ein „Gleichgewicht des Schreckens“: Denn in diesem Jahr führte die Sowjetunion zum ersten Mal einen erfolgreichen Kernwaffentest durch, nachdem die USA schon 1945 Atombomben auf die japanischen Städte Hiroshima und Nagasaki abgeworfen hatten, um das Ende des Zweiten Weltkriegs im Pazifik zu beschleunigen. Das Drohpotential der nuklearen Arsenale, die bald ausreichten, um alles Leben auf der Erde mehrfach auszulöschen, trug dazu bei, beide Seiten von einer direkten Austragung des Konflikts abzuhalten. Stellvertreterkriege vor allem in Asien und Afrika, bei denen die kommunistische Supermacht Sowjetunion und die demokratische Supermacht USA meist indirekt beteiligt waren, schloss das freilich nicht aus.

Berlinkrise 1961

Anfang der 1960er Jahre schien es trotz „Gleichgewicht des Schreckens“ kurzfristig sogar möglich, dass der Kalte Krieg zu einem atomaren Schlagabtausch zwischen den Supermächten eskalieren könnte. Den Anlass dafür boten Orte, an denen die Grenzen zwischen den Blöcken noch nicht klar definiert waren. Denn demokratischer Westen wie kommunistischer Osten befürchteten, dass solche Unklarheiten von der jeweils anderen Seite ausgenutzt würden. Ein solcher Ort war Berlin. Nur dort bestand nach der Teilung Deutschlands die gemeinsame Verwaltung der Siegermächte des Zweiten Weltkriegs fort. Die Grenzen zwischen den östlichen und westlichen Verwaltungssektoren der Stadt waren offen. Ein stetig wachsender Strom von Einwohnern der DDR nutzte das, um über die Westsektoren Berlins in die Bundesrepublik zu flüchten. Der ostdeutsche kommunistische Staat drohte so langsam auszubluten. Die Sowjetunion forderte deshalb seit 1958 den Westen in immer schärferem Ton auf, den Status von Berlin zu ändern. Die Westmächte kamen schließlich zu dem Entschluss, um diese Frage keinen Atomkrieg riskieren zu wollen, und signalisierten deshalb ihr Einverständnis mit einer Unterbrechung des Flüchtlingsstroms. Der Bau einer Mauer zwischen Ost- und Westberlin 1961 durch die DDR zementierte so wortwörtlich die deutsche Teilung, löschte aber auch das Feuer eines Konfliktherdes, der den Funken für ein Umschlagen vom Kalten zum Heißen Krieg hätte zünden können.

Kubakrise 1962

Die Berlinkrise war noch nicht ganz überstanden, als die Welt wegen der Stationierung sowjetischer Atomraketen auf Kuba 1962 noch näher an den Rand eines Atomkriegs geriet. Eine Revolution auf der Karibikinsel hatte zuvor der Sowjetunion erstmals einen Stützpunkt in unmittelbarer Nähe der USA verschafft und damit das empfindliche Gleichgewicht im Verhältnis der beiden

Abb. 6.8: „Einverstanden, wir wollen verhandeln“ – Kremlchef Chruschtschow und US-Präsident Kennedy während der Kubakrise (Karikatur 1962)

Supermächte aus dem Lot gebracht. Unbedachte Drohgebärden beiderseits verschärften die Lage weiter. Einen Atomkrieg erwartend, kauften Europäer in Lebensmittelmärkten alle Regale mit Konservendosen leer. In letzter Minute wurde die Kubakrise durch Verständigung auf einen Kompromiss entschärft: Unter anderem gegen die Zusage der Akzeptanz kommunistischer Herrschaft auf der Insel durch die USA zog die Sowjetunion ihre Raketen zurück.

Entspannung seit 1963

Paradoxerweise leitete gerade dieser Höhepunkt des Kalten Krieges eine Entspannung der Beziehungen zwischen Ost- und Westblock ein: Auf die „erste Eiszeit" folgte eine Phase des „Tauwetters". Eigentlich war keiner der Verantwortlichen auf beiden Seiten während der Kubakrise zu einem nuklearen Schlagabtausch bereit gewesen. Aber fehlende Kenntnis der Gegenseite und fehlende Kontakte führten zu Missverständnissen, und diese bis an den Rand des atomaren Abgrunds. Die Vormächte des demokratischen und des kommunistischen Lagers begannen deshalb die Kommunikation miteinander zu verbessern. Seit 1963 verband ein sogenannter „heißer Draht", bestehend zunächst in einer Fernschreiber- und dann in einer Telefonverbindung, die Entscheidungsträger in Moskau und Washington. Verhandlungen über eine Begrenzung der vom beiderseitigen Kernwaffenarsenal ausgehenden Gefahren führten noch im selben Jahr zu einem Atomteststopp-Abkommen. 1970 folgte eine Einigung von Sowjetunion, USA und Großbritannien darüber, keine Kernwaffen und Nuklearttechnik an andere Staaten weiterzugeben.

1960er: Risse in den Blöcken

Während der 1960er Jahre lockerten sich zudem auch die Blöcke auf beiden Seiten auf. Im Lager der westlichen Demokratien verfolgte besonders Frankreich einen mehr auf Eigenständigkeit bedachten Kurs. 1966 löste es sich aus der militärischen Kommandostruktur der NATO und bemühte sich um einen Dialog mit Moskau – allerdings ohne viel Erfolg. Im kommunistischen Lager kam es zu einem tiefen Bruch zwischen der Sowjetunion und China. In Osteuropa war Jugoslawien, als das einzige nach dem Zweiten Weltkrieg ohne sowjetische Besetzung kommunistisch gewordene Land, nie dem Warschauer Pakt beigetreten und bewahrte seine Unabhängigkeit weiterhin, während Rumänien innerhalb des Paktes einen vorsichtig eigene Akzente setzenden Kurs begann. Offene Opposition, die auch die Herrschaft der kommunistischen Partei in Frage zu stellen drohte, schlug die Rote Armee dagegen während des „Prager Frühlings" in der Tschechoslowakei 1968 – wie zuvor schon in Ungarn 1956 und der DDR 1953 – mit Waffengewalt nieder.

„Neue Ostpolitik“ ab 1969

Wirklichen Auftrieb für die Sache der Entspannung in Europa brachte daher erst die „neue Ostpolitik“ der Bundesrepublik Deutschland seit 1969. Westdeutsche Politiker hatten die deutsche Teilung und die Existenz der DDR lange nicht wahrhaben wollen. Der Berliner Mauerbau 1961 leitete jedoch einen langsamen Prozess des Umdenkens hin zu mehr Realismus ein. Dazu kam besondere Betroffenheit durch die exponierte geographische Lage an der Nahtstelle des Ost-West-Konflikts: Sollte der Kalte Krieg jemals ein heißer werden, drohte Mitteleuropa als erstes in Flammen aufzugehen. Auslöser der so motivierten „neuen Ostpolitik“ wurde schließlich ein Regierungswechsel. Die seit 1969 zum ersten Mal sozialdemokratisch dominierte Bundesregierung suchte direkt nach ihrer Wahl ein engeres Verhältnis zu den kommunistischen Staaten im Osten. Zwischen 1970 und 1973 stellte Westdeutschland seine Beziehungen zu Polen, der Sowjetunion, der Tschechoslowakei und der DDR auf eine neue vertragliche Grundlage. Durch diese „Ostverträge“ erkannte die Bundesrepublik die DDR faktisch ebenso an wie die Inbesitznahme der früher zum Deutschen Reich gehörenden Regionen Schlesien, Hinterpommern und Ostpreußen durch Polen und die Sowjetunion 1945. Im Gegenzug gestanden die kommunistischen Staaten mehr Durchlässigkeit der West und Ost trennenden Mauer zu.

KSZE-Abschlusserklärung 1975

„Neue Ostpolitik“ und Annäherung der Supermächte öffneten die Tür zur Konferenz für Sicherheit und Zusammenarbeit in Europa (KSZE), an der zwischen 1973 und 1975 außer Albanien alle europäischen Länder sowie die USA und Kanada teilnahmen. Die Abschlusserklärung der KSZE 1975 stellte den Höhepunkt der Entspannung dar. In der Erklärung wurden erstens sicherheitspolitische Maßnahmen vorgesehen, wie der Übergang von Rüstungsbegrenzung zu Abrüstung. Zweitens enthielt sie Willensbekundungen, die wirtschaftliche und wissenschaftliche Zusammenarbeit zwischen den Blöcken auszubauen. Daran hatte vor allem der kommunistische Osten ein Interesse, der dem fortgeschritteneren Westen wirtschaftlich und technologisch immer offensichtlicher hinterherhinkte. Deshalb akzeptierten die Staaten des Warschauer Pakts drittens widerwillig auch eine Absichtserklärung, die Menschenrechte und Freizügigkeit von Personen wie Ideen betonte. Das war ein Hauptanliegen des demokratischen Westens.

Niedergang der Entspannung seit 1975/79

Wie Kuba- und Berlinkrise gleichermaßen Kulmination und Ende der „ersten Eiszeit“ im Kalten Krieg gewesen waren, barg aber auch die KSZE-Schlussakte als Höhepunkt der Entspannungspolitik schon den Keim zu deren Niedergang in sich. Dass die kommunistischen Staaten die Menschenrechte weiterhin nicht all zu sehr beachteten, verstimmte die Demokratien. Zudem behinderte gegenseitiges Misstrauen die vereinbarte Abrüstung der Blöcke. Stattdessen modernisierte der Warschauer Pakt seine Mittelstreckenraketen in Europa, worauf die NATO 1979 mit dem Beschluss zu einer so genannten „Nachrüstung" antwortete, die tatsächlich schon länger vorbereitet gewesen war. Die sowjetische Intervention in Afghanistan im selben Jahr löste endgültig ein neues Wettrüsten aus. Besonders zwischen USA und Sowjetunion wurde die Entspannung durch eine neue „Eiszeit" abgelöst.

Abb. 6.9: Sowjetische, amerikanische und europäische Sicht des Ost-West-Konflikts (westdeutsche Karikatur, frühe 1980er Jahre)

In Europa dennoch Ost-West-Kontakte

In Europa kühlte das Verhältnis zwischen den Blöcken ebenfalls ab. Die auf beiden Seiten vorhandene Furcht davor, dass der Kontinent im Fall eines atomaren oder konventionellen Kriegs zuerst zum Schlachtfeld werden würde, verhinderte aber ein Absinken der Temperatur unter den Gefrierpunkt. In den 1980er Jahren fanden mehrere Folgetreffen der KSZE statt. Die westeuropäischen Demokratien, vor allem die Bundesrepublik Deutschland, gaben den osteuropäischen Ländern Milliardenkredite, mit denen diese ihre zunehmend maroden Volkswirtschaften stabilisieren konnten. Im Gegenzug fanden die kommunistischen Staaten sich zu „menschlichen Erleichterungen" bereit, vor allem im Reiseverkehr. Währenddessen herrschte zwischen Sowjetunion und USA weitgehende Funkstille.

Schlusssphase des Kalten Krieges seit 1985

Seit Mitte der 1980er Jahre entwickelte sich jedoch auch in den Beziehungen zwischen den Supermächten eine neue Phase der Entspannung, die schließlich innerhalb weniger Jahre das Ende des Kalten Krieges bringen sollte. Die Initiative dazu kam aus der Sowjetunion. Dort wurde 1985 Michail Gorbatschow neuer Generalsekretär der Kommunistischen Partei. Gorbatschow suchte den Kontakt zur USA und ließ die sowjetischen Truppen aus Afghanistan abziehen. In die festgefahrenen Verhandlungen um Begrenzung und Abbau der militärischen Arsenale von NATO und Warschauer Pakt kam wieder Bewegung; aus dem Rüstungswettlauf wurde ein Abrüstungswettlauf.

Abb. 6.10: Begeisterter Empfang für Michail Gorbatschow in Prag (1987)

Ende des Kommunismus 1989/91

Auch im Innern der kommunistischen Staaten blies in den späten 1980er Jahren ein immer frischerer Wind. Gorbatschow und seine Mitarbeiter wollten den Kommunismus als politisches und wirtschaftliches System eigentlich reformieren. Der von ihnen in der Sowjetunion angestoßene Entwicklungsprozess gewann aber zunehmend an Eigendynamik. Hier wie in den übrigen Staaten Osteuropas liefen die wirtschaftlichen und politischen Veränderungen seit 1989 auf eine Systemtransformation hinaus. Anders als noch 1968 in der Tschechoslowakei war die politische Führung der Sowjetunion jetzt aber nicht mehr dazu bereit, dem mit Waffengewalt zu begegnen, und ließ die Dinge laufen. Bis 1991 hatte überall in Osteuropa ein Wandel von der Planwirtschaft zur Marktwirtschaft eingesetzt. Überall verloren die kommunistischen Parteien ihr Machtmonopol. Die Sowjetunion, das Kind der kommunistischen Revolution, zerfiel in unabhängige Teilrepubliken. Stillschweigend löste sich der Warschauer Pakt auf. Mit dem Ende des Kommunismus in Europa war auch der Kalte Krieg vorbei.

Ursachen

Anders als die faschistischen Diktaturen wurde der Kommunismus nicht von außen besiegt, sondern kollabierte von innen. Letzten Endes wollte ihn selbst in seinem Ursprungsland kaum mehr jemand verteidigen: Als 1991 Teile der Roten Armee gegen den Zerfall der Sowjetunion, der letzten Bastion kommunistischer Macht, einen Putschversuch unternahmen, wurde dieser sogar von kommunistischen Parteimitgliedern nur wenig unterstützt und brach bald in sich zusammen. Was waren die Ursachen für diesen inneren Kollaps?

Versagen der Planwirtschaft

Offensichtlichster Hintergrund war das langfristige Versagen des kommunistischen Wirtschaftssystems. Planwirtschaft eignete sich zwar gut dazu, nur wenig entwickelte Gesellschaften beschleunigt ins Industriezeitalter zu katapultieren. Deshalb machte die Sowjetunion während der 1920er und 1930er Jahre im Vergleich mit den kapitalistischen Demokratien ökonomisch eine ziemlich gute Figur. Und auch die weniger industrialisierten osteuropäischen Länder konnten nach der Umwandlung in Planwirtschaften seit 1945 zunächst gute Entwicklungsfortschritte verzeichnen. Seit spätestens den 1970er Jahren verloren die kommunistischen Ökonomien im Osten Europas aber immer deutlicher den Anschluss an die Entwicklung der demokratischen Marktwirtschaften im Westen. Denn der erfolgreiche Übergang zur Dienstleistungsgesellschaft erforderte komplexe technologische Innovationen, für die planwirtschaftliche Systeme zu wenig Anreize boten. So blieben die kommunistischen Länder etwa in der zentralen Computertechnologie hoffnungslos rückständig – die Staatssicherheitspolizei der DDR, die gefürchtete Stasi, verzeichnete noch 1990 Informationen über von ihr bespitzelte Personen auf Hunderttausenden von Karteikarten.

Wettrüsten und Entspannungspolitik

Nicht zuletzt um aus dem Westen technologisches Know-how importieren zu können, fanden kommunistische Regierungen sich zu einer Entspannung des Konflikts mit den Demokratien bereit. Manche Historiker argumentieren deshalb, dass die Entspannung den Kalten Krieg künstlich verlängert habe, indem sie den Kommunismus stabilisierte. Erst das in den 1980er Jahren vom Westen wieder aufgenommene Wettrüsten habe einen wirtschaftlichen Druck ausgeübt, an dem die kommunistischen Systeme schließlich zerbrochen seien. Eine Mehrheit der Experten teilt dagegen zwar die Ansicht, dass die Wiederaufnahme des Wettrüstens zum Ende des Konflikts zwischen Demokratie und Kommunismus zumindest beigetragen hat, schätzt aber die Rolle der Entspannungspolitik ganz anders ein. Sie habe die osteuropäischen Planwirtschaften keineswegs stabilisiert, sondern im Gegenteil zunehmend ihrer Legitimation beraubt. Denn infolge der Entspannung weiteten Warenaustausch und menschliche Kontakte zwischen den Blöcken sich gewaltig aus. So reisten zum Beispiel Mitte der 1980er Jahre über zwanzig Mal soviel DDR-Bürger nach Westdeutschland wie noch Anfang der 1970er Jahre. Immer mehr Bewohner der kommunistischen Staaten Osteuropas lernten Konsumgüter kennen und schätzen, die es in den marktwirtschaftlich organisierten Demokratien des Westens im Überfluss gab, während sie im Osten selbst für Parteieliten kaum oder nur schwer zugänglich waren. Die Unzulänglichkeit des eigenen Systems wurde damit immer deutlicher – selbst und sogar ganz besonders für kommunistische Spitzenfunktionäre, die privilegierten Zugang zu Informationen und Reisemöglichkeiten hatten. Die Entspannungspolitik trug aus dieser Sicht wesentlich zum Kollaps des Kommunismus bei, der den Kampf der Ideologien und damit auch das kurze 20. Jahrhundert beendete.

Literatur

- Hobsbawm, Eric, Der Kalte Krieg, in: Ders., *Zeitalter der Extreme. Weltgeschichte des 20. Jahrhunderts*, München 1995, S. 285-323 (lebendig und pointiert geschriebene, auf die Rolle von USA und Sowjetunion konzentrierte Darstellung auf der Höhe des Forschungsstands).
- Holzer, Jerzy, *Der Kommunismus in Europa. Politische Bewegung und Herrschaftssystem*, Frankfurt/Main 1998 (dieses sowohl allgemeinverständlich wie differenziert geschriebene Buch eines polnischen Historikers konzentriert sich auf die Geschichte der Sowjetunion, berücksichtigt aber auch die kommunistischen Bewegungen in anderen Staaten und besonders die kommunistische Herrschaft in den sowjetischen Satellitenstaaten Osteuropas nach 1945).
- Joll, James, *Europe since 1870. An International History*, überarbeitete Auflage London 1990, S. 324-421 (sowohl die Verbindung von Ereignissen und komplexen Strukturen wie von nationalen Einzelgeschichten und europäischen Zusam-

menhängen zwischen 1929 und 1945 gelingt dieser älteren Darstellung nach wie vor auf relativ knappem Raum am besten).

- Kershaw, Ian, *Der NS-Staat. Geschichtsinterpretationen und Kontroversen im Überblick*, überarbeitete Ausgabe Reinbek 1999 (schlägt erhellende Schneisen in das Dickicht der Interpretationen zum Nationalsozialismus, unter anderem auch auf S. 39-79 zu den Forschungsdiskussionen um Faschismus- und Totalitarismusbegriff).
- Mazower, Mark, *Der dunkle Kontinent. Europa im 20. Jahrhundert*, Berlin 2000, S. 17-68 (zum prekären Aufstieg der Demokratie und ihrer bald einsetzenden Krise durch kommunistische und faschistische Herausforderung zwischen Erstem Weltkrieg und 1930er Jahren).
- Metzler, Gabriele, Ost-West-Konflikt und deutsche Frage, in: Dies., *Einführung in das Studium der Zeitgeschichte*, Paderborn 2004, S. 216-235 (auf Deutschland konzentrierte, gleichermaßen knappe wie alle wesentlichen Aspekte ansprechende Einführung in die Geschichte des Kalten Krieges).
- Schieder, Wolfgang, Faschismus, in: *Fischer Lexikon Geschichte*, 3. überarbeitete Auflage, Frankfurt 2003, S. 199-221 (forschungsorientierter Überblick zu Gemeinsamkeiten und Unterschieden faschistischer Regimes und Bewegungen sowie zu Faschismustheorien).
- Vorländer, Hans, *Demokratie. Geschichte – Formen – Theorien*, München 2003 (ideen- und institutionsgeschichtlicher Überblick, über den sich die neueren Forschungsdiskussionen zu Geschichte, Gegenwart und Zukunft der Demokratie erschließen lassen).

Nationalismus, Nationen, Nationalstaaten 7.

Am Ende des Ersten Weltkriegs kam eine Kommission, die die Grenze zwischen Polen, der Tschechoslowakei und Ungarn festlegen sollte, auch in ein kleines Dorf in den Karpaten. Dessen Bewohner beäugten die weitgereisten Gäste misstrauisch. „Welche Nationalität habt ihr?" fragten die Mitglieder der Kommission. Die Antwort war ein unverständliches Brummen. Offensichtlich wussten die Dorfbewohner mit der Frage nichts anzufangen. Die Mitglieder der Kommission fragten deshalb erneut: „Was seid ihr – Ungarn, Polen, Tschechen, Slowaken, Ukrainer?" Die Dorfbewohner antworteten nur: „Wir sind von hier."

Aus der Sicht des frühen 21. Jahrhunderts wirkt diese Antwort vielleicht sehr sympathisch. Am Ende des Ersten Weltkrieges, der den Übergang vom langen 19. zum 20. Jahrhundert markiert, erschien sie dagegen nur deplaziert. Denn beide Jahrhunderte waren geprägt von einem Flächenbrand des Nationalismus, der ganz Europa entzündete. 1918 wurde das Feuer auch in die entlegensten Dörfer Osteuropas getragen, wo es bisher noch nicht überall gebrannt hatte, aber dafür in den nächsten Jahrzehnten umso höher auflodern sollte. Zwischen 1830 und 1991 entstanden in Europa zwei Dutzend Staaten neu. Fast alle verstanden sich als „Nationalstaaten". Aber auch in den schon vorher bestehenden europäischen Ländern breitete sich die Vorstellung aus, einem Nationalstaat anzugehören. Immer weniger Europäer neigten im Lauf des 19. und 20. Jahrhunderts dazu, auf die Frage nach ihrer Identität einfach zu antworten, sie seien „von hier". Stattdessen wurde für immer mehr von ihnen die Zugehörigkeit zu einer Nation zu einem zentralen Merkmal ihres Selbstverständnisses.

Die Konstruktion der Nation 7.1

Kristallisationskerne des Nationalgefühls: Sprache

Was aber ist eigentlich eine Nation? Wodurch entsteht bei einer Gruppe, sie mag aus zwei Millionen oder hundert Millionen Menschen bestehen, das Gefühl nationaler Zusammengehörigkeit? Die meisten Menschen würden als Ursache dafür wohl das Vorhandensein einer gemeinsamen Sprache nennen. Franzosen wären demnach Franzosen, weil sie Französisch sprechen. Engländer wären Engländer, weil sie Englisch reden. Und die deutsche

Nation würde sich dadurch definieren, dass ihre Mitglieder Deutsch sprechen.

Hier taucht allerdings schon ein erstes Problem dieses Definitionsversuchs über Sprachgemeinschaften auf. Denn wenn die deutsche Nation sich über die deutsche Sprache definiert, was ist dann mit Österreichern und deutschsprachigen Schweizern? In beiden Gruppen gibt es heute wohl kaum jemand, der sich als Deutscher versteht. Und die große Masse der Bewohner Deutschlands würde beide genauso wenig als Angehörige der eigenen Nation sehen. Man könnte zwar argumentieren, dass Österreicher einen Dialekt sprechen, der in manchen anderen Teilen des deutschen Sprachraums nur schwer verständlich ist. Für Schwyzerdütsch gilt das erst recht, auch wenn die Schriftsprache der Deutschschweizer Hochdeutsch ist. Aber mit solchen Argumenten ließen sich auch Bayern, Schwaben, Sachsen, Friesen, Rheinländer und wer eigentlich nicht aus der nationalen Sprachgemeinschaft ausschließen. Wenn die ausschließliche Verständigung aller Bewohner einer Region auf Hochdeutsch das alleinige Kriterium nationaler Zugehörigkeit wäre, dann würde die deutsche Nation nur wenig mehr als die Bevölkerung der Gegend zwischen Göttingen und Hannover umfassen.

Nationalgefühl basiert offenbar nicht allein auf der Zugehörigkeit zu einer Sprachgemeinschaft. Die Bewohner der Schweiz sehen sich auch als eine Nation, obwohl sie vier verschiedenen Sprachgemeinschaften angehören: der deutschen, der italienischen, der rätoromanischen und der französischen. In Frankreich wird der französischsprachige Teil der Schweiz ebenso wenig als Teil der eigenen Nation gesehen wie die französischsprachige Provinz Quebec in Kanada. Englisch wird auch in den USA, in Irland und vielerorts sonst auf dem Globus gesprochen. Aber als Teile der englischen Nation betrachten Amerikaner und Iren sich deshalb nicht, und darin stimmen sie mit den Bewohnern Englands vollkommen überein.

Staat und Territorium

In all diesen Fällen orientiert sich das nationale Zusammengehörigkeitsgefühl an einer politischen und rechtlichen Organisationsform: dem Staat. Der moderne Staat ist schließlich nichts anderes als ein Verband von Personen, die auf einem bestimmten Gebiet einer gemeinsamen Rechtsordnung angehören. In Ländern wie der Schweiz, in denen mehrere Sprachen gesprochen werden, sind der Staat und sein Territorium als Kristallisationskern des Nationalgefühls von besonderer Bedeutung. Schweizer Patriotismus lebt von der Identifikation mit der besonderen eidgenössischen Verfassung des Landes und mit dessen bergiger

Landschaft. Mehrsprachige Nationalstaaten sind in Europa allerdings die Ausnahme. Meist verbindet sich die Idee eines Nationalstaats mit der sprachlicher Homogenität seiner Bevölkerung. In Beispielen wie dem Frankreichs, Englands oder Deutschlands sind Staat und Territorium dann ein zusätzliches Kriterium, das die Sicht der Nation als Sprachgemeinschaft ergänzt und einschränkt.

Geschichte

Auch die Vorstellung einer gemeinsamen Geschichte kann Grundlage von Nationalgefühl sein. Auf dem Gebiet der heutigen Bundesrepublik Deutschland gab es zwischen 1949 und 1990 nicht nur einen, sondern zwei Staaten. Es existierte also keine staatliche und territoriale Einheit, und angesichts der großen Zahl Deutschsprechender außerhalb von DDR und alter BRD konnte auch die Sprachgemeinschaft nicht als Basis eines Nationalgefühls dienen. Dennoch fühlte sich die Bevölkerung beider Staaten überwiegend als Teil einer Nation. Versuche, ein eigenes Nationalgefühl in der DDR zu wecken, scheiterten kläglich, und als die Mauer fiel, kam es 1990 wie selbstverständlich zur Wiedervereinigung. Die Basis für diese Entwicklung war offensichtlich eine historische: nämlich die Erinnerung an den deutschen Nationalstaat, der von 1871 bis zum Ende des Zweiten Weltkriegs bestanden hatte.

Ethnie/Rasse

Schließlich wird auch „ethnische Zugehörigkeit" oft als Kristallisationskern des Nationalgefühls genannt. Allerdings ist der Begriff der „Ethnie" ein äußerst schwammiger. Im deutschen Sprachraum ist damit meist das gemeint, was früher unter „Volk" verstanden wurde, nämlich eine durch gemeinsame Kultur und Abstammung verbundene Gruppe von Menschen. Während Kultur dabei weitgehend auf Dinge wie Sprache und Geschichte verweist, ersetzt „Abstammungsgemeinschaft" im Grunde nichts anderes als das heute verpönte Wort „Rasse". Ethnische Zugehörigkeit in diesem Sinn bedeutet Verbundenheit durch bestimmte körperliche oder Charaktermerkmale.

Sprache, Staat und Staatsterritorium, Geschichte und ethnische Zugehörigkeit können also Kristallisationskerne des Nationalgefühls, des Nationalismus sein. Aber basieren diese Gefühle auch auf einer fassbaren Realität? Sind Sprachgemeinschaft, gemeinsame Vergangenheit in einer staatlichen Ordnung auf einem bestimmten Territorium und „Rasse" etwas Reales? Begründen sie nicht nur Nationalgefühl, sondern auch Nationen? Die meisten Nationalismusexperten gehen heute davon aus, dass beides sich nicht wirklich voneinander trennen lässt. Nationale Gemeinschaften entstehen vor allem dadurch, dass Menschen an sie glau-

Nationen als „erdachte Gemeinschaften"

ben. Die Nation ist, wie es der amerikanische Wissenschaftler Benedict Anderson ausgedrückt hat, eine „erdachte Gemeinschaft". „Erdacht ist sie deswegen, weil die Mitglieder selbst der kleinsten Nation die meisten anderen niemals kennen, ihnen begegnen oder auch nur von ihnen hören werden, aber im Kopf eines jeden die Vorstellung ihrer Gemeinschaft existiert."[9]

Rasse als Konstrukt

Gedanklich konstruierte Gemeinschaften sind Nationen aber noch in einem weiteren Sinn. Denn tatsächlich gibt es gute Gründe dafür anzunehmen, dass auch die Kristallisationskerne des Nationalgefühls größtenteils erdachte Konzepte sind. Beim Konzept der „Rasse" ist das besonders offensichtlich. Die Vorstellung, dass Nationen sich durch körperliche und Charaktermerkmale voneinander unterscheiden, provoziert heute zurecht nur noch lachhafte Klischees, nach denen Italiener dunkelhaarig und feurige Liebhaber sind, alle Schweden dagegen blonde Haare und eine Vorliebe für Sexfilme haben, während die durch die Bank rothaarigen Engländer nur Wärmflaschen mit ins Bett nehmen. Die Bewohner Europas, ihre Sitten und ihre Gene sind seit dem Beginn der Geschichte des Kontinents durch so viele Wanderungsbewegungen immer wieder durcheinander gemischt worden, dass das Bild eindeutig voneinander abgrenzbarer Rassen oder Ethnien als Grundlage von Nationsbildung eine offensichtliche Konstruktion ist. Selbst der Führer derjenigen, die hierzulande vor 1945 daran glaubten, dass alle Deutschen blond, blauäugig und von hünenhaft großer Gestalt sein sollten, war bekanntlich dunkelhaarig, braunäugig und von eher schmächtiger Statur.

Geschichte des nationalen Territorialstaats als Konstrukt

Rasse und Nation verbanden sich im Denken einer größeren Zahl von Europäern erst während des 19. Jahrhunderts miteinander. Aber auch die Vorstellung einer weit in die Geschichte zurückreichenden staatlichen und territorialen Einheit von Nationen machte sich nicht vor dem 19. Jahrhundert in vielen europäischen Köpfen breit. Die deutsche Nationalbewegung bietet ein gutes Beispiel für eine solche „erfundene Tradition" [Hobsbawm 1991]. Ihr gehörten zahlreiche Historiker und Publizisten an, die vor wie nach der Gründung des Deutschen Reiches 1871 fleißig an der Legende strickten, ein solches Reich könne auf eine lange Tradition zurückblicken. Denn schon im Mittelalter habe es eine staatliche Einheit aller Deutschen unter den Herrscherdynastien der Salier und Staufer gegeben. Dass diese Herrscher sich „römische Kaiser" nannten, wurde dabei ebenso gern ignoriert wie der Umstand, dass die nur lose verbundenen Gebiete, über die sie Herrschaft beanspruchten, keinesfalls den Kriterien für einen modernen Staat entsprachen. Zudem umfasste das mittelalterliche Reich

Abb. 7.1: „Die Wiedererstehung des Reiches 1871“ (Wandgemälde in der Goslarer Kaiserpfalz von Hermann Wislicenus 1882, Ausschnitt). Mittelalterliche Kaiser und Könige, angefangen bei Karl dem Großen, schweben über Wilhelm I. und seinem Sohn (in der Mitte zu Pferd).

Territorien, von denen selbst die glühendsten deutschen Nationalisten im 19. Jahrhundert viele nicht als Teil einer deutschen Nation beanspruchten. Gehörten doch neben Österreich dazu auch Tschechien, die Schweiz, die Niederlande und Belgien, halb oder ganz Italien, Burgund und die Provençe mitsamt der Côte d'Azur. Dennoch wurde das mittelalterliche Imperium von den Zeitgenossen des späten 19. Jahrhunderts als „Erstes Reich“ in eine direkte Traditionslinie zum 1871 gegründeten deutschen Nationalstaat, dem „Zweiten Reich“, gestellt. In dieselbe konstruierte Traditionslinie stellten auch die Nationalsozialisten ihr „Drittes Reich“, obwohl dieses als Führerdiktatur mit dem vermeintlichen mittelalterlichen Vorbild nicht einmal mehr die formelle Parallele der Herrschaft durch einen Kaiser gemein hatte.

Auch anderswo in Europa nahm die Konstruktion von Nationalgeschichten seit dem 19. Jahrhundert bizarre Formen an. Besonders häufig musste die kurzlebige oder sogar zweifelhafte Existenz einzelner Fürstentümer vor Hunderten von Jahren in Osteuropa herhalten, um Ansprüche auf die Gründung oder Erweiterung von Staaten historisch zu begründen. Auf einer Halbinsel im äußersten Südosten des Kontinents, wo Historiker trotz besten Willens für Mittelalter und Frühe Neuzeit in dieser Hinsicht nur absolute Fehlanzeige melden konnten, konstruierte man sogar Traditionen zur Antike, um die Bevölkerung anfangs des 19. Jahrhunderts für den Kampf um einen griechischen Nationalstaat zu mobilisieren. Die Konstruktion nationaler historischer Kontinuitäten über zwei Jahrtausende hinweg, wie sie im Fall

Griechenlands vorgenommen wurde, war dabei gar nicht einmal ungewöhnlich. Auch Franzosen gewöhnten sich daran, die Geburt ihrer Nation im Abwehrkampf der Gallier gegen die Römer unter Cäsar zu sehen. Und auf der anderen Seite des Rheins begann man, die antiken Germanen zu Vorvätern und Vorbildern eines deutschen Nationalgefühls zu stilisieren. So malte etwa Heinrich von Kleist in seinem Drama „Hermannsschlacht" 1808 das Bild eines glorreichen nationalen Abwehrkampfs vereinigter germanischer Stämme gegen von Varus geführte römische Invasoren im Teutoburger Wald aus, um seine Zeitgenossen zum Aufstand gegen die französischen Besatzer unter Napoleon und zur Gründung eines deutschen Nationalstaats aufzurufen.

Nationale Sprachgemeinschaften als Konstrukt

Wie historische Traditionen wurden selbst Sprachgemeinschaften im 19. und 20. Jahrhundert häufig instrumentalisiert und sogar konstruiert, um Kristallisationskerne für Nationalgefühl zu schaffen. Das wurde schon dadurch ermöglicht, dass die Grenze zwischen Sprache und Dialekt Definitionssache ist. Luxemburgisch etwa galt lange Zeit als deutscher Dialekt, den es als Schriftsprache praktisch nicht gab. Nach 1945 wurde es in Luxemburg jedoch zur offiziellen Nationalsprache in Ämtern und Schulen erhoben. Hintergrund dafür war die deutsche Annexion des kleinen Landes während des Zweiten Weltkriegs, in dem die Luxemburger einer rabiaten Germanisierungspolitik ausgesetzt wurden. Sollte Sprachenpolitik im Krieg so eine forcierte Integration in die deutsche Nation bewirken, so dient sie mittlerweile der Herstellung und Festigung einer eigenen luxemburgischen nationalen Identität.

Bis etwa 1800 war sprachliche Homogenität in den meisten Ländern Europas kaum gegeben. Selbst in Frankreich, das auf eine außergewöhnlich lange Geschichte als geschlossenes Herrschaftsgebiet mit einer verhältnismäßig starken Zentralgewalt zurückblicken konnte, existierte sie nicht. 1789 sprach die Hälfte der Franzosen überhaupt kein Französisch. Im Süden verständigte man sich stattdessen auf Okzitanisch, im Westen auf Bretonisch, im Osten auf Elsässisch. Die andere Hälfte der französischen Bevölkerung unterhielt sich überwiegend miteinander in einem Dialekt, der schon in benachbarten Regionen kaum noch verstanden wurde. In Italien oder Deutschland gab es ebenso wenig eine von der Mehrheit der Bevölkerung gesprochene einheitliche Nationalsprache: Diese wurde dort vielmehr erst infolge der nationalen Einigung geschaffen. Im frühen 19. Jahrhundert lasen nur wenige Prozent der Bevölkerung beider Länder Bücher und Zeitungen in der italienischen oder deutschen „Hochsprache“; noch weniger dürften sie zur alltäglichen Kommunikation benutzt haben. Vor allem die von den Nationalstaaten durchgesetzte Schulpflicht änderte das. Die Dialekte – erst jetzt als solche etikettiert – wurden aus dem öffentlichen Leben der Nation und zunehmend auch dem privaten Leben ihrer Bürger zurückgedrängt. Halten konnten sie sich nur in ländlichen Rückzugsgebieten mit geringer Mobilität, deren Bevölkerung dafür sozialer Aufstieg verwehrt blieb, für den die Beherrschung der Hochsprache in der nationalisierten Gesellschaft mehr und mehr Bedingung wurde. Anderswo schliffen sie sich zu Akzenten ab. Überspitzt gesagt waren also weniger Sprachgemeinschaften die Voraussetzung für die Entstehung von Nationalstaaten als umgekehrt.

Geschichte des Begriffs „Nation“

Diese Erfindung der Nation spiegelt sich auch in der Geschichte des Begriffs. Zwar sprachen schon die alten Römer von „natio“ und „nationes“. Bezeichnet wurden damit allerdings nur die „barbarischen“ Völkerschaften außerhalb des Römischen Reiches. „Natio“ war ein abwertender Begriff für die anderen, nicht für die eigene Gemeinschaft. Das moderne Verständnis des Begriffs beinhaltet aber gerade die positive Selbstwahrnehmung der eigenen Gruppe.

Im Mittelalter wurde es dann in bestimmten eng begrenzten Gruppen und Kontexten üblich, auch sich selbst als Mitglied einer „natio“ zu sehen. So bezeichneten sich die Gruppen von Kaufleuten aus Genua oder Venedig, die es in vielen Städten am Mittelmeer gab, dort als „nationes“. Dem modernen Nationsverständnis entsprach das aber nicht. In Genua oder Venedig selbst kam niemand auf den Gedanken, den eigenen Herrschaftsbereich der Stadtstaaten „natio“ zu nennen. Diente der Begriff in Handelsstädten so zur Kennzeichnung lokaler Herkunft in der Fremde, wurde damit auf Kirchenkonzilen oder an Universitäten sehr viel gröber nach geographischen Großgruppen unterschieden. Auf dem Konstanzer Konzil im frühen 15. Jahrhundert gab es so etwa eine „natio francorum“, zu der freilich auch alle Bischöfe der iberischen Halbinsel gezählt wurden. Ebenso rechneten zur „natio germanorum“ der Bischof von Krakau aus dem Königreich Polen oder die Bischöfe von Odense und Lund aus dem Königreich Dänemark. Die Bewohner dieser Königreiche dürften sich aber ebenso wenig als „Germanen“ oder Deutsche verstanden haben wie die Einwohner der iberischen Halbinsel als Franzosen.

Nicht vor der Frühen Neuzeit begann sich langsam ein Verständnis der Nation als Sprach-, Herkunfts- und Rechtsgemeinschaft zu etablieren, das dem modernen Verständnis schon recht nahe kam. Die entscheidenden Elemente dieses frühneuzeitlichen Konzepts waren freilich noch Recht und Herrschaft: Was eine Nation war, wurde von den bestehenden Grenzen und Autoritäten vorgegeben. Deshalb sprach man zum Beispiel in Mitteleuropa lange kaum von einer deutschen, viel aber von einer brandenburgischen oder bayerischen Nation. Auch die Bevölkerung des Herzogtums Berg oder des Erzbistums Köln, ja sogar die Einwohner der Freien Reichsstadt Biberach galten als „Nation". Zudem wurde dieses Verständnis noch in vielen Gegenden Europas von einer anderen Auffassung überlagert, nach der nicht die Gesamtheit der Bewohner eines Territoriums, sondern nur privilegierte kleine Gruppen wie der Adel die „Nation" bildeten.

Erst die Französische Revolution bedeutete den Durchbruch einer Sicht, die „Volk", Staat und Nation gleichsetzte. Die Revolution verband den Nationsbegriff auch mit der Verheißung von Freiheit, Rechtsgleichheit und nationaler Brüderlichkeit. Das machte ihn außerordentlich attraktiv, und es hätte seines Exports in den Tornistern der französischen Soldaten zwischen 1789 und 1815 gar nicht bedurft, um ihn in ganz Europa zu verbreiten. Tatsächlich wirkte vielfach gerade der Widerstand gegen die Revolutionsarmeen und Napoleon als Katalysator der nationalen Idee.

So begann im Übergang vom 18. zum 19. Jahrhundert die folgenreiche Karriere der modernen Nationsidee. Dieser Befund wird dadurch unterstrichen, dass um dieselbe Zeit auch der Begriff des Nationalismus entstand – als Bezeichnung für eine Ideologie, die in der Nation die höchsten Werte verkörpert sieht. Für die wachsende Zahl von Anhängern dieser Ideologie beruhten die Nationalstaaten, die sich jetzt bildeten, auf einer soliden Basis von Sprach- und Volksgemeinschaften mit langer historischer Tradition. Doch die Nationen waren keine Dornröschen, die nur von einem Prinzen wachgeküsst werden mussten. Sie wurden weniger gefunden als erfunden – von Historikern, Sprachwissenschaftlern, Publizisten und anderen Intellektuellen.

7.2. Funktionen des Nationalismus

Warum aber fanden die „Erfinder" der Nationsidee bei so vielen Europäern Gehör? Warum glaubten immer mehr Menschen an Nationen – und verhalfen ihnen damit erst zur Existenz? Für das „nationale Interesse" waren viele zu größten Opfern bereit. Auch wenn beileibe nicht alle, die in einen der Kriege des 19. und 20. Jahrhunderts zogen, das aus purem Nationalismus taten: Millionen waren im Namen ihrer Nation nicht nur bereit zu töten, sondern auch zu sterben. Was motivierte sie dazu? Mit anderen Worten, welche Funktion hatte der Nationalismus für seine vielen Anhänger?

Nation als Ersatz für traditionelle Gemeinschaften

Die plausibelste Antwort auf diese Frage ist, dass die Nation als „erdachte Gemeinschaft" ein Vakuum auszufüllen half, das durch die Auflösung anderer Gemeinschaften entstand. Sie vermittelte ein neues, starkes Wir-Bewusstsein während einer Phase rasanten Wandels, durch den alte Gruppenidentitäten brüchig wurden. Sie schien Sicherheit und Geborgenheit zu bieten in einer zutiefst unsicheren Zeit. Während andere Netze sozialer Solidarität rissen, offerierte die nationale Gemeinschaft ein neues Ideal von Brüderlichkeit und wechselseitiger Hilfe.

Institutionen wie Dorfgemeinschaften, Handwerks- und Handelszünfte, Gutshöfe und Kirchengemeinden hatten über ein Jahrtausend die relativ stabile Grundlage der alteuropäischen Gesellschaft gebildet. Doch mit dem Einsetzen rapider Prozesse wirtschaftlichen und politischen Wandels wurden diese Institutionen seit dem späten 18. Jahrhundert in ihrer sozialen Integrationsfähigkeit massiv geschwächt oder beseitigt. Die Rationalisierung im Agrarsektor, der Grundlage der alteuropäischen Gesellschaft gewesen war, setzte Arbeitskräfte frei, die aus den Dörfern abwanderten, und brachte so gewachsene Dorfstrukturen aus dem Gleichgewicht. Auflösung der ständischen Ordnung und Bauernbefreiung demontierten die Gutshöfe als rechtliche und soziale Verbände. Die Gewerbefreiheit beseitigte die Zünfte, und parallel zur fortschreitenden Säkularisierung verloren auch die Kirchengemeinden an Bedeutung. Mit dem Industrialisierungsprozess ging ein rapider Anstieg räumlicher Mobilität einher: Während die meisten Europäer noch während des 18. Jahrhunderts im selben Ort geboren wurden und starben, lebte etwa im Deutschen Reich um 1900 die Hälfte der Bevölkerung nicht mehr an ihrem Geburtsort.

Allein diese Mobilität hätte ausgereicht, um die meisten der alten Netze zu zerreißen. Weil Mobilität aber eine dauerhafte Begleiterscheinung moderner Gesellschaften ist, erschwerte sie auch die Bildung neuer, auf persönlicher Kommunikation all ihrer Mitglieder beruhender Gemeinschaften. „Erdachte" Gemeinschaften wie die Nation füllten die entstandene Lücke. In einer Welt, in der alte Orientierungen wegfielen und alte Weltbilder brüchig wurden, bot das neue Weltbild des Nationalismus neuen Halt.

Nationalismus als politische Religion

Unter den Weltbildern, die den Bewohnern des alten Europa Orientierung und Halt gaben, hatte das Christentum eine prominente Position inne. Da der Nationalismus seit dem 19. Jahrhundert ähnliche Funktionen übernommen hat, liegt es nahe, ihn als politische Religion zu bezeichnen. Manche Historiker sehen im Nationalismus auch eine „Ersatzreligion". Allerdings haben nationale Ideen religiöse Glaubensvorstellungen häufig nicht verdrängt, sondern wurden mit ihnen verbunden. Jedenfalls haben Nationalisten manche Anleihen im christlichen Traditionsfundus gemacht. Christentum und Nationalismus verfügen deshalb über eine ganze Reihe ähnlicher Elemente.

Dazu gehört vor allem die Vorstellung vom „auserwählten Volk", das es wie die Israeliten des Alten Testaments als seine historische Mission versteht, den anderen Nationen die Überlegenheit seiner Kultur zu demonstrieren. „England wurde z. B. die Aufgabe zugedacht, als ‚neues Rom' die gesamte Welt zivilisatorisch zu beglücken. Amerika gewann als Musterrepublik eine globale Vorbildfunktion. Frankreich sollte als ‚grande nation' ebenfalls ein solches Modell abgeben. Und am deutschen Wesen sollte die Welt genesen" [Wehler 2001, S. 31].

Zum auserwählten Volk gehört auch ein „gelobtes Land", das man mit allen Mitteln gegen vermeintliche „Erbfeinde" erkämpfen und verteidigen muss. Im Alten Testament zogen die Israeliten unter Moses' Führung nach Palästina, dem „Land wo Milch und Honig floss", und eroberten dessen „heilige Erde" von Philistern und Kanaanitern. Ähnlich wuchs die deutsche Nationalbewegung an der Auseinandersetzung mit dem „Erbfeind" Frankreich, die polnische aus der Abgrenzung von Russland, die italienische gegen Österreich und so weiter. Während es für Fürsten in Mittelalter und Früher Neuzeit gang und gäbe gewesen war, Land mit seinen Bewohnern zu tauschen oder zu verkaufen, wurde das Territorium im Zeitalter der Nationalstaaten etwas „Heiliges". Umstrittene Gebiete, wie das zwischen den „Erzfeinden" Deutschland und Frankreich gelegene Elsass-Lothringen, wurden wiederholt zum Anlass von blutigen Kriegen. Das bis 1918 österreichische Südtirol galt im italienischen Nationalstaat jahrzehntelang als „Italia irredenta", als „unerlöstes Italien", und bestimmte schließlich Italiens Eintritt in den Ersten Weltkrieg mit. „Irredentistische" Bewegungen belasteten in der Zwischenkriegszeit die internationalen Beziehungen in ganz Mittel- und Osteuropa, und tun das heute vielfach wieder.

In der Sprache des Nationalismus sind die Parallelen zur Religion deutlich zu greifen. Wie die Bibel versprach auch die Nationsidee „Erlösung" und „Heil". Kamen die meisten dieser Elemente aus dem Alten Testament, so steuerte das Neue Testament

„Brüderlichkeit“

den Gedanken der Brüderlichkeit bei. Die im Christentum angelegte universelle Geltung dieses Gedankens übernahm der Nationalismus freilich nicht. „Wir wollen sein ein einzig Volk von Brüdern, in keiner Not uns trennen“, posaunte Friedrich Schiller 1804 im Drama „Wilhelm Tell“, wie die „Hermannsschlacht“ seines Zeitgenossen Heinrich von Kleist ein verklausuliertes Manifest der frühen deutschen Nationalbewegung. Dass der deutsche Nationalismus eine „Erbfeindschaft“ mit Frankreich pflegte, das ebenfalls die Brüderlichkeit auf seine Fahnen geschrieben hatte, ist nur scheinbar paradox. Tatsächlich waren brüderliche Verbundenheit im Innern und rabiate Abgrenzung nach außen zwei Seiten derselben Münze. Zur Herstellung einer starken Wir-Identität braucht es die Ausgrenzung von „Anderen“. Nur so konnte der Nationsgedanke seine Anhänger zu einem „Volk von Brüdern“ zusammenschweißen, sie auch zum größten Opfer für die Gemeinschaft motivieren: dem des eigenen Lebens auf dem Schlachtfeld, im Kampf um die „heilige Erde“ des Vaterlands. Wer dieses „Blutopfer“ brachte, dem baute die Nation Denkmäler und verehrte ihn als „Märtyrer“ – auch dies eine Parallele zur Religion.

Nation als neue Legitimation von Herrschaft

Tatsächlich als ein Ersatz für Religion fungierte der Nationalismus seit 1789 bei der Legitimation von Herrschaft. Die Revolutionen des langen 19. Jahrhunderts beseitigten mit der ständischen Ordnung Europas auch die Herleitung von Herrschaft aus der Gnade Gottes. An die Stelle des Gottesgnadentums trat das Prinzip der Volkssouveranität. Schon für die französischen Revolutionäre von 1789 waren Volk und Nation freilich identisch: Der Volkssouveranität im Innern entsprach die nationale Souveranität nach

Abb. 7.2: Denkmal für gefallene französische Soldaten des Ersten Weltkriegs. Das „Opfer“ des sterbenden Soldaten „für das Vaterland“ (pro patria) wird hier verbunden mit der Kreuzigung von Jesus, der nach christlichem Verständnis den Opfertod für die Menschheit starb. Die Inschrift lautet übersetzt: „Zum Gedenken an die Kinder von Chateaugiron, die 1914-1918 für Frankreich starben“.

außen. Mit dem „nationalen Interesse" ließ sich daher fortan jede politische Entscheidung begründen und legitimieren. Und wer solche Entscheidungen kritisierte, tat das auf die Gefahr hin, als national unzuverlässig gebrandmarkt und aus der Gemeinschaft hinausgedrängt zu werden.

7.3. Phasen und Medien der Nationsbildung

Die Beschäftigung mit den Funktionen von Nationalismus zeigt: Die Idee der Nation hatte für gesellschaftliche Führungsgruppen ebenso Bedeutung wie für die „Volksmassen" – wenn auch nicht unbedingt dieselbe. Eliten kochten auf dem Feuer nationaler Leidenschaften häufig ihr eigenes Süppchen. Nationalismus ließ sich vorzüglich zur Herrschaftssicherung instrumentalisieren. Den breiten Massen der Bevölkerung gab die Idee der Nation mentale Orientierung und soziale Geborgenheit. Erst im Zusammenwirken von Eliten und Bevölkerungsmassen konnte ein Prozess der Nationalisierung in Gang kommen. Wieweit dabei Manipulation eine Rolle spielte, lässt sich am besten beurteilen, wenn man seine Aufmerksamkeit den Phasen der Nationsbildung zuwendet. Am Beispiel des tschechischen Nationalismus hat der Historiker Miroslav Hroch drei Etappen der Entstehung nationaler Bewegungen unterschieden. Hrochs Modell beschreibt auch die Entwicklung in den meisten anderen Teilen Europas treffend.

Phasen der Nationsbildung nach Miroslav Hroch:

Phase 1: Kulturelle Elitenbewegung

In der ersten Phase, die mancherorts schon im 18. Jahrhundert begann, war die Nationsidee nur in einer kleinen Elite verbreitet. Typische Mitglieder dieser Elite waren Intellektuelle: Lehrer, Geistliche, Beamte und nicht zuletzt Studenten. Diese sahen die Nation zunächst vor allem als Kulturgemeinschaft. Politische Ziele verbanden sie mit ihrer Arbeit weniger oder gar nicht. Stattdessen sammelten sie Volkslieder, Märchen und Sagen, schrieben historische Werke oder verfassten Wörterbücher und Grammatiken. Sie gingen dabei zwar davon aus, dass sie das gemeinsame kulturelle Erbe einer Nation erfassten – obwohl sie diese tatsächlich eher aus sehr disparaten Überlieferungen und Sprachvarianten konstruierten, indem sie sie auf kleinste gemeinsame Nenner reduzierten oder einen Teil zum Ganzen erklärten. Aber die politische Einheit der so konstruierten Nation war in dieser ersten Phase noch nicht das Ziel der Bewegung.

Phase 2: Politisierte Elitenbewegung

Das änderte sich in der zweiten Phase. Sie setzte meist schon vor der Mitte des 19. Jahrhunderts ein, in Osteuropa teilweise auch später. Nationalismus blieb auch in ihr noch Sache einer Elite.

Diese war zahlenmäßig allerdings häufig schon wesentlich größer als in der ersten Phase. Meist setzte sie sich nun aus beträchtlichen Teilen des Bürgertums zusammen. Manchmal waren auch Aristokraten dabei; in Osteuropa bildete der Adel sogar gelegentlich den Kern der Nationalbewegung. Diese verfolgte in der zweiten Phase vor allem politische Ziele: die Gründung eines Nationalstaats für das gedanklich als Kulturgemeinschaft konstruierte „Volk", oder die innere Nationalisierung eines bereits bestehenden Staates im Sinne kultureller Homogenisierung.

Abb. 7.3: Tschechische, polnische, ungarische, kroatische, slowenische und deutsche Nationalisten drohen das Reich der Habsburger zu zerreißen (Wiener Karikatur 1893)

Phase 3: Massenbewegung

In einer dritten Phase wurde der Nationalismus schließlich zur Massenbewegung. Das heißt nicht unbedingt, dass sich nationale Einheitsparteien gründeten. Im tschechischen Fall war diese Phase vielmehr durch die Entstehung einer Vielzahl von Parteien gekennzeichnet, die durchaus verschiedene politische Ziele verfolgten, aber in der Forderung nach Bildung eines tschechischen Nationalstaates übereinstimmten. Konservative, Liberale, Sozialisten und andere Interessengruppen aus Prag, die bisher im Wiener Reichstag mit Gesinnungsgenossen aus anderen Teilen der österreichischen Habsburgermonarchie Fraktionsgemeinschaft gepflegt hatten, bildeten also eigene, am Nationalitätenprinzip orientierte Parteien. Diesen Schritt zur politischen Massenbewegung machten viele Nationalismen in Europa erst gegen Ende des 19. Jahrhunderts oder noch später.

Manchmal gelang er auch gar nicht. Denn die Ausweitung einer Eliten- zur Massenbewegung war kein Selbstläufer. Im Gegenteil: Die Nationalisierung der Massen bedeutete für die Aktivisten nationaler Bewegungen harte Arbeit. Nationalgefühl lässt sich nicht einfach wecken. Das Gefühl der Zugehörigkeit zu einer Nation und die Überzeugung, dass die nationale Identität wichtiger ist als andere Loyalitäten, müssen immer wieder propagiert werden. Zur Vermittlung solcher Botschaften braucht es geeignete Medien.

Medien der Nationalisierung der Massen:

Allgemeine Wehrpflicht

Ein wichtiges Medium dafür war die allgemeine Wehrpflicht. Die französische „levée en masse" 1793 verwirklichte zuerst die Idee von der Armee als der „Nation in Waffen". Während in der Frühen Neuzeit Söldnerheere üblich waren, setzte sich während des langen 19. Jahrhunderts die Wehrpflicht als die Regel in Europa durch. Das revolutionäre Frankreich machte wie so oft den Anfang. Alle jungen Männer durchliefen nun eine militärische Ausbildung. Die Wehrpflicht diente freilich nicht nur dem Dienst an der Waffe, sondern auch der Indoktrination im nationalen Sinn: Die Armee wurde zur „Schule der Nation". Erst nach dem Zweiten Weltkrieg änderte sich das teilweise wieder, als vor allem Atommächte wie Großbritannien und auch die USA die Wehrpflicht wieder abschafften.

Allgemeine Schulpflicht

Das Bild der Armee als „Schule der Nation" verweist auf ein anderes Medium der Verbreitung von Nationalgefühl: die allgemeine Schulpflicht. Für die Nationalisierung der Massen war die Schule noch wichtiger als die Wehrpflicht, schon weil sie auch die weibliche Hälfte der Bevölkerung erfasste. Erst die Durchsetzung der allgemeinen Schulpflicht seit dem 19., in Teilen Süd- und Osteuropas erst im späten 20. Jahrhundert, stattete die Mehrheit der Europäer mit einer zentralen Kulturtechnik aus – der Fähigkeit zu lesen. Lesefähigkeit aber war die zentrale Voraussetzung für die Verbreitung von nationalen Einheitssprachen. Gleichermaßen von Bedeutung war die Rolle der Schule zur Verbreitung von Konstruktionen gemeinsamer Nationalgeschichte. Und nicht

Abb. 7.4: Elementarbildung für Mädchen (Großbritannien, um 1900). Anders als die Wehrpflicht erreichte diese „Schule der Nation" auch den weiblichen Teil der Bevölkerung.

zuletzt ließ sich über Schulunterricht auch eine ethnisch oder rassisch begründete Nationalidentität propagieren.

Schule und Wehrpflicht waren Medien der Nationalisierung, über die nur Staaten verfügten. Für viele Nationalbewegungen traf das aber zumindest anfangs nicht zu. In Ländern wie Frankreich und Großbritannien konnten Macht und Ressourcen des Staates eingesetzt werden, um die Nation zu schaffen. Besonders in Mittel- und Osteuropa mussten Nationalbewegungen sich dagegen häufig erst einen Staat schaffen oder erobern. Um diese erste Hürde auf dem Weg zur Nationsbildung zu nehmen, mussten sie durch andere Mittel einen Massenanhang gewinnen.

Printmedien

Dabei waren sie nicht allein auf Flüsterpropaganda und Versammlungen angewiesen. Besonders im 19., aber auch im 20. Jahrhundert dienten Printmedien als ein unverzichtbares Mittel zur Propagierung von Nationalismus. Pamphlete, Bücher und Zeitungen spielten dabei die Hauptrolle. Mit dem steilen Anstieg der Lesefähigkeit nahm auch die Bedeutung vor allem von Zeitungen rapide zu. Im 19. Jahrhundert entwickelten sie sich in vielen Gebieten Europas zu dem Massenmedium schlechthin. Ihre Relevanz für die Verbreitung von Nationalgefühl vor 1918 lässt sich kaum überschätzen. Die ebenso verbissenen wie meist erfolglosen Versuche besonders der russischen Zaren und teilweise auch der Habsburger in Österreich-Ungarn, die Presse junger Nationalbewegungen in ihrem Herrschaftsbereich mundtot zu machen, legen davon eindrucksvolles Zeugnis ab. Letztlich schuf die Habsburgermonarchie indirekt die Voraussetzungen für die mediale Propaganda des sich gegen sie wendenden Nationalismus von Tschechen, Italienern und vielen anderen. Denn deren Chancen, die Bevölkerungsmassen Österreich-Ungarns über Printmedien für ihre Ziele zu mobilisieren, wurden mit der Durchsetzung der Schulpflicht und damit der Lesefähigkeit im späten 19. Jahrhundert wesentlich verbessert. Die Habsburger trugen so zur Auflösung ihres eigenen Reichs 1918 bei.

Radio und Fernsehen

Im Gegensatz zu Zeitungen wurden Radio und Fernsehen erst nach dem Ersten Weltkrieg zu Massenmedien. Die Epoche der Gründung von Nationalstaaten schien zu diesem Zeitpunkt abgeschlossen. Nationsbildung ist freilich ein stetiger Prozess, der auch in bestehenden Staaten nie zu Ende ist. Die Nation ist sozusagen eine Dauerbaustelle: Sie wird nicht nur einmal konstruiert, sondern auch ständig ausgebaut, renoviert und umgestaltet. In diesem Prozess gewannen Radio und Fernsehen wachsende Bedeutung. So förderte etwa in Deutschland das nationalsozialistische Regime nachdrücklich die Anschaffung von „Volksempfängern", um seine Propaganda zu verbreiten. Die dem neuen Medium des Radios zugewiesene Relevanz offenbart sich auch darin, dass das Hören von „Feindsendern" wie der britischen BBC von den Nationalsozialisten mit drakonischen Strafen geahndet wurde. Aber auch demokratische Regierungen nutzten die Möglichkeiten der neuen audiovisuellen Medien zur inneren Festigung von Nationalstaaten. In ganz Europa verbreiteten Radio und Fernsehen die nationalen „Hochsprachen". Dialektsprecher wurden, wenn überhaupt, von den Programmverantwortlichen in der Regel nur zur Erzeugung von Heiterkeit eingesetzt. Erst gegen Ende des 20. Jahrhunderts weichte diese Praxis zumindest hier und da auf: So kamen im britischen Fernsehen und Radio seit den 1980er Jahren zunehmend auch Moderatoren zum Zug, die nicht die standardisierte Hochsprache, das „Queen's English", benutzten. Nur wenige Jahre später spielten audiovisuelle Medien jedoch sogar wieder wichtige Rollen bei der Gründung neuer Nationalstaaten in Europa. Beim Zerfall der Sowjetunion und Jugoslawiens seit 1989 kam vor allem Radiostationen große Bedeutung zu.

Dieses letzte Beispiel weist auch darauf hin, dass die landläufige Einschätzung von Nationalismus als einer autoritären und autoritätshörigen Ideologie einseitig ist. So manipulativ verschiedenste Medien auch zur Nationalisierung der Massen genutzt werden, so falsch wäre es doch, darin nur Instrumente zur Herrschaftssicherung von Eliten zu sehen. Nationalbewegungen haben sich häufig gerade gegen etablierte Ordnungen gestellt; sie verbanden sich mit Forderungen nach Befreiung von autoritären und totalitären Regierungen, nach Sozialreformen, nach politischer Mitbestimmung.

Wahlen und Parlamente

Wahlen und Parlamente sind deshalb ebenfalls wichtige Medien der Nationsbildung. Politische Mobilisierung und Selbstmobilisierung gehört untrennbar zu ihr. Das lässt sich am Beispiel des Nationalparlaments im 1871 gebildeten Deutschen Reich zeigen. Das Reich war zunächst eigentlich eine Gründung der Fürsten, intendiert mehr als ein loser Staatenbund. Doch die Verankerung eines demokratisch gewählten Reichstags in seiner Verfassung trug beträchtlich dazu bei, dass sich daraus bald ein nationaler Bundesstaat entwickelte. Denn der Reichstag wurde weitaus mehr als die überwiegend nach ungleichem Klassenwahlrecht gewählten Landtage zu einem Forum politischer Debatten, bei denen bald die ganze Bevölkerung mitfieberte. Die Reichstagswahlen entwickelten sich zu grundsätzlichen Auseinandersetzungen um den Weg der Nation und ihre Identität.

Dabei ist die Frage nach dem Gewicht des Parlaments im Verfassungsgefüge des Deutschen Reichs genauso wenig relevant wie die nach der Natur dieses Gefüges. Denn ob demokratisch oder autoritär verfasst: Nationalstaaten leben von der Teilnahme möglichst großer Bevölkerungsmassen, idealerweise der gesamten Bevölkerung am politischen und gesellschaftlichen, am „nationalen“ Geschehen. Ein französischer Historiker bezeichnete die Nation in diesem Sinn treffend als „ein Plebiszit, das sich jeden Tag wiederholt“.[10] Die Beteiligung an Parlamentswahlen ist, selbst wenn der Wähler nur die Wahl zwischen Zustimmung oder Ablehnung einer Einheitsliste hat, ein ängstlich beobachteter Indikator für die Stabilität der nationalen Gemeinschaft. Ob Bürger einer Demokratie oder „Volksgenosse“ einer Diktatur: Politisches Interesse wird im Zeitalter des Nationalismus von beiden erwartet. Sonst erscheint etwas faul im Nationalstaate.

Wahlen und Parlamente, Radio und Fernsehen, Zeitungen, Schule und Wehrpflicht: Durch alle diese Mittel kann eine Nationalbewegung zur Massenbewegung werden – und es bleiben. Doch nicht jedes dieser Medien steht auch jeder Bewegung zur Verfügung. In der Beschäftigung mit den Medien der Nationsbildung deutete sich bereits an, dass es sich dabei um einen Prozess handelt, der zwar bestimmte gemeinsame Merkmale aufweist und sich in vergleichbaren Phasen entfaltet. Die Hintergründe, vor denen dieser Prozess abrollt, können aber ganz unterschiedlich sein.

7.4. Typen der Nationalstaatsbildung und des Nationalismus

Es gibt mehrere Versuche, die Vielfalt der Bildung von Nationen und Nationalstaaten in Europa während des 19. und 20. Jahrhunderts analytisch zu erfassen und zu typologisieren. Die bekannteste dieser Typologien, die Anregungen aus vielen anderen aufgreift, stammt von dem deutschen Historiker Theodor Schieder. Schieder identifizierte drei Typen der Nationalstaatsbildung. Diese drei Typen werden in seinem Modell zudem grob drei zeitlichen Phasen und drei europäischen Großregionen zugeordnet. Die Nationalisierung begann demnach im Westen des Kontinents, setzte sich anschließend in dessen Mitte fort und erreichte schließlich und endlich auch den Osten.

Theodor Schieders Typologie:

Transformierender Nationalismus in Westeuropa

Der erste Typ lässt sich als transformierender Nationalismus bezeichnen. Verstanden wird darunter die innere Umwandlung bereits bestehender Herrschaftsverbände in einen Nationalstaat. Das erscheint als typisch für Westeuropa, vor allem für Frankreich und Großbritannien. In Frankreich leitete demnach die Revolution von 1789 die innere Neukonstituierung der Nation auf der Basis der revolutionären Prinzipien ein. In Großbritannien sah Schieder das Einsetzen einer ähnlichen Entwicklung schon früher, nämlich durch den Bürgerkrieg und die „Glorious Revolution" des 17. Jahrhunderts. Mittlerweile datiert die historische Forschung die Entstehung einer „britischen" Nation unter der Herrschaft des englischen Königshauses allerdings eher parallel zu Frankreich auf die Zeit um 1800. Erst damals scheint die Auseinandersetzung mit dem Feindbild Napoleon zwischen Engländern, Schotten und Walisern ein subjektives Gefühl der Zusammengehörigkeit gestiftet zu haben, das alte Gegensätze zwischen den Bewohnern der Insel zu überlagern vermochte.

Unifizierender Nationalismus in Mitteleuropa

Auf die innere Umwandlung der westeuropäischen Staaten folgte dann eine Phase von Nationalstaatsgründungen in Mitteleuropa. Dieser zweite Typ ist als unifizierender Nationalismus bezeichnet worden, weil sich dabei mit Italien und dem Deutschen Reich neue Nationalstaaten durch die Vereinigung mehrerer Herrschaftsverbände bildeten. Italienische wie deutsche Nationalbewegung waren von den Ideen der Französischen Revolution angeregt worden. Andererseits wurden sie aber auch provoziert und mobilisiert durch die Expansion der Revolutionsarmeen auf die eigene „heilige Erde". Der Einsatz für nationale Souveranität nach außen und das Engagement für revolutionäre Ideale im Innern gingen daher in Mitteleuropa eine oft problematische, aber enge Verbindung ein.

Die Neuordnung Europas nach den napoleonischen Kriegen auf dem Wiener Kongress brachte 1815 freilich weder ein geeinigtes Italien noch einen deutschen Einheitsstaat. Enttäuschte Nationalisten nördlich wie südlich der Alpen versuchten ihre Ziele in der Folgezeit deshalb durch militärische Aktionen auf eigene Faust zu erreichen. Radikale italienische Patrioten zettelten bis 1849 eine Reihe von Aufständen an. Doch alle wurden von den Herrschern der sechs unabhängigen Fürstentümer, die es auf der Halbinsel gab, mit Unterstützung der seit 1815 über die Lombardei und Venetien regierenden Habsburger niedergeschlagen. Auch nördlich der Alpen scheiterten während der Revolution von 1848/49 sämtliche Versuche, mit Diplomatie oder Waffengewalt aus rund drei Dutzend Territorien einen deutschen Staat zu formen. Große Teile beider Nationalbewegungen verlegten sich seitdem zunehmend darauf, das Bündnis mit einer der existierenden Territorialherrschaften zu suchen. Preußen sollte so zum Kristallisationskern des deutschen Nationalstaats werden, während die italienischen Nationalisten auf Piemont-Sardinien als Magnet der italienischen Einigung setzten.

Einigung Italiens 1859/61

Tatsächlich erzielte diese neue Taktik bald Erfolge. Piemont-Sardinien unter seinem der italienischen Nationalbewegung zugeneigten Ministerpräsidenten Cavour nutzte geschickt Spannungen zwischen den europäischen Großmächten aus: Cavour gewann Frankreich als Verbündeten gegen die österreichischen Habsburger, die das Haupthindernis für eine Einigung Italiens bildeten. Gemeinsam besiegten Franzosen und Piemontesen 1859 die österreichische Armee. Im nächsten Jahr beseitigten Aufstände, militärische Aktionen von Nationalisten unter Führung von Giuseppe Garibaldi und Volksabstimmungen für einen Anschluss an Piemont die Herrschaft der Fürsten in den anderen Territorien der Halbinsel. Die Habsburger und der französische Kaiser Napoleon III., der sich durch die Ereignisse etwas überfahren fühlte, stimmten schließlich widerwillig der 1861 vollzogenen Gründung eines italienischen Nationalstaats zu – allerdings zunächst ohne Venetien und Südtirol, die österreichisch blieben. Auch der vom Papst regierte und von der französischen Armee geschützte Kirchenstaat, der aus Rom und seiner weiteren Umgebung bestand, blieb einstweilen noch unabhängig, obwohl die neue Nation Italien etwas voreilig Rom zu seiner Hauptstadt erklärt hatte.

Gründung des Deutschen Reichs 1871

Auf die italienische Einigung folgte innerhalb eines Jahrzehnts auch die Gründung eines deutschen Einheitsstaats. Hier bildete die Nationalbewegung allerdings eher eine Kraft im Hintergrund. Motor der Entwicklung war im deutschen Fall vielmehr der Gegensatz zwischen Preußen und Österreich. Beide strebten die Vorherrschaft in dem 1815 gebildeten lockeren Deutschen Bund an. Ein Krieg des Bundes gegen Dänemark 1864 und ein darauf folgender Streit um die Verwaltung der Kriegsbeute Schleswig-Holstein zwischen Österreich und seinem Rivalen Preußen lieferten den Anlass für eine militärische Entscheidung des Konflikts. Das Habsburgerreich unterlag im „Deutschen Krieg" von 1866 gegen Preußen. Der Ministerpräsident des preußischen Königs Wilhelm, Otto von Bismarck, gewann dadurch aber auch die Unterstützung der national-liberalen Mehrheit im preußischen Landtag, mit der er bisher wegen seiner konservativen Innenpolitik im Streit gelegen hatte. Dieses innere Bündnis festigte sich weiter, als Napoleon III. für Frankreichs Stillhalten im preußisch-österreichischen Konflikt Gebietsgewinne südlich des Mains forderte. Auch die anderen Fürsten des Deutschen Bundes, von denen die Mehrheit 1866 noch Österreich unterstützt hatte, näherten sich deshalb Preußen an. Als der preußisch-französische Konflikt, durch gezielte Provokationen von französischer Seite geschürt, zum Krieg eskalierte, traten sie alle auf Preußens Seite in die Kampfhandlungen ein. Nach einer Reihe von blutigen Feldzügen des Sieges stimmten Fürsten und nationalisierte Öffentlichkeit daraufhin der Gründung des Deutschen Reichs zu. Sie war von Bismarck außenpolitisch geschickt abgesichert worden durch ein Bündnis mit Russland und die Freundschaft mit Italien, das durch preußische Hilfe 1866 Venetien von Österreich und 1871 den von französischem Militär verlassenen Kirchenstaat seinem Territorium eingliedern konnte.

Sezessionistischer Nationalismus in Osteuropa

Auf den Abschluss der italienischen und deutschen Nationalstaatsbildung folgte schließlich die Phase des sezessionistischen Nationalismus. Dieser dritte Typ war gekennzeichnet durch die Abspaltung (Sezession) neuer Nationalstaaten von drei großen multinationalen Reichen in Osteuropa: der Habsburgermonarchie Österreich-Ungarn, dem zaristischen Russland und dem Osmanischen Reich. Den Anfang machte die langsame Auflösung des Osmanischen Reiches. Wegen seiner inneren Gegensätze und äu-

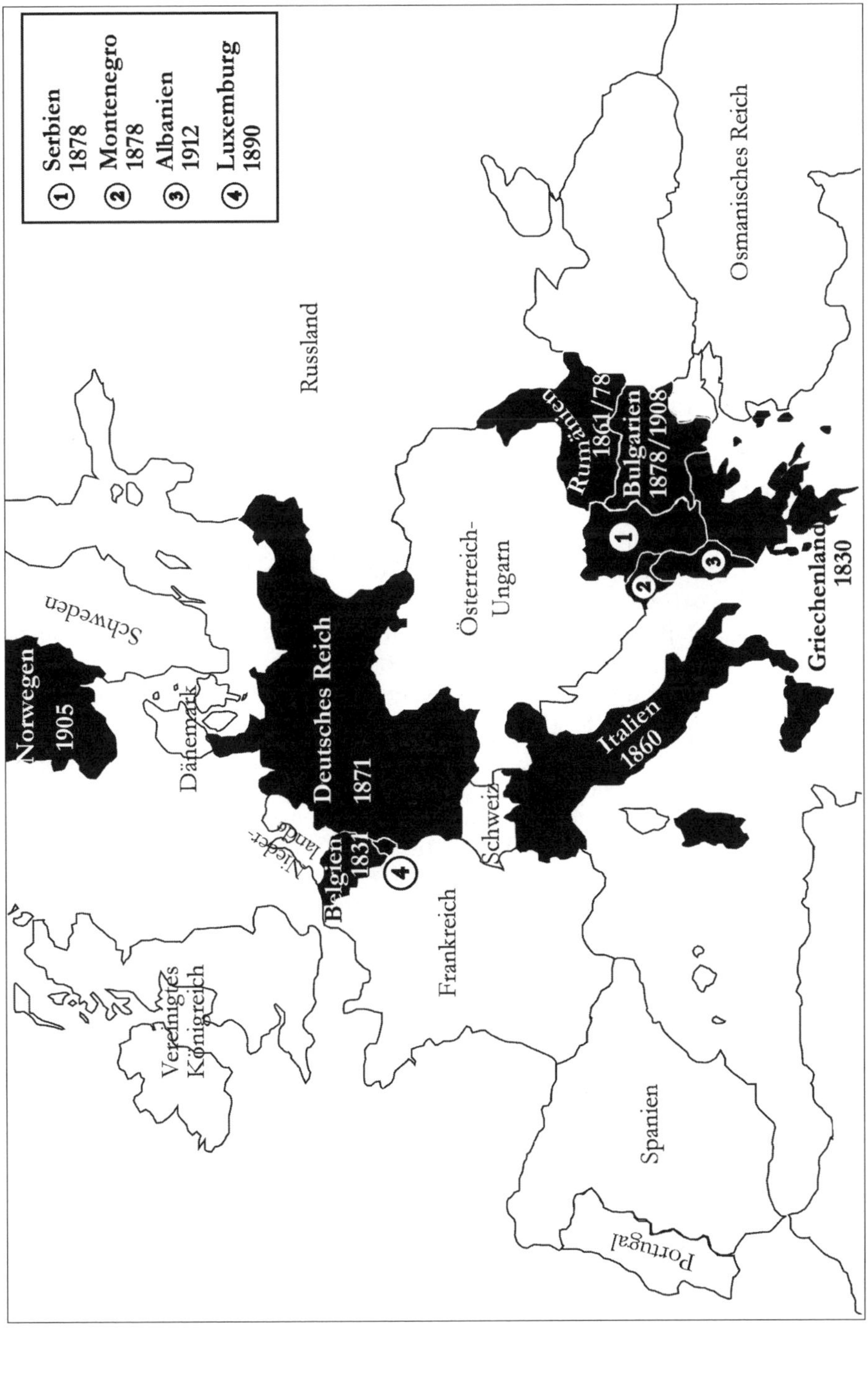

Karte 7.1: Europa 1914 (mit den seit 1830 entstandenen Nationalstaaten)

ßeren Schwäche galt es als „kranker Mann Europas". Nach Aufständen auf dem Balkan, die von Russland unterstützt wurden, mussten die Osmanen 1878 eine herbe militärische Niederlage gegen russische Truppen einstecken. Serbien, Rumänien und Montenegro, die innerhalb des Osmanischen Reichs bereits länger Autonomie genossen hatten, wurden nun unabhängig. Gleichzeitig entstand aus der Konkursmasse des Reichs mit Bulgarien noch ein weiterer Nationalstaat, der dem osmanischen Sultan nur formell und vorübergehend tributpflichtig blieb. 1912/13 drängten die neuen Nationen auf dem Balkan, verstärkt um die Neugründung Albanien, das Osmanische Reich in einem weiteren Krieg fast völlig aus Europa heraus. Aus dem verbliebenen Rest entwickelte sich schließlich der türkische Nationalstaat.

Auch das russische Zarenreich und die österreichische Habsburgermonarchie wurden im 19. Jahrhundert durch sezessionistische Nationalbewegungen zunehmend Zerreißproben ausgesetzt. Nach der Niederlage gegen Preußen und Italiener 1866 wussten die Habsburger sich dagegen nur noch zu helfen, indem sie eine dieser Nationalbewegungen, die ungarische, zum Juniorpartner machten: Das Kaisertum Österreich mutierte 1867 so zur Doppelmonarchie Österreich-Ungarn. Der österreichische Kaiser nahm auch den Titel eines Königs von Ungarn an und repräsentierte den Gesamtstaat weiterhin nach außen; die ungarische Reichshälfte konnte ihre inneren Angelegenheiten jedoch nun selbst regeln – einschließlich der Unterdrückung nichtungarischer Nationalitäten. Tschechen, Slowaken, Polen, Slowenen und Kroaten forderten jedoch weiter und immer lauter ebenfalls Autonomie oder Unabhängigkeit, während Italien, Rumänien und Serbien Teile Österreich-Ungarns als „unerlöste" Bestandteile ihres Nationalstaates ansahen. Mit seiner verheerenden Niederlage am Ende des Ersten Weltkriegs brach das Habsburgerreich daher schließlich vollends auseinander und löste sich auf. Gleichzeitig ermöglichten der Zusammenbruch des Zarenreichs im Krieg und die russische Revolution weiteren osteuropäischen Nationalbewegungen, ans Ziel ihrer Wünsche zu gelangen. Finnland, Estland, Lettland, Litauen, vorübergehend auch die Ukraine und mehrere Gebiete im Kaukasus gewannen die Unabhängigkeit. Nicht zuletzt glückte auch den polnischen Nationalisten, nach einer Reihe vergeblicher Aufstände gegen die Zarenherrschaft im 19. Jahrhundert, 1918 die Gründung eines eigenen Staates aus Teilen des deutschen, habsburgischen und russischen Reichs. Nach 1990 kamen durch den Zerfall der Sowjetunion und Jugoslawiens dann noch einige weitere Nationalstaaten hinzu.

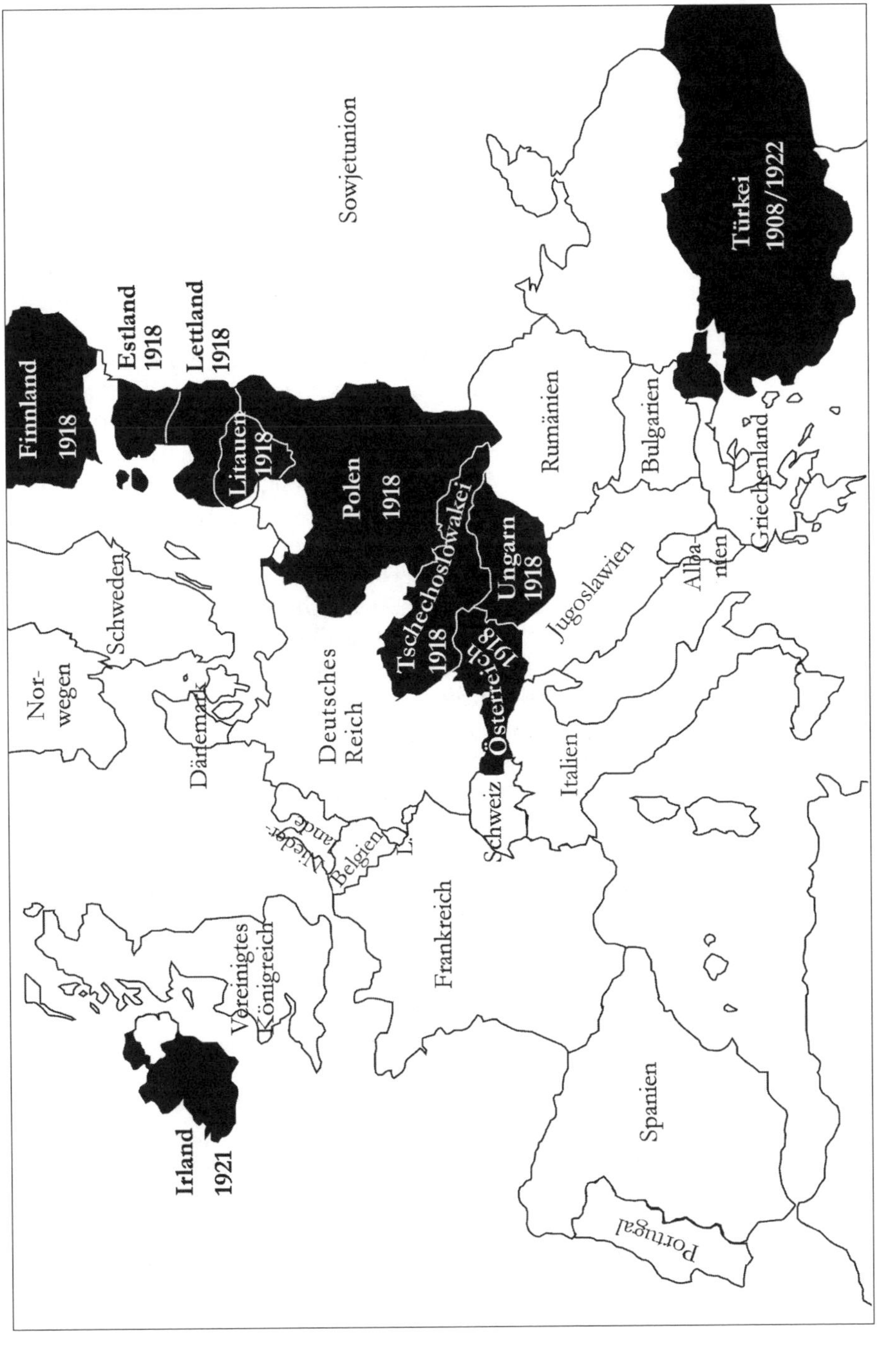

Karte 7.2: Europa 1922 (mit den zwischen 1917 und 1922 entstandenen Nationalstaaten)

Kritik an Schieders Typologie

Theodor Schieders Typologie der Bildung von Nationalstaaten lässt sich in Einzelheiten durchaus kritisieren. Schieder selbst wies bereits darauf hin, dass sich im polnischen Beispiel die Typen des sezessionistischen und unifizierenden Nationalismus überschneiden. Auch die italienische Einigung, die gegen Österreich erkämpft wurde und erst mit dem Gewinn Südtirols aus der Konkursmasse des Habsburgerreichs 1919 abgeschlossen war, hatte teilweise sezessionistische Züge. Nicht immer und überall lassen sich die tatsächlichen historischen Entwicklungen in das Schema von drei Phasen pressen, die zeitlich und geographisch eine Abfolge bilden. Die Unabhängigkeitserklärung Griechenlands vom Osmanischen Reich schon 1830 war eindeutig eine sezessionistische Nationalbewegung des osteuropäischen Typs, fand aber vor den Vereinigungen Deutschlands und Italiens in Mitteleuropa statt. Norwegen spaltete sich 1905 von Schweden, Irland 1922 von Großbritannien ab: Beide Fälle lassen sich zwar von der Chronologie her, nicht aber räumlich zum sezessionistisch-osteuropäischen Typ zählen. Die Abspaltung Belgiens von den Niederlanden 1831 passt sogar weder zeitlich noch von der Geographie her ins Schema. Allerdings ist im belgischen Fall auch fraglich, ob es sich dabei wirklich um eine Nationalbewegung handelt. Denn das Motiv der Abspaltung war ein primär religiöses, und die Einheit des neuen Staates wurde seit den 1840er Jahren immer wieder durch Gegensätze zwischen Flamen und Wallonen in Frage gestellt, die sich zwar durch die katholische Religion, nicht aber durch die Sprache vereint fühlten.

„Guter" Patriotismus und „böser" Nationalismus?

So sehr Ausnahmen von der Regel Schieders Schema hier und dort modifizieren mögen, so analytisch hilfreich und treffend erscheint es doch im Ganzen. Das gilt erst recht, wenn man es mit anderen Typologien von Nationalismus vergleicht. Besonders fragwürdig ist die landläufig weit verbreitete, aber auch von einzelnen Historikern vertretene Unterscheidung zwischen Patriotismus und Nationalismus. Patriotismus wird dabei positiv bewertet als eine sozusagen gutartige Form von Nationalgefühl, das sich nur auf die Identifikation mit der eigenen Gruppe beschränkt. Nationalismus wird dagegen gesehen als „bösartige", wenn nicht krankhafte Variante, die zusätzlich auf einer aggressiven Einstellung gegen die Mitglieder anderer Gruppen aufbaut.

Diese Unterscheidung widerspricht freilich den historischen Erfahrungen, die mit der überwältigenden Mehrheit von Nationalbewegungen im Europa des 19. und 20. Jahrhunderts gemacht worden sind. Denn abgesehen von Norwegen und Island standen bei der Geburt aller europäischen Nationalstaaten Kriege Pate.

Ohne Aggression gegen die Nachbarn, so scheint die Geschichte zu lehren, geht es kaum. Dazu passt, dass nach den Ergebnissen von soziologischer Nationalismusforschung und Individualpsychologie die Bildung nationaler Wir-Identität zwangsläufig mit der Ausgrenzung und Abwertung von Anderen verbunden ist. Nationale Integration im Innern und Abgrenzung nach außen gehören zusammen, sind so untrennbar wie die zwei Seiten einer Münze.

Vom „linken" zum „rechten" Nationalismus?

Ähnlich fragwürdig ist die These, dass Nationalismus sich im Lauf der Zeit von einer ursprünglich „linken" zu einer „rechten" Ideologie gewandelt habe. Diese Interpretation ist vor allem am deutschen Beispiel entwickelt worden. Danach war die Nationalbewegung anfänglich eng mit liberal-emanzipatorischen Zielen verbunden. So habe sie im frühen 19. Jahrhundert innenpolitisch vor allem auf die Beseitigung der alten ständisch-aristokratischen Ordnung abgezielt. Seit den 1870er Jahren sei dann aber eine Wende eingetreten: Seitdem diene Nationalismus primär dem Machterhalt konservativer Eliten. Solche und ähnliche Thesen halten sich wohl auch deshalb hartnäckig, weil sie sich zumindest teilweise mit der populären Ansicht decken, dass Nationalismus ein politisch ausschließlich „rechtes" Phänomen ist. Tatsächlich gibt es reichlich Beispiele für das Gegenteil. Zwar wurden Konservative im Deutschen Reich seit den 1870er Jahren wirklich zu Nationalisten. Liberale blieben es aber, und Sozialisten wurden es – in Deutschland und anderswo. Als 1914 der Erste Weltkrieg ausbrach, schlugen sämtliche großen sozialistischen Parteien Europas alle Lippenbekenntnisse zu internationaler Solidarität in den Wind und standen stramm national zu den Kriegsanstrengungen ihrer Länder. Wo sie nicht verboten waren, taten sie das seit 1939 auch im Zweiten Weltkrieg. Und kommunistische Parteien in Osteuropa scheuten sich nach 1945 nicht, nationale Parolen im Interesse ihres Machterhalts zu benutzen. Nationalismus kann sich durchaus mit „linken" Überzeugungen verbinden.

Staatsbürgernationalismus vs. ethnischer Nationalismus

Wie die gegenteilige Behauptung nicht frei von politisch motiviertem Wunschdenken ist, so auch die letzte hier anzusprechende Typologie: die Unterscheidung zwischen „offenem" und „geschlossenem" Nationalismus. Die einflussreichste Variante dieser Typologie wurde 1945 von Hans Kohn entwickelt. Kohn sah in den großen westeuropäischen Staaten und den USA ein relativ „offenes" Nationsverständnis etabliert, das auf freiwilligem Bekenntnis der Staatsbürger zur nationalen Gemeinschaft beruht. In Mittel- und Osteuropa sei die Nation dagegen eher auf ethnische Kriterien wie Abstammung, Sprache und Religion begründet. Die Menschen würden dort deshalb autoritär als Teil der nationalen Gemeinschaft vereinnahmt, einerlei ob sie wollten oder nicht. Aus demselben Grund seien die mittel- und osteuropäischen Nationen nicht offen für die Integration von Menschen anderer Sprache oder Abstammung – „geschlossene" Gesellschaften eben.

Diese Sicht wurde durch persönliche Erlebnisse ihres Autors und seiner Zeitgenossen mitgeprägt. Hans Kohn war ein in Österreich-Ungarn aufgewachsener Jude, der während des Ersten Weltkriegs viereinhalb Jahre in russischer Kriegsgefangenschaft verbrachte. Die in seiner ersten Lebensphase gemachten Erfahrungen von Ausgrenzung und Diskriminierung kontrastierten scharf mit der offenen Aufnahme, die er danach in London, Paris und in den USA erlebte, wo er schließlich eine dauerhafte Heimat fand. Als er in den frühen 1940er Jahren seine Nationalismustypologie entwickelte, gaben das faschistische Italien, das nationalsozialistische Deutschland und das stalinistische Russland zudem gerade eindrucksvolle Beispiele „geschlossener" Gesellschaften ab. Auch im später folgenden Kalten Krieg unterfütterte das Modell eines Gegensatzes zwischen „offenem" Westen und autoritärem Osten politische Frontstellungen der Zeit.

Dennoch hat Kohns Typologie nicht nur historischen, sondern auch analytischen Wert. Die französischen Revolutionäre von 1789 hatten tatsächlich ein „offenes" Nationsverständnis: Auch deutschsprechende Elsässer konnten dazugehören, wenn sie sich zu Freiheit, Gleichheit und Brüderlichkeit bekannten. In Großbritannien und den USA entstand die Idee der Nation aus ähnlichen Wurzeln, als das Konzept einer gesellschaftlichen Transformation in bereits bestehenden Staaten. In Mittel- und Osteuropa waren solche Konzepte zwar nicht gänzlich unbekannt. Aber die Nation wurde hier doch wesentlich mehr als Abstammungs-, Sprach- oder auch Religionsgemeinschaft konstruiert. Diese unterschiedlichen Kriterien für nationale Zugehörigkeit – Bekenntnis zu Grundwerten dort, Herkunft hier – schlugen sich in verschiedenen Traditionen des Staatsbürgerrechts nieder, die lange nachwirkten, zum Teil bis heute. Und wenn Kohn unter dem Eindruck seiner Zeit die Differenzen auch überbetonte und den Westen idealisierte, erscheint doch die Tatsache, dass in der Zeit der beiden Weltkriege lediglich in Mittel- und Osteuropa der Nationalismus eine bisher ungeahnte Radikalisierung erfuhr, ohne sein Modell nur schwer erklärbar.

Radikalisierung und „ethnische Säuberung" in der Zeit der Weltkriege 7.5

„Nationalisierung" von Kriegen

In der ersten Hälfte des 20. Jahrhunderts hatte die Verstärkung des Nationalgefühls beispiellose Konsequenzen. Dass Menschen einer Nationalflagge auf das Schlachtfeld und bis in den Tod folgten, war zwar grundsätzlich nichts Neues. Die Quantitäten, in dem diese Opfer auf dem „Altar der Nation" dargebracht wurden, erreichten jedoch jetzt schwindelnde Höhen. Im italienischen Einigungskrieg 1859 und im deutsch-französischen Krieg 1870/71 lag die Zahl der Todesopfer jeweils unter 200.000. Der Erste Weltkrieg forderte dagegen schon 10 Millionen Tote, der Zweite Weltkrieg sogar ungefähr 40 Millionen in Europa allein.

Zunahme der Zahl ziviler Kriegsopfer

Zudem handelte es sich bei einem immer größeren Teil dieser Opfer um Zivilisten. War der Anteil von Zivilpersonen an den Toten der italienischen und deutschen Einigungskriege noch verschwindend gering, betrug er im Ersten Weltkrieg schon zwischen einem Zehntel und einem Fünftel. Im Zweiten Weltkrieg waren sogar mehr als die Hälfte der Opfer Zivilisten. Die Nationalisierung der Kriegführung spielte dafür eine entscheidende Rolle. Die Ablösung von Berufs- durch Wehrpflichtarmeen in allen großen europäischen Staaten während des langen 19. Jahrhunderts war nur ein Ausdruck davon. Kriege wurden auch in anderer Hinsicht zunehmend als „Volkskriege" verstanden. In der Sicht der Zeitgenossen kämpften zunehmend nicht mehr nur Soldaten gegen Soldaten, sondern ganze Völker gegeneinander. Die traditionelle Unterscheidung zwischen Kämpfern in Uniform und Zivilisten verschwamm deshalb. Frauen, Kinder und alte Männer galten zusehends als legitimes Ziel von kriegerischer Gewalt.

„Ethnische Säuberungen"

„Volkskriege" bildeten auch den Hintergrund für so genannte „ethnische Säuberungen", die das nationalistische Motiv der Ausgrenzung von Anderen wortwörtlich nahmen. „Ethnische Säuberungen" hatten das Ziel, Staatsgrenzen und „Volks"grenzen in Übereinstimmung zu bringen. Weil Nationen vor allem in Mittel- und Osteuropa über Kriterien wie Sprache, Abstammung und Religion definiert wurden, gab es solche Bemühungen zur „Reinigung" von „fremdvölkischen" Elementen nur hier. Um die Deckungsgleichheit von politischen und „ethnischen" Grenzen zu erreichen, stand ein ganzes Arsenal von Methoden zur Verfügung, deren Anwendung tatsächlich oft ineinander überging: Das Spektrum reichte von Bevölkerungsaustausch über forcierte Umsiedlung und Vertreibung bis hin zum Völkermord.

Rolle von Rassismus

„Ethnische Säuberungen" verbanden sich oft mit rassistischen Ideologien. Wo diese besonders stark waren, zeichneten sich Aktionen zur Ausgrenzung von Anderen durch extreme Radikalität aus. Die Entwicklung konnte dann bis zum Völkermord eskalieren. Die Übergänge zwischen den einzelnen Methoden „ethnischer Säuberung" sind freilich fließend – ebenso wie die zwischen Nationalismus und Rassismus.

„Ethnische Säuberungen" in Südosteuropa vor 1914

Die Geschichte der „ethnischen Säuberungen" in Europa beginnt am Rand des Kontinents, in seinem äußersten Südosten. Schon während der Aufstände gegen die Herrschaft des osmanischen Sultans auf dem Balkan und des russisch-osmanischen Krieges in den späten 1870er Jahren kam es dort zu Massenflucht und Vertreibungsaktionen aus nationalistischen Motiven. Vor allem Muslime mussten die neuen Staaten Rumänien, Serbien und Bulgarien verlassen. Einigermaßen genaue Zahlen über solche Fluchtbewegungen gibt es erst für die Zeit der Balkankriege 1912/13: Etwa 800.000 Menschen wurden damals wegen ihrer Sprache, Herkunft oder Religion aus ihrer Heimat vertrieben oder flüchteten vor Verfolgung. Weitergehende Pläne für einen „geordneten Bevölkerungsaustausch" zwischen Griechenland, dem Osmanischen Reich und Bulgarien wurden mit Ausbruch des Ersten Weltkriegs bald überholt.

Völkermord an den Armeniern 1915

Der Krieg radikalisierte und beschleunigte die Politik „ethnischer Säuberung" vor allem im Osmanischen Reich. Zutiefst gedemütigt durch den Verlust fast aller seiner europäischen Besitzungen, suchte und fand dessen Elite Trost in der Vision eines „pantürkischen" Großreichs, das neben der heutigen Türkei auch sämtliche „Turkvölker" Zentralasiens umfassen sollte. Die Anleihen dieser Idee bei westlichen Konzepten des Nationalismus und Rassismus sind offensichtlich. Doch die Versuche des im Ersten Weltkrieg mit den Mittelmächten verbündeten Osmanischen Reiches, der Vision des Pantürkismus durch militärische Erfolge gegen Russland im Kaukasus näher zu kommen, führten zu Niederlage nach Niederlage. Die jungtürkischen Eliten verdächtigten daraufhin die christlichen Armenier, deren Siedlungsgebiet im Kaukasus zudem ohnehin schon den Weg zum pantürkischen Großreich blockierte, der Zusammenarbeit mit den russischen Feinden. Die armenischen Soldaten in der osmanischen Armee wurden deshalb 1915 zunächst entwaffnet und dann erschossen. Anschließend massakrierte man, unter reger Beteiligung auch breiter Schichten der Bevölkerung, die armenischen Frauen, Kinder und älteren Männer oder deportierte sie ins karge Hochland und die Wüste, wo der größere Teil verhungerte. Wahrscheinlich etwa eine Million Menschen fiel diesem Völkermord zum Opfer.

„Erst töten wir die Armenier, dann die Griechen,“ sagte ein türkischer Gendarm zu einer skandinavischen Rotkreuzschwester, als das Morden an der armenischen Bevölkerungsgruppe im Osmanischen Reich im Sommer 1915 seinen Höhepunkt erreicht hatte [Mazower 2000, S. 97]. Denn auf dem Weg zu einer „national homogenen“ Türkei bildeten noch andere als ethnische Minderheiten etikettierte Menschengruppen Hindernisse. Im Gefolge des Ersten Weltkriegs kam es deshalb zu einer Reihe von brutalen Austreibungen von christlichen Bewohnern aus Kleinasien. Diese erfolgten im Wechsel mit Massenmorden an und Deportationen von Muslimen durch Griechen. Knapp zwei Millionen Menschen verloren durch solche gewaltsamen „Umsiedlungsaktionen“ zwischen 1919 und 1923 in Südosteuropa ihre Heimat; Schätzungen über die Todesopfer schwanken zwischen fünf- und sechsstelligen Zahlen.

Griechisch-türkischer "Bevölkerungsaustausch“ 1919/23

Der hohe Blutzoll dieser „ethnischen Säuberungen“ ließ manche Europäer nach anderen Lösungen für die durch Ausbreitung des Nationalismus heraufbeschworenen Konflikte suchen. Maßnahmen des Minderheitenschutzes gewannen deshalb in der Zeit zwischen den Weltkriegen vorübergehend an Unterstützung. Als Instrument dafür bot sich der nach dem Ersten Weltkrieg gegründete Völkerbund an. Die Antwort des Völkerbunds auf die Radikalisierung des Nationalismus war weniger dessen Überwindung als seine Ergänzung durch internationale Regelungen zum Schutz von ethnischen Minderheiten. Mit der Habsburgermonarchie war das letzte Beispiel eines nur durch seine Herrscherdynastie zusammengehaltenen Vielvölkerstaats in seine Bestandteile zerfallen. Es schien deshalb keine andere Alternative zu geben, als durch Garantie der Autonomie von Minderheiten in den entstandenen Nationalstaaten Übergriffe der Mehrheiten zu verhindern. Diese Politik ließ sich aber nur schwer in die Realität umsetzen. Die Sieger des Ersten Weltkriegs, Gründungsmitglieder des Völkerbunds, wollten nach Möglichkeit den status quo auch gegen Minderheiten in den eigenen Grenzen bewahren. Die Verlierer des Krieges, allen voran das 1926 in den Bund eingetretene Deutsche Reich, unterstützten die Politik des Minderheitenschutzes nicht zuletzt im eigenen Interesse: Ihnen ging es dabei vor allem um die eigenen „Volksgenossen“ im Ausland. Und nach der Wahl Hitlers zum deutschen Reichskanzler 1933, dem der Austritt Deutschlands aus dem Völkerbund noch im selben Jahr folgte, machte das Bemühen um Minderheitenschutz bald einer neuen Welle von gewaltsamen ethnischen „Flurbereinigungen“ Platz.

Intermezzo: Minderheitenschutz durch den Völkerbund

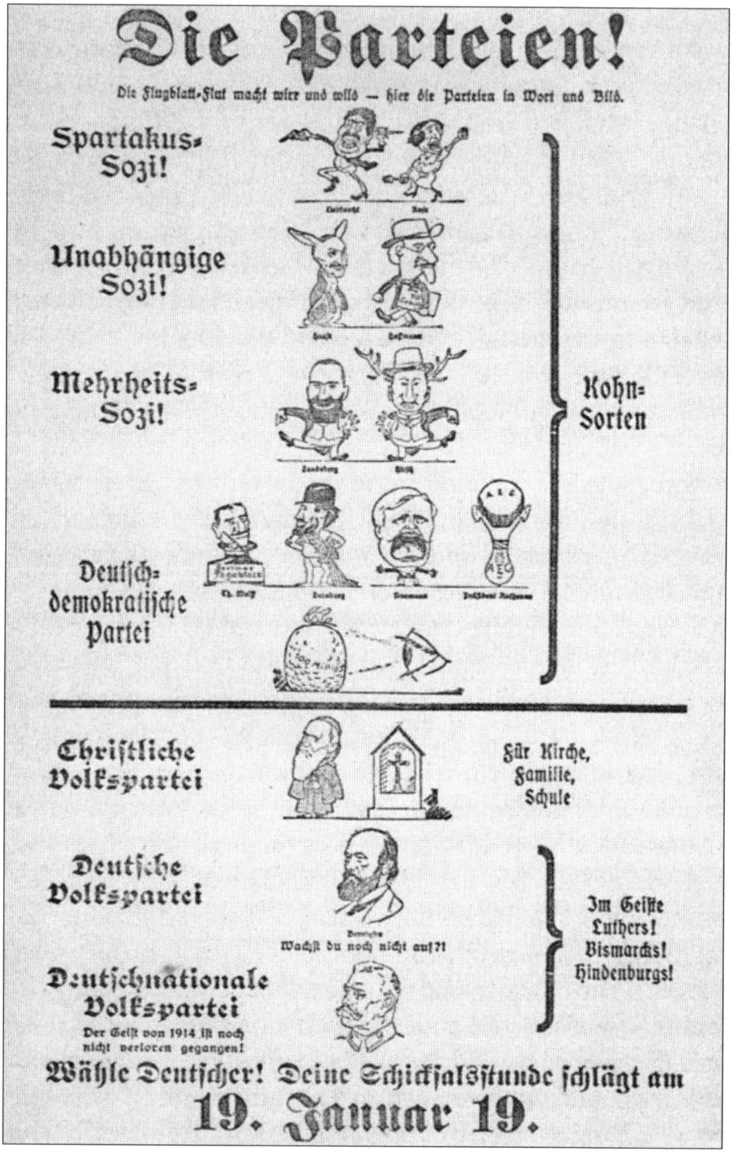

Abb. 7.5: Plakat zur Wahl der deutschen Nationalversammlung am 19. Januar 1919. Sozialistische und linksliberale Parteien werden durch Identifikation mit dem jüdischen Namen „Kohn“ als „undeutsch“ zu diffamieren versucht.

Deutscher Radikalnationalismus

„Das ‚Dritte Reich' war keine Anomalie und nahm mit seiner Politik der ‚nationalen Säuberung' nicht einmal eine Vorreiterrolle ein, obwohl es sie zu neuen Extremen führte“ [Mazower 2000, S. 96]. Erstes und Hauptopfer des durch die Niederlage im Weltkrieg radikalisierten deutschen Nationalismus waren die Juden. Das dürfte neben antisemitischen Traditionen auch daran gelegen haben, dass Juden seit 1919 mehr oder weniger die einzige Gruppe auf deutschem Staatsgebiet waren, die als ethnische Minderheit etikettiert werden konnte. Das Deutsche Reich verlor durch den Versailler Vertrag, der den Ersten Weltkrieg abschloss, nicht nur ein Achtel seines Territoriums, darunter Gebiete mit polnischsprachiger Bevölkerung, die vor 1914 Objekt rabiater Germanisierungspolitik gewesen war. Es verlor auch seine Kolonien, wo deutsche Truppen etwa in Südwestafrika die Diskriminierung der einheimischen Bevölkerung zwischen 1904 und 1908 bis zum Völkermord vorangetrieben hatten. Was Deutsche – und andere Europäer – bis dahin nur außerhalb Europas betrieben hatten, nämlich die rassistisch motivierte Entrechtung, Vertreibung und Ermordung von wehrlosen Männern, Frauen und Kindern im großen Stil, wurde mit dem Zweiten Weltkrieg auch in großen Teilen des eigenen Kontinents Realität.

Etappen der NS-Judenverfolgung

Die fortschreitende Entrechtung der jüdischen Bevölkerung in Deutschland setzte sofort mit der nationalsozialistischen Machtübernahme 1933 ein. Sie reichte von dem Verbot des Sitzens auf Parkbänken bis hin zur erzwungenen „Arisierung“ jüdischen Besitzes. Der dadurch ausgelöste Vertreibungsdruck wurde 1938 beträchtlich erhöht. Pläne zur völligen Vertreibung aller Juden aus dem nationalsozialistischen Machtbereich gab es noch bis 1941. Seit 1938 wurde jedoch immer häufiger auch die Schwelle zum massenhaften Mord überschritten. Das gesteuerte Pogrom am 9. November diesen Jahres, für das die Ermordung eines deutschen Botschaftsangestellten in Paris durch einen jüdischen Flüchtling den Nationalsozialisten den willkommenen Anlass bot, kostete bereits rund hundert jüdischen Deutschen das Leben. Es war der Anfang einer stetigen Eskalation antisemitischer Gewalt mit ständig steigenden Opferzahlen: Nach dem deutschen Einmarsch in Polen im September 1939 wurden dort mehrere tausend Juden ermordet; 1940 etwa hunderttausend; in dem Jahr seit dem Überfall auf die Sowjetunion 1941 brachten Deutsche mehr als eine Million Juden um. Am Ende des Zweiten Weltkrieges waren es insgesamt rund sechs Millionen.

Andere Opfer der NS-Vernichtungspolitik

Juden blieben nicht die einzigen Opfer des deutschen Radikalnationalismus. Dazu zählten auch Sinti und Roma. Dazu zählten russische Kriegsgefangene: Die meisten der in deutsche Hände gefallenen sowjetischen Soldaten, insgesamt mehr als drei Millionen Menschen, wurden entweder gegen alles Kriegsrecht erschossen, verhungerten oder starben wegen unzureichender Versorgung an Krankheiten in der Gefangenschaft. Noch weitaus mehr nichtjüdische Zivilisten kamen während der Zeit deutscher Besatzung auf dem Gebiet der Sowjetunion und Polens ums Leben – durch Hunger, weil die Besatzer Lebensmittel zur eigenen Versorgung und der der Bevölkerung im Deutschen Reich beschlagnahmten, oder durch „Vergeltung" für aus Verzweiflung geborene Angriffe auf deutsche Soldaten, Polizisten und Siedler, wobei häufig für jeden getöteten Deutschen hundert Einheimische oder mehr exekutiert wurden. Individuelle Enthemmung und Brutalisierung im Krieg trugen dazu auf deutscher Seite ebenso bei wie die gängige Ausgrenzung und Abwertung von Russen und Polen als „Untermenschen", aber auch die nationalsozialistischen Pläne einer „Flurbereinigung" Osteuropas, um dort „Lebensraum" für deutsche Ansiedler zu schaffen. Bereits 1939/40 wurden so Hunderttausende Polen aus ans Deutsche Reich angegliederten Territorien vertrieben, um Platz für deutschsprachige Umsiedler vor allem aus dem östlichen Europa zu machen. Für die Zeit nach dem Krieg gab es im nationalsozialistischen Deutschland einen „Generalsiedlungsplan", der sogar

Abb. 7.6: Auch Opfer des rassistischen deutschen Radikalnationalismus: Ausgemergelte Leichen russischer Kriegsgefangener werden verscharrt (1941)

vorsah, 31 Millionen Osteuropäer über den Ural zu vertreiben. Das Verhungern oder Erfrieren des größten Teils der nach Sibirien Vertriebenen wurde bei diesen Planungen nicht nur stillschweigend in Kauf genommen.

„Ethnische Säuberungen“ durch deutsche Verbündete im 2. Weltkrieg

Im kleineren Maßstab planten oder praktizierten im Zweiten Weltkrieg auch die deutschen Verbündeten eine Politik „ethnischer Säuberung“. Slowaken und Ungarn ließen ihre jüdischen Mitbürger bereitwillig von den Nationalsozialisten nach Auschwitz deportieren. Die slowakische Regierung zahlte der deutschen dafür sogar noch eine Millionensumme. Rumänien deportierte und ermordete seine Juden zumindest teilweise selbst. Mit dem nationalsozialistischen Deutschland verbündete kroatische Milizen ermordeten über 300.000 Serben und vertrieben viele mehr aus ihrer Heimat.

Sowjetunion

Als das Kriegsglück sich wendete und russische Panzer auf breiter Front die deutschen Truppen und ihre Verbündeten zurückdrängten, kam die Reihe an deren Gegner. Die Sowjetunion selbst hatte schon seit Mitte der 1930er Jahre vor allem Hunderttausende Angehörige deutsch- und polnischsprachiger Minderheiten des Riesenreiches nach Sibirien und Zentralasien deportiert und vielfach auch exekutiert. Zwischen 1939 und 1941 fand dann vorübergehend ein Bevölkerungsaustausch mit dem nationalsozialistischen Deutschland über die Grenzen der in Osteuropa vereinbarten Einflusszonen statt. Nach dem deutschen Überfall auf die Sowjetunion 1941 wurde die noch verbliebene deutschsprachige Bevölkerung, über eine Million Menschen, in sibirische Lager deportiert.

Vertreibung der Deutschen aus Osteuropa 1944/48

Diese Aktionen verblassten jedoch gegenüber derjenigen „ethnischen Säuberung“, die hierzulande in seltsamer Ignorierung vorausgehender deutscher Taten und Pläne als „die“ Vertreibung bekannt ist. Vor allem aus Polen und den diesem 1945 auf der Potsdamer Konferenz zuerkannten Ostgebieten des Deutschen Reiches, aus der Tschechoslowakei und zum kleineren Teil auch aus anderen Gebieten Osteuropas wurden zwischen Ende 1944 und 1948 über zwölf Millionen Menschen in die vier alliierten Besatzungszonen Deutschlands verjagt und vertrieben. Besonders anfangs waren Flucht und Vertreibung von Massenvergewaltigungen und Massakern durch Soldaten der sowjetischen Roten Armee begleitet, die dabei vielfach Rache für die an ihren Landsleuten während der deutschen Besatzung verübten Verbrechen nehmen wollten. Doch noch Anfang 1946 starben viele Menschen durch Hunger und Frost in den Viehwagen, die nun zum Transport der vertriebenen Deutschen nach Westen benutzt wurden, nachdem in den Jahren zuvor polnische Juden und Nichtjuden damit in den Osten deportiert worden waren. Die Zahl der Todesopfer ist bis heute heftig umstritten; sie lag bei mindestens einer halben Million Menschen.

Weitere Zwangsumsiedlungen am Ende des 2. Weltkriegs

Allerdings gehört nicht allein die Vertreibung der Deutschen aus Osteuropa zur letzten großen Welle „ethnischer Säuberungen" der ersten Hälfte des 20. Jahrhunderts. Denn teils in Verbindung mit dieser, teils auch nur parallel zu ihr vollzog sich eine ganze Reihe weiterer forcierter Bevölkerungsverschiebungen und Zwangsumsiedlungen. Mehr als sieben Millionen weitere Europäer wurden gegen Ende des Zweiten Weltkriegs ebenfalls aus ihrer Heimat vertrieben. Tschechen wurden in den früher sudetendeutschen Gebiete angesiedelt. Bauern aus den von Polen an die Sowjetunion abgetretenen Gebieten hatten sich im schlesischen Industriegebiet, in Hinterpommern oder Ostpreußen einzugewöhnen. Währenddessen wurden ihre alten Höfe von Ukrainern, Weißruthenern oder Litauern übernommen, die Hunderte von Kilometern weiter östlich aufgewachsen waren. Und die Bewohner des Dorfes in den Karpaten, die 1918 einfach nur „von hier" hatten sein wollen, wechselten 1945 gezwungenermaßen zum vierten Mal innerhalb einer Generation die Nationalität.

7.6. Niedergang oder Wiedergeburt des Nationalismus im späten 20. Jahrhundert?

Rückgang nationalistischer Gewalt

Nach den Orgien nationalistischer Gewalt in Europa während der Zeit der Weltkriege erscheint die dann folgende Beruhigung der Gemüter fast wie ein Wunder. Zumindest zwischen 1950 und 1990 gab es auf dem Kontinent keine Kriege, keine Zwangsumsiedlungen und Vertreibungen größerer Menschengruppen aus „ethnischen" Gründen mehr. Anderswo, besonders in der „Dritten Welt", feierte der Nationalismus in dieser Zeit Triumphe und forderte zahlreiche Opfer. In Europa dagegen schien er im Niedergang begriffen – so sehr, dass manche Beobachter schon von einem „postnationalen Zeitalter" zu sprechen begannen.

Rolle nationaler Desillusionierung

Eine Ursache des Ausbleibens nationalistischer Gewalt zwischen 1950 und 1990 waren gerade die „ethnischen Säuberungen" der ersten Hälfte des 20. Jahrhunderts. Nicht allerdings in dem Sinn, dass diese durch eine „Homogenisierung" von Nationalstaaten die Ursachen für Konflikte beseitigt hätten. Denn wie Nationen Konstrukte sind, gibt es ethnische Minderheiten nicht an sich, sondern sie werden als solche etikettiert. Das Beispiel der Juden in Deutschland zeigt das besonders deutlich. Die durch Nationalismus motivierten „ethnischen Säuberungen" und Kriege der ersten Jahrhunderthälfte wirkten vielmehr durch Desillusionierung der Bevölkerung. Allein während des Zweiten Weltkriegs kam in den meisten Ländern Osteuropas wie auch in Deutschland ein Zehntel der Bevölkerung oder mehr ums Leben. Hier gab es kaum einen Menschen, der nicht wenigstens einen Toten in Familie oder engstem Freundeskreis zu beklagen hatte. Rechnet man Vertriebene, Kriegsgefangene und zur Zwangsarbeit Verschleppte hinzu, so haben während des Krieges und danach etwa hundert Millionen Europäer ihre Heimat für immer oder für längere Zeit verlassen müssen. In Deutschland und Polen traf dieses Schicksal die Hälfte der Bevölkerung. Selbst in relativ wenig vom Krieg betroffenen Ländern wie Frankreich erlitt es noch jeder fünfte Mensch. Die Erwartung, im Schoß der Nation Sicherheit und Geborgenheit zu finden, endete für einen großen Teil der Europäer in bitterer Enttäuschung.

Nationalismus verlor dadurch für viele den Rang eines zentralen Wertes. Am ausgeprägtesten war diese Entwicklung in Deutschland, wo zur Erfahrung von zwei grausamen Kriegen noch die Schmach der Niederlage und des Völkermords an den europäischen Juden hinzukamen. Aber auch in den meisten anderen Ländern Europas nahm der Nationalstolz ab. 1990 bekannte sich nur noch in fünf von 26 europäischen Staaten eine Mehrheit von Befragten dazu, „sehr stolz" auf ihre Nationalität zu sein. In den 1980er Jahren gab lediglich ein Fünftel der Westeuropäer an, zu Opfern für die Verteidigung der eigenen Nation bereit zu sein. Für Anliegen wie Menschenrechte, Naturschutz oder den Kampf gegen Armut war die erklärte Opferbereitschaft dagegen doppelt so hoch. Zwei Drittel erklärten sich sogar bereit, für den Weltfrieden persönliche Opfer zu bringen.[11]

Rolle des Ost-West-Konflikts

Solche Tendenzen wurden auch von der globalen Konfrontation zwischen Ost und West, die sich unmittelbar nach dem Zweiten Weltkrieg entwickelte, beeinflusst. In einer Zeit der Teilung Europas in zwei feindliche Blöcke blieb wenig Raum für nationale Eigenbrödlerei, unter dem Schatten atomaren Overkills kaum Platz für nationalistisches Messerwetzen. Der Konflikt zwischen Kapitalismus und Kommunismus überlagerte die alten Differenzen. In den osteuropäischen Diktaturen wurden nationale Animositäten mit dem Mantel der „sozialistischen Völkerfreundschaft" zugedeckt, das Aufkommen von nationalistischen Bewegungen im Keim erstickt. Aber auch in Westeuropa bemühten Eliten sich nach Kräften darum, die in der ersten Jahrhunderthälfte zwischen den Nationalstaaten aufgerissenen Gräben zu überbrücken.

Deutschland und Frankreich: Von „Erbfeindschaft" zu enger Partnerschaft

Der Wandel der deutsch-französischen „Erbfeindschaft" zu einer besonders harmonischen, ja geradezu intimen Beziehung bietet dafür das beste Beispiel. Konrad Adenauer und Charles de Gaulle begannen eine lange Tradition westdeutscher Bundeskanzler und französischer Staatspräsidenten, über Soldatengräbern und bei Militärparaden Händchen zu halten. Damit aus solchen Altmännerfreundschaften aber auch „Völkerfreundschaften" wurden, scheute man weder Kosten noch Mühen. Gewaltige Mengen an Geld und noch mehr Engagement flossen in Schüleraustausche, Jugendbegegnungen, Städtepartnerschaften und vieles mehr. Der Erfolg blieb nicht aus. Die wechselseitigen Feindbilder lösten sich in Wohlgefallen auf, und aus dem neuen deutsch-französischen Bündnis wurde sogar die Keimzelle der (west)europäischen Einigungsbewegung.

Europäische Einigungsbewegung

Die Idee einer Einigung Europas war zur Überwindung der nationalstaatlichen Zersplitterung schon lange vor dem Zweiten Weltkrieg propagiert worden. Doch erst danach versuchte man sie in die Praxis umzusetzen. Die 1952 von Frankreich, der Bundes-

Abb. 7.7: Entwicklung der Bilder vom Andern in Frankreich und Deutschland (Karikatur 1988)

republik Deutschland, Italien und den Beneluxstaaten gegründete Europäische Gemeinschaft für Kohle und Stahl (EGKS), auch kurz Montanunion genannt, war der erste Schritt. Sie diente zunächst noch vor allem dem Ziel, die reichen Kohlevorkommen des westdeutschen Ruhrgebiets den anderen Mitgliedsstaaten zugänglich zu machen. Diese einseitige Beziehung machte jedoch bald einer Gleichberechtigung der Bundesrepublik Platz, und mit der Überführung der Montanunion in die Europäische Wirtschaftsgemeinschaft (EWG) 1958 wurde auch der Ausweitung der Zusammenarbeit auf andere Bereiche als nur den von Kohle und Stahl Rechnung getragen.

1973 erweiterte sich zudem der Kreis der sechs Gründungsmitglieder durch den Beitritt von Großbritannien, Irland und Dänemark zum Europa der Neun. Das war der Beginn eines stetigen Erweiterungsprozesses: 1995 waren alle Staaten westlich des ehemaligen „Eisernen Vorhangs" Mitglied der Gemeinschaft, mit Ausnahme nur der ihr durch zweiseitige Verträge eng verbundenen Schweiz und Norwegens. Gleichzeitig demonstrierte die wachsende Zahl der Mitgliedstaaten durch Umbenennungen zunächst in Europäische Gemeinschaft (EG) und schließlich Europäische Union (EU) ihre Absicht, die Funktionen des Zusammenschlusses über wirtschaftliche Aspekte hinaus auszudehnen – bis hin zur politischen Einheit und endgültigen Überwindung des Nationalstaates.[12] Die Nationsidee, so schien es, gehörte nur noch der Geschichte an.

Seit 1990: Renaissance des Nationalismus in Osteuropa

Doch Totgesagte leben manchmal länger. Am Ende des 20. Jahrhunderts feierte der Nationalismus zumindest in Osteuropa seine lautstarke Auferstehung. Mit dem Ende des Kommunismus und dem Zerfall des Ostblocks lösten sich auch die Sowjetunion, Jugoslawien und die Tschechoslowakei auf, und eine ganze Reihe von unabhängigen Staaten entstand neu. Und wie die Entstehung von Nationalstaaten in der bisherigen Geschichte gingen auch diese Gründungen mit reichlich Blutvergießen einher. Von den neuen Staaten waren Estland, Lettland und Litauen bereits in der Zwischenkriegszeit unabhängig gewesen. Die Ukraine, die Slowakei und Kroatien hatten im Ersten oder Zweiten Weltkrieg als Geschöpfe deutscher Großmachtpolitik nur für wenige Jahre existiert. Weißrussland, Moldawien, Mazedonien, Slowenien und Bosnien-Herzegowina konnten auf gar keine Epoche nationaler Souveranität zurückblicken. Alle diese Staaten konstruierten aber gleichermaßen eifrig Nationalgeschichten und kollektive Identitäten. Und nicht wenige von ihnen konstruierten auch „Erbfeinde", die es zu bekämpfen und deren „Volk" es von eigenen

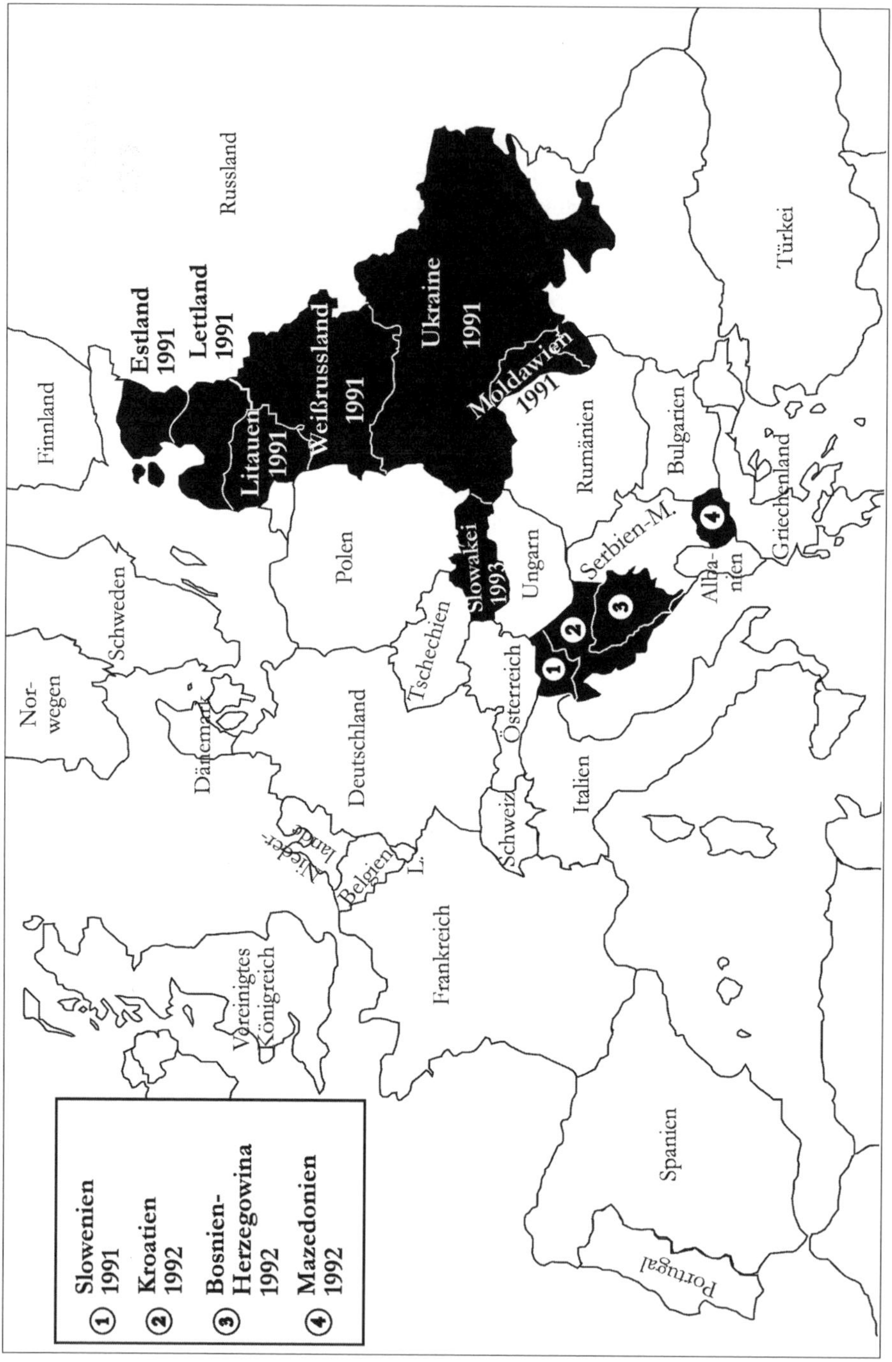

Karte 7.3: Europa 1993 (mit seit 1990 gegründeten Staaten)

und benachbarten Territorien zu vertreiben und zu „säubern“ galt.

Neuer osteuropäischer Schein-Nationalismus?

Namhafte Nationalismusexperten, von denen die Nationsidee bereits zum Auslaufmodell erklärt worden war, suchten nach Erklärungen für dieses unerwartete Phänomen. Der britische Historiker Eric Hobsbawm interpretierte die neuen Staatsgründungen in Osteuropa als Schein-Nationalismus. Tatsächlich sei es Eliten und Bevölkerung der neuen Staaten gar nicht um nationale Unabhängigkeit an sich gegangen. Diese habe vielmehr nur als Mittel zu dem eigentlichen Zweck gedient, sich von der zusammenbrechenden sowjetischen Wirtschaft zu lösen. Ökonomische Interessen, nicht nationalistische Begeisterung stünden hinter den Unabhängigkeitserklärungen.

Hobsbawms Interpretation mag einiges für sich haben. Manches spricht aber auch gegen sie. Selbst abgesehen davon, dass wirtschaftliche Interessen und nationale Emotionen sich grundsätzlich keineswegs ausschließen müssen: In nicht wenigen Fällen waren von einer Unabhängigkeit überhaupt keine ökonomischen Vorteile zu erwarten. Im Gegenteil wurden dadurch eher die eigenen Industrien von ihren Zulieferern und Absatzmärkten abgeschnitten. Im ehemaligen Jugoslawien vernichteten die bewaffneten Konflikte zwischen den ehemaligen Teilrepubliken gigantische materielle Werte. Die dort wiederbelebte Politik „ethnischer Säuberungen“ vertrieb zwischen fünf und sechs Millionen Menschen aus ihrer Heimat, die meisten davon auf Dauer, und kostete wahrscheinlich Hunderttausenden das Leben. Mit einem Vorrang wirtschaftlicher Interessen über nationale Gefühle lässt sich das definitiv nicht erklären.

Nationalismus als Krücke von Nachzüglern im Modernisierungsprozess?

Der deutsche Historiker Hans-Ulrich Wehler sieht die von Gewalt begleiteten Staatsgründungen in Osteuropa seit 1990 deshalb durchaus als Ausdrucksformen von genuinem Nationalismus, interpretiert diesen aber dennoch als Auslaufmodell. Denn die Funktion der Nationsidee bestehe schließlich darin, in einer Zeit rasanten Wandels traditioneller Gesellschaften Orientierung zu geben. Wenn die osteuropäischen Gesellschaften, wo dieser Wandel relativ spät begann, sich einmal modernisiert hätten, werde auch die erdachte Gemeinschaft der Nation als Stifter eines Gefühls von Geborgenheit und Sicherheit überflüssig. Im Westen könne diese Modernisierung als abgeschlossen gelten; hier gäben Sozial- und Rechtsstaat, Demokratie und Wohlstand tatsächliche Sicherheit. Osteuropa werde den gleichen Weg gehen. Die vermeintliche Renaissance des Nationalismus dort sei tatsächlich nur der letzte Nachhall einer bald auch im letzten Winkel des europä-

Abb. 7.8: Straßenschild in Wales (späte 1960er Jahre) – vor den Augen zorniger junger Männer der „Welsh (Cymraeg) Language Society" fand nur der traditionelle Ortsname Llangollen Gnade

ischen Kontinents funktionslosen Ideologie, eine Krücke der Nachzügler im Modernisierungsprozess.

Neue Nationalbewegungen auch in Westeuropa

Auch Wehlers Interpretation hat einiges für sich. Dazu gehört, dass der einzige relativ konfliktfreie „multinationale" Staat Europas, die Schweiz, sich durch große Sozial- und Rechtsstaatlichkeit, stabile demokratische Verhältnisse und ein hohes materielles Wohlstandsniveau auszeichnet. Allerdings ist es fraglich, ob die Entwicklung der westeuropäischen Nationsidee, die ja auf anderen Kriterien nationaler Zugehörigkeit beruht als in Osteuropa, diesem die eigene Zukunft zeigt. Vor allem aber ließen sich nicht nur im Osten des Kontinents während des späten 20. Jahrhunderts Beobachtungen machen, die dem Eindruck eines Niedergangs der Nationsidee widersprechen. Auch in Westeuropa gab es Entwicklungen, die sich damit nicht ohne weiteres vereinbaren ließen. Spätestens um 1970 war kaum mehr zu übersehen, dass die ethnische Homogenität selbst der ältesten und traditionsreichsten europäischen Nationalstaaten von wachsenden Teilen ihrer Bevölkerung in Frage gestellt wurde. So forderten Schotten und Waliser in Großbritannien, Okzitanier und Bretonen in Frankreich politische Autonomie und die Umbenennung von Ortsnamen. Um ihrer Anerkennung als unterdrückte Nationalitäten Nachdruck zu verleihen, belebten sie in beiden Ländern nahezu ausgestorbene Sprachen neu. Baskische Nationalisten in Spanien schreckten zu demselben Zweck auch nicht vor Terroranschlägen zurück. In Nordirland entwickelte sich aus der Forderung nach nationaler Selbstbestimmung sogar ein jahrzehntelanger blutiger Bürgerkrieg. Und auch Belgien geriet über das Verlangen nach Unabhängigkeit, die der flämische Bevölkerungsteil im Norden – und der deutschsprachige im Osten – erhob, in eine Dauerkrise.

Dauerhaftigkeit der Nationsidee

Die Grenzen der europäischen Einigung zeigen ebenso die Dauerhaftigkeit des Nationalgefühls auch im Westen. Seit den 1950er Jahren sind alle von einigen Enthusiasten unternommenen Anläufe, die „Vereinigten Staaten von Europa" zu schaffen, immer wieder gescheitert. Die politische Einigung des Kontinents wird dabei nicht allein durch Politiker verhindert, die eifersüchtig nationalstaatliche Kompetenzen wahren, sondern auch durch die Indifferenz der Bevölkerung. Selbst in Deutschland, wo die Europabegeisterung im späten 20. Jahrhundert stets hoch war, identifizierten sich die Menschen in erster Linie neben Geburts- oder Wohnort mit ihrer Nation; deutlich weniger definierten sie sich über die Heimatregion; noch weniger verstanden sie sich als Weltbürger – und am allerwenigsten als Europäer. In den westeuropäischen Staaten war es nicht anders. Nationalstolz mochte abgenommen haben, Nationalismus nicht mehr so ausgeprägt sein wie vor 1945. Aber auch wenn die Mehrheit der Westeuropäer am Ende des 20. Jahrhunderts angab, eher für den Weltfrieden als für die Landesverteidigung Opfer bringen zu wollen: Vier Fünftel waren nichtsdestoweniger bereit, für die eigene Nation in den Krieg zu ziehen. Die Bevölkerung der osteuropäischen Staaten stand ihnen dabei in nichts nach. Nur unter Deutschen und Italienern, den mitteleuropäischen Verlierern des Zweiten Weltkriegs, war die Kampfbereitschaft deutlich weniger ausgeprägt.

Der Großteil der Europäer steht also im wahrsten Sinn des Wortes nach wie vor „Gewehr bei Fuß" in Loyalität zu ihrer Nation. Und für alle Bewohner des Kontinents, auch in seiner Mitte, ist die Nation eine primäre Quelle persönlicher Identität. Im Gegensatz zu Nationalstaat und Nationsidee können supranationale Organisationen und Konzepte wie die Europaidee offenbar auch nicht nur ansatzweise die Funktion erfüllen, in einer hochgradig

Abb. 7.9: Die griechische Sagenfigur Europa auf dem Stier, unterwegs in zwei entgegengesetzte Richtungen (Karikatur um 1980)

mobilen Welt die verlorenen traditionellen Gemeinschaften zu ersetzen. Genau das aber kann die Nation immer noch am besten – als „erdachte Gemeinschaft“ ein Gefühl von Sicherheit und Geborgenheit zu geben. Die Kehrseite der Medaille – die Ausgrenzung von Anderen – bleibt damit freilich untrennbar verbunden und präsent. Und die Erfindung von „Erbfeinden“ ist in Europa deshalb weiterhin ebenso möglich wie „ethnische Säuberungen“.

Literatur

– Hirschhausen, Ulrike von/Leonhard, Jörn (Hg.), *Nationalismen in Europa. West- und Osteuropa im Vergleich*, Göttingen 2001 (enthält Überblicke zur Forschung über Nationalismus in einzelnen Ländern und eine Ergebnisse wie Perspektiven zusammenfassende Einleitung der Herausgeber).

- Hobsbawm, Eric, *Nationen und Nationalismus: Mythos und Realität seit 1780*, Frankfurt 1992 (ebenso exzellenter wie eigenwilliger, mit vielen anschaulichen Beispielen gespickter Gesamtüberblick zum Thema in lesbarer Buchlänge. Vielfach nachgedruckt).
- Hroch, Miroslav/Jitka Maleckova, Nation, in: *Encyclopedia of Nationalism*, New Brunswick 2001, S. 203-208 (vorzügliche kurze Zusammenfassung des Forschungsstandes zur Begriffsgeschichte in einem Nachschlagewerk, das knappe und meist klare Auskünfte auch über viele andere Fragen zum Thema Nationalismus bietet).
- Hroch, Miroslav, *Das Europa der Nationen. Die moderne Nationsbildung im europäischen Vergleich*, Göttingen 2005 (gut lesbare Überblicksdarstellung, die an vielen Beispielen gerade auch aus den „kleineren" Nationen veranschaulicht, wie diese aus dem Zusammenwirken von bestimmten sozialen, politischen und kulturellen Bedingungen einerseits und zielbewusstem nationalistischem Handeln andererseits entstanden. Mit ausführlichen kommentierten Literaturhinweisen).
- Langewiesche, Dieter, *Nationalismus im 19. und 20. Jahrhundert. Zwischen Partizipation und Aggression*, Bonn 1994 (gedruckter Vortrag, der auf gut 20 Seiten viele wichtige Anregungen gibt und besonders den Doppelcharakter des Nationalismus als Integrations- und Ausgrenzungsideologie betont).
- Mazower, Mark, *Der dunkle Kontinent. Europa im 20. Jahrhundert*, Berlin 2000, S. 69-116, 233-266 (schildert übersichtlich und klar Hintergründe wie Verlauf der Politik „ethnischer Säuberungen" im Zeitalter der Weltkriege und beleuchtet auch die vom Völkerbund betriebene Alternative des Minderheitenschutzes).
- Wehler, Hans-Ulrich, *Nationalismus*, München 2001 (knappste Einführung in die meisten Aspekte des Themas in Buchform; interpretiert Nationalismus als Übergangsphänomen in Modernisierungskrisen; mit provokant überspitzten Urteilen ebenso anregend wie zum Widerspruch herausfordernd).
- Weichlein, Siegfried, *Nationalbewegungen und Nationalismus in Europa*, Darmstadt 2006 (dieser in der Reihe „Geschichte Kompakt" erschienene Band hält, was der Reihentitel verspricht: präzise Informationen über Entstehung, Instrumentalisierung, Trägerschichten und Verbreitung des Nationalismus im Europa des langen 19. Jahrhunderts, angereichert durch zahlreiche Beispiele).

Abbildungsnachweis

Abb. 1.1. Tomika Te Mutu, Häuptling des Stammes der Ngaiterangi, aus: Christopher Alan Bayly, The Birth of the Modern World 1780-1914, Oxford 2004, S. 14.

Abb. 1.2. Geronimo, letzter der Apatschen, 1887, aus: Alvin M. Josephy, 500 Nations. Die illustrierte Geschichte der Indianer Nordamerikas, München 1996, S. 425.

Abb. 1.3. Namahäuptling Hendrik Witbooi, aus: Horst Drechsler, Aufstände in Südwestafrika, Berlin 1984, nach S. 64.

Abb. 1.4 und 1.5. König Chulalongkorn von Siam in Uniform und „privat", aus: Philip D. Curtin, The World and the West, Cambridge 2000, S. 152f.

Abb. 1.6. Japanischer Theatervorhang von Hashimoto Chikanobu mit Werbung für „Kinder-Puwder", aus: Gerhard Dambmann, Wie Japan den Westen entdeckte, Stuttgart 1988, S. 68.

Abb. 1.7. Das europäische Selbstbild als Missionar der „Zivilisation", aus: J.G. Woods, The uncivilized races of men in all countries of the world, London 1876, Frontispiz.

Abb. 1.8. Gandhi am Spinnrad, aus: Forum Geschichte 4, Berlin 2003, S. 177.

Abb. 2.1-2.3. Altes Baumwollspinnrad; Spinning Jenny; Baumwollfabrik mit Spinnmaschinen, aus: Forum Geschichte, Band 3, Berlin 2002, S. 134.

Abb. 2.4. Baumwollproduktion in Großbritannien im 18. Jahrhundert, aus: Carlo Cipolla (Hg.), The Industrial Revolution, London 1973, S. 196.

Abb. 2.5. Werbung für Stechuhrensysteme in Fabriken 1923, aus: Gerhard Dohrn-van Rossum, Die Geschichte der Stunde, München 1992, S. 295.

Abb. 2.6. Technisierung der Landwirtschaft – Dampfbetriebene Dreschmaschine (um 1850), aus: Fragen an die deutsche Geschichte, Bonn 1984, S. 166.

Abb. 2.7. Arkwrights Baumwollspinnerei mit umliegender Landschaft (um 1777), aus: Die Macht der Maschine, Ratingen 1984, S. 58.

Abb. 2.8. „Humankapital" – Facharbeiter der Ratinger Baumwollfabrik um 1886, aus: Die Macht der Maschine, Ratingen 1984, S. 224.

Abb. 2.9. Chinesisches Teegroßhandelsgeschäft (um 1850), aus: Christopher Alan Bayly, The Birth of the Modern World 1780-1914, Oxford 2004, S. 55.

Abb. 2.10. „Das Lichten eines Hochwaldes" (Karikatur von 1848), aus: Jahrbuch des Kreises Trier-Saarburg 1999, S. 79.

Abb. 3.1. Bau des Crystal Palace in London 1850/51, aus: Kenneth O. Morgan, The Oxford Illustrated History of Britain, Oxford 1984, S. 454.
Abb. 3.2. Ausbau des Eisenbahnnetzes in Frankreich 1837-1875, aus: Claude Fohlen, Die Industrielle Revolution in Frankreich, in: Europäische Wirtschaftsgeschichte, Bd. 4, Stuttgart 1976, S. 112-114.
Abb. 3.3. Frühe französische Telegrafenstation mit Erklärung der Buchstabensymbole, aus: Dieter Herbarth, Die Entwicklung der optischen Telegrafie in Preußen, Köln 1978, S. 22.
Abb. 3.4. Die Märkische Schweiz vom Schnellzug aus gesehen. Karikatur aus der deutschen Zeitschrift „Kladderadatsch" 1860, aus: Geschichtsbuch Oberstufe, Bd. 1, Berlin 1995, S. 281.
Abb. 3.5. Die Entwicklung der Bevölkerung Europas 1000-2000 nach Christus. Schaubild erstellt nach den Angaben in: Livi Bacci, Europa und seine Menschen, München 1999, S. 15 und 19.
Abb. 3.6. Der demographische Übergang, aus: Arthur E. Imhof, Einführung in die historische Demographie, München 1977, S. 61.
Abb. 3.7. Küche eines Bauernhofs in Südwestfrankreich im 18. Jahrhundert, aus: Edward Shorter, The Making of the Modern Family, London 1976, Bildteil S. ii.
Abb. 3.8. Alles in einem Raum: Das Innere der Wohnung einer Seidenhandwerkerfamilie im südfranzösischen Lyon (erste Hälfte des 20. Jahrhunderts), aus: Geschichte der Familie. Band 4: 20. Jahrhundert, Frankfurt 1998, S. 12.
Abb. 3.9. Frauen an die Werkbank. Ostdeutsche Kommunisten propagieren ein neues Frauenbild (1954), aus: Forum Geschichte 4, Berlin 2003, S. 230.
Abb. 3.10 und 3.11. Wandel der Bilder von Ehe, Frau und Familie in Westdeutschland im späten 20. Jahrhundert: Werbung für Waschmittel 1959 und Frauendemonstration 1983, aus: Forum Geschichte 4, Berlin 2003, S. 228f.
Abb. 3.12. Justitia (satirische französische Darstellung 1791), in: Otto Rudolf Kissel, Die Justitia, München 1984, S. 84.

Abb. 4.1. Das Rad der Fortuna. Aus dem Hortus Deliciarum der Herrad von Landsberg (um 1190), aus: Klaus Reichert, Fortuna oder die Beständigkeit des Wechsels, Frankfurt 1985, S. 20.
Abb. 4.2. „Robespierre guillotiniert den Henker, nachdem er sämtliche Franzosen hat guillotinieren lassen". Antijakobinische Karikatur (1794), aus: La Révolution Francaise et l'Europe 1789-1799, Paris 1989, S. 465.
Abb. 4.3. „Sansculotten füttern Europa mit dem Brot der Freiheit". Karikatur von James Gillray (1793), aus: 1789/1989. 200 Jahre französische Revolution, Berlin 1989, S. 155.

Abb. 4.4. „Wat heulst'n kleener Hampelmann?" Karikatur von Friedrich Schröder 1849, aus: Helmut Hartwig/Karl Riha, Politische Ästhetik und Öffentlichkeit, Gießen 1974, S. 97.

Abb. 5.1. Fahne der deutschen Sozialdemokratie (1873), aus: Franz Walter, Die SPD, Berlin 2002, S. 13.

Abb. 5.2. Erklärung der Menschenrechte (1789), Verlagsarchiv Schöningh.

Abb. 5.3. Die Mutter aller Parlamente – das britische House of Commons (um 1880), aus: Kenneth O. Morgan, The Oxford Illustrated History of Britain, Oxford 1984, S. 458.

Abb. 5.4. Chateaubriand, aus: Das neue Fischer Lexikon in Farbe, Frankfurt 1981, S. 980.

Abb. 5.5. „Einer Meinung (wenigstens diesmal)", englische Karikatur, aus: Forum Geschichte 3, Berlin 2002, S. 224.

Abb. 5.6. Staatsformen: konservative Aristokratie, Liberalismus, Sozialismus (anonyme Karikatur 1895), aus: Eduard Fuchs, Die Karikatur der europäischen Völker vom Jahre 1848 bis heute, Berlin o.J. [1903], S. 480.

Abb. 5.7. Wandschmuck aus einer deutschen Arbeiterwohnung im späten 19. Jahrhundert, mit einem Porträt des SPD-Vorsitzenden August Bebel, aus: Das Sozialistengesetz 1878-1890, hg. vom Zentralinstitut der Geschichte der Akademie der Wissenschaften der DDR, Berlin 1980, S. 48.

Abb. 5.8. Mitgliedszertifikat der englischen Maschinenarbeitergewerkschaft (1851), aus: Kenneth O. Morgan, The Oxford Illustrated History of Britain, Oxford 1984, nach S. 448.

Abb. 5.9. Karl Marx, aus: August Bebel 1840-1913, Köln 1988, S. 89.

Abb. 5.10. Postkarte der SPD zu den Wahlen zum deutschen Reichstag 1912, aus: Wilhelm Stöckle, Das deutsche Kaiserreich. Ansichtskarten und Texte aus wilhelminischer Zeit, Stuttgart 1985, S. 11.

Abb. 5.11. Gedenkblatt der SPD zur Aufhebung des Sozialistengesetzes 1890, aus: Forum Geschichte, Band 3, Berlin 2002, S. 225.

Abb. 6.1. Uniformierte Diktatoren: Hitler und Mussolini (1941), aus: Richard Bessel (Hg.), Fascist Italy and Nazi Germany, Cambridge 1996, Umschlag.

Abb. 6.2. Stalin, aus: T.C.W. Blanning (Hg.), The Oxford Illustrated History of Modern Europe, Oxford 1996, S. 160 (Ausschnitt).

Abb. 6.3. „Genosse Lenin reinigt die Welt von Unrat" (sowjetisches Plakat um 1920), aus: Geschichtsbuch Oberstufe, Band 2, Berlin 1996, S. 118.

Abb. 6.4. Propagandaplakat der spanischen Republikaner (1936), aus: T.C.W. Blanning (Hg.), The Oxford Illustrated History of Modern Europe, Oxford 1996, nach S. 166.

Abb. 6.5. Das zerstörte Warschau (September 1939), aus: Mark Mazower, Der dunkle Kontinent. Europa im 20. Jahrhundert, Berlin 2000, S. 309.
Abb. 6.6. Deutsche U-Boote als Särge (US-amerikanische Karikatur 1943), aus: T.C.W. Blanning (Hg.), The Oxford Illustrated History of Modern Europe, Oxford 1996, S. 220.
Abb. 6.7. Gestellter Händedruck an der Elbe, 25. April 1945, aus: Manfred Scheuch, Historischer Atlas Deutschland, Augsburg 2006, S. 120.
Abb. 6.8. „Einverstanden, wir wollen verhandeln“, aus: Geschichte und Geschehen, Band 2, Stuttgart 1995, S. 167.
Abb. 6.9. Sowjetische, amerikanische und europäische Sicht des Ost-West-Konflikts (westdeutsche Karikatur, frühe 1980er Jahre), aus: Forum Geschichte, Band 4, Berlin 2003, S. 139.
Abb. 6.10. Begeisterter Empfang für Michail Gorbatschow in Prag (1987), aus: T.C.W. Blanning (Hg.), The Oxford Illustrated History of Modern Europe, Oxford 1996, S. 299.

Abb. 7.1. Die Wiedererstehung des Reiches 1871 (Wandgemälde von Hermann Wislicenus 1882), aus: Monika Arndt, Die Goslarer Kaiserpfalz als Nationaldenkmal. Eine ikonographische Untersuchung, Hildesheim 1976, Abbildungsteil Nr. 38.
Abb. 7.2. Denkmal für gefallene französische Soldaten des ersten Weltkriegs (Chateaugiron), aus: Monuments de Memoire. Les monuments aux morts de la première guerre mondiale, Hg. Philippe Rivé u.a., Paris 1991, S. 144.
Abb. 7.3. Tschechische, polnische, ungarische, kroatische, slovenische und deutsche Nationalisten drohen das Reich der Habsburger zu zerreißen (Wiener Karikatur 1893), aus: Geschichtsbuch Oberstufe, Berlin 1995, Band 1, S. 378.
Abb. 7.4. Elementarbildung für Mädchen in Großbritannien (um 1900), aus: Kenneth O. Morgan, The Oxford Illustrated History of Britain, Oxford 1984, S. 489.
Abb. 7.5. Plakat zur Wahl der deutschen Nationalversammlung am 19. Januar 1919, aus: Geschichtsbuch Oberstufe, Band 2, Berlin 1996, S. 77.
Abb. 7.6. Ausgemergelte Leichen russischer Kriegsgefangener werden von Deutschen verscharrt (1941), aus: Mark Mazower, Der dunkle Kontinent. Europa im 20. Jahrhundert, Berlin 2000, S. 255.
Abb. 7.7. Entwicklung der Bilder vom Andern in Frankreich und Deutschland (Karikatur 1988), aus: Geschichte und Geschehen, Band 2, Stuttgart 1995, S. 524.
Abb. 7.8. Straßenschild in Wales (späte 1960er Jahre), aus: Kenneth O. Morgan, The Oxford Illustrated History of Britain, Oxford 1984, S. 580.

Abb. 7.9. Europa auf dem Stier, unterwegs in zwei entgegengesetzte Richtungen (Karikatur um 1980), aus: Geschichtsbuch Oberstufe, Band 2, Berlin 1996, S. 272.

Anmerkungen

1 *Europäische Wirtschaftsgeschichte,* Band 4, Stuttgart 1977, S. 436.

2 Vgl. ebd. sowie *Handbuch der europäischen Wirtschafts- und Sozialgeschichte,* Band 5, Stuttgart 1985, S. 168-170, und Band 6, Stuttgart 1987, S. 150.

3 Vgl. *Handbuch der europäischen Wirtschaftsgeschichte,* Band 6, Stuttgart 1987, S. 151f, 155; *The Fontana Economic History of Europe,* Band 6, London 1977, S. 323f, 364; Angaben zum Jahr 2000 errechnet aus: United Nations Department of Economic and Social Affairs (Statistics Division), *Statistical Yearbook, Forty-ninth issue,* New York 2005, S. 667-683. „Europa" ist hier jeweils gleich Westeuropa zu verstehen; der Anteil Osteuropas am Welthandel war immer sehr gering.

4 Klaus Tenfelde, Industrialisierung, in: *Fischer Lexikon Geschichte,* 3. überarbeitete Auflage Frankfurt 2003, S. 222.

5 Vgl. dazu Gerhard Dohrn van Rossum, *Die Geschichte der Stunde: Uhren und moderne Zeitordnung,* München 1992.

6 Vgl. Gerhard A. Ritter/Klaus Tenfelde, *Arbeiter im Deutschen Kaiserreich 1871 bis 1914,* Bonn 1992, S. 43 und 301.

7 Heinrich Heine, *Sämtliche Schriften,* Bd. 5, München 2005, S. 449.

8 Miles Hudson, *Intervention in Russia 1918-1920,* Barnsley 2004.

9 Benedict Anderson, *Die Erfindung der Nation. Zur Karriere eines folgenreichen Konzepts,* 2. erweiterte Auflage Frankfurt 1996, S. 15.

10 Ernest Renan zitiert in der Übersetzung von Rolf-Ulrich Kunze, *Nation und Nationalismus,* Darmstadt 2005, S. 13.

11 Göran Therborn, *European Modernity and Beyond. The Trajectory of European Societies 1945-2000,* London 1995, S. 280-282.

12 Vgl. als kurze Einführung zu diesem Thema mit weiterführenden Literaturangaben Jürgen Elvert, *Die europäische Integration,* Darmstadt 2006.

Allgemeine Literaturhinweise

Einführungen (nicht nur themenorientiert und/oder nicht nur zum 19. und 20. Jahrhundert)

Schulze, Winfried, *Einführung in die Neuere Geschichte*, 5. überarbeitete Auflage Stuttgart 2010 (problemorientierte Einführung in Schlüsselbegriffe und grundlegende Prozesse der fünfhundert Jahre seit etwa 1500 und zu Recht ein Klassiker).

Opgenoorth, Ernst/Günter Schulz, *Einführung in das Studium der Neueren Geschichte*, 6. überarbeitete Auflage Paderborn 2001 (immer noch gründlichste Einführung vor allem in den Umgang mit Quellen und historischen Hilfswissenschaften, die für das Studium der Geschichte der Neuzeit wichtig sind).

Landwehr, Achim/Stefanie Stockhorst, *Einführung in die europäische Kulturgeschichte*, Paderborn 2004 (exzellent illustrierte und gut portionierte thematische Kapitel; sehr gut lesbar).

Oldenbourg Geschichte Lehrbuch. Neueste Zeit, hg. von Andreas Wirsching, München 2006 (gut portionierte Einführungen in einzelne Themen und methodische Zugänge, zusätzlich ein Überblick zu den der wissenschaftlichen Arbeit dienenden Institutionen; in der Zielgruppenorientierung schwankend zwischen Studienanfängern, weit Fortgeschrittenen und kursorisch Lesenden).

Handbuchreihen mit europäischem Bezug

Grundriß der Geschichte, Hg. Jochen Bleicken u.a. (die regelmäßig überarbeiteten Bände verknüpfen thematische Einführung, Forschungsüberblick und Literaturangaben geschickt miteinander und eignen sich dadurch besonders als Ausgangspunkte zur Einarbeitung in speziellere Themen. Die vier Bände zum langen 19. Jahrhundert haben einen europäischen Rahmen, während die zum 20. Jahrhundert eher auf deutsche Geschichte konzentriert sind).

Short Oxford History of Europe (kurze und knackige Einführungen, in bester englischer Tradition meist sehr zielgruppenorientiert für Studierende geschrieben. Drei zwischen 2000 und 2002 erschienene Bände umfassen das „lange 19. Jahrhundert", die Zeit der Weltkriege und die Zeit nach 1945; jeweils mit Ausführungen des

Herausgebers zu zentralen Aspekten der Epoche und Kapiteln zu Politik, Gesellschaft, Wirtschaft, Kultur und internationalen Beziehungen).

Handbuch der Geschichte Europas, Hg. Peter Blickle (Überblicke und einzelne Länderkapitel, wobei auch die kleineren Länder nicht nur unter „ferner liefen" abgehandelt werden. Hervorzuheben ist vor allem der vorzügliche Band von Jörg Fisch zum Zeitraum von 1850 bis 1914).

Handbuch der europäischen Geschichte, Hg. Theodor Schieder, Band 5 und 6, Stuttgart 1981 und 1968 (Überblicke und einzelne Länderkapitel. Teilweise nicht mehr ganz auf dem neuesten Stand der Forschung, aber was die Breite der Darstellung angeht in deutscher Sprache unübertroffen).

Europäische Wirtschaftsgeschichte, hg. von Carlo Cipolla, deutsche Ausgabe hg. von Knut Borchardt (eine internationale Koproduktion, die im englischen Original bereits in den 1970er Jahren erschien, aber immer noch vielfach lesenswert ist, vor allem der dritte Band über einzelne Aspekte der Industriellen Revolution. Auch die Bände 4 und 5 zur Entwicklung der einzelnen Gesellschaften im 19. und 20. Jahrhundert sind informativ).

Handbuch der europäischen Wirtschafts- und Sozialgeschichte, hg. von Wolfram Fischer u.a., Band 4-6, Stuttgart 1985-1993 (sehr ausführliche Darstellungen zu europäischen Gemeinsamkeiten und einzelnen Ländern).

Handbuchreihen mit vor allem deutschem Bezug

Enzyklopädie deutscher Geschichte, hg. von Lothar Gall (die Reihe enthält unter anderem 40 einzelne Bände zum 19. und 20. Jahrhundert, die seit den frühen 1990er Jahren erschienen sind und auf je etwa 150 Seiten eine knappe Einführung, einen Forschungsüberblick und Literaturangaben bieten. Meist vorzüglich geeignet als Ausgangspunkt für die intensivere Einarbeitung in ein spezielles Thema).

Kontroversen um die Geschichte, hg. von Arnd Bauerkämper/Peter Steinbach/Edgar Wolfrum (knappe Einführungen, die seit 2002 erscheinen und einen problemorientierten Überblick unter Berücksichtigung von Entwicklung und Stand der Forschungsdiskussionen bieten).

Geschichte Kompakt, hg. von Kai Brodersen u.a. (seit 2002 erscheinende, knappe Darstellungen vor allem zu einzelnen Epochen der deutschen Geschichte mit je etwa 150 Seiten Text, die allerdings anders als die zwei vorhergehenden Handbuchreihen nicht direkt zur Forschung hinführen).

Gebhardt Handbuch der deutschen Geschichte, 10. Auflage (behandelt in den Bänden 12 bis 23 das 19. und 20. Jahrhundert. Noch nicht alle Bände sind erschienen. Der 2001 herausgekommene Band 13 von Jürgen Kocka behandelt Industrialisierung, Bevölkerungsexplosion und Wanderungen, Nationalstaaten und bürgerliche Gesellschaft als zentrale Themen des 19. Jahrhunderts, fragt nach dessen Epochencharakter und skizziert auch den Wandel des Bildes vom 19. Jahrhundert).

Herausragende Einzeldarstellungen

Altena, Bert/Dick van Lente, *Gesellschaftsgeschichte der Neuzeit 1750-1989*, Göttingen 2009 (informiert jeweils über Wirtschaft, Kultur und Politik in Europa getrennt für die drei Phasen 1750 bis 1850, 1850 bis 1918 und 1918 bis 1989).

Blanning, T.C.W. (Hg.), *The Oxford Illustrated History of Modern Europe*, Oxford 1996 (meist lebendig geschriebene Kapitel verschiedener Experten zu den Themenbereichen Politik, Wirtschaft, Militär, Gesellschaft und Kultur jeweils getrennt für das 19. und das 20. Jahrhundert; reich illustriert).

Mazower, Mark, *Der dunkle Kontinent. Europa im 20. Jahrhundert*, Berlin 2000 (thematisiert in einer verschiedenste Ländergeschichten zusammenfassenden Darstellung vor allem die Anfälligkeit der Demokratie für die totalitäre Versuchung; besonders in der ersten Hälfte sehr informativ und anregend).

James, Harold, *Geschichte Europas im 20. Jahrhundert*, München 2004 (sehr gut zu wirtschaftlichen Entwicklungen, sonst eher eine Addition von Nationalgeschichten).

Hobsbawm, Eric, *Das Zeitalter der Extreme. Weltgeschichte des 20. Jahrhunderts*, München 1995 (Weltgeschichte mit gleichwohl europäischem Schwerpunkt, voll anregender und eigenwilliger Gedanken. Der Autor ist sowohl ein Altmeister der englischen Geschichtsschreibung wie auch Sozialist – beides schimmert im Buch nicht selten durch).

Kaelble, Hartmut, *Sozialgeschichte Europas. 1945 bis zur Gegenwart*, München 2007 (skizziert den Forschungsstand zu Gemeinsamkeiten und Unterschieden der Entwicklung europäischer Gesellschaften seit dem Zweiten Weltkrieg für Themen wie Familie, Konsum, Werte, soziale Ungleichheit und Zusammenleben).

Kershaw, Ian, *Der NS-Staat. Geschichtsinterpretationen und Kontroversen im Überblick*, erweiterte und bearbeitete Neuausgabe Reinbek 1999 (exzellente Einführung in die historische Forschung über den Nationalsozialismus mit gleichermaßen klaren und differenzierten Urteilen des Autors).

Metzler, Gabriele, *Einführung in das Studium der Zeitgeschichte*, Paderborn 2004 (gute methodische und praktische Teile, verschiedene Themen der deutschen Geschichte nach 1945 in gut verdaulichen Portionen ansprechend aufbereitet und gut illustriert).

Therborn, Göran, *European Modernity and beyond. The Trajectory of European Society 1945-2000*, London 1995 (enthält viele auch für Historiker nützliche Informationen und gute Analysen aus soziologischer Sicht zur zweiten Hälfte des 20. Jahrhunderts).

Nachwort

Für die vorliegende vierte Auflage dieses Buchs wurden die Lektürehinweise und der Text punktuell überarbeitet.

Ich danke Achim Landwehr, der als Kollege, Kritiker und Herausgeber stets die Zuverlässigkeit in Person war. Wie er hat auch Detlev Mares das gesamte Manuskript gelesen und mich in der Überzeugung bestärkt, dass Beschäftigung mit Geschichte nicht zuletzt Spaß macht. Detlef Brandes stand mir wiederholt mit gutem Rat in Sachen Osteuropa zur Seite. Susanne Hilger las das Kapitel zur Industrialisierung kritisch quer und machte wichtige Verbesserungsvorschläge. Diethard Sawicki war ein engagierter Lektor. Heidi Sack, Astrid Langenberg und Michael Fenstermacher wurden nie müde, Bücher und Bildmaterial heranzuschaffen – sie scheiterten erst an der unmöglichen Aufgabe, ein „Gruppenfoto internationaler Pinguine im Anzug mit Dame" zu finden, das die bleibende Europäisierung im Bereich der Kleidung veranschaulichen sollte. Wie mit ihnen war es auch mit Henry Wahlig, der den größten Teil der Karten zeichnete, ein Vergnügen zu arbeiten.

Die Düsseldorfer Studierenden, mit denen seit 2004 in Einführungsvorlesungen und Grundkursen die Inhalte des Buches erarbeitet wurden, haben durch beharrliches Nachfragen und Evaluationen das Bemühen um Verständlichkeit unterstützt. Ihre Hilfe dabei, die Dinge mit studentischen Augen zu sehen, rief mir auch wieder ins Gedächtnis, was ich meinen eigenen akademischen Lehrern verdanke. Dem wichtigsten von ihnen, Wolfgang Schieder, ist das Buch deshalb gewidmet.

Last but not least danke ich allen Autoren, deren gute Ideen und Beispiele ich hemmungslos übernommen habe. Nur die schlechten sind meine eigenen.

Für Hinweise auf Fehler und Verbesserungsvorschläge an nonn@hhu.de bin ich weiterhin dankbar.

Christoph Nonn Düsseldorf, im Dezember 2019

Register

Z